图书馆精选文丛

文明与野蛮

[美]罗伯特·路威 著　吕叔湘 译

Simplified Chinese Copyright © 2021 by SDX Joint Publishing Company.
All Rights Reserved.
本作品简体中文版权由生活·读书·新知三联书店所有。
未经许可，不得翻印。

图书在版编目（CIP）数据

文明与野蛮／（美）罗伯特·路威著；吕叔湘译. —北京：
生活·读书·新知三联书店，2021.1
（图书馆精选文丛）
ISBN 978-7-108-06999-3

Ⅰ.①文…　Ⅱ.①罗…②吕…　Ⅲ.①世界史-文化史-研究
Ⅳ.①K103

中国版本图书馆 CIP 数据核字（2020）第 225390 号

责任编辑	王　竞
装帧设计	刘　洋
责任印制	肖洁茹
出版发行	生活·讀書·新知 三联书店
	（北京市东城区美术馆东街 22 号 100010）
网　　址	www.sdxjpc.com
经　　销	新华书店
印　　刷	北京市松源印刷有限公司
版　　次	2021 年 1 月北京第 1 版
	2021 年 1 月北京第 1 次印刷
开　　本	880 毫米 × 1230 毫米　1/32　印张 11.75
字　　数	187 千字
印　　数	0,001-6,000 册
定　　价	39.00 元

（印装查询：01064002715；邮购查询：01084010542）

写在前面

《文明与野蛮》(*Are We Civilized? —Human Culture in Pespective*)是美国著名人类学家罗伯特·路威(Robert H. Lowie, 1883—1957)脍炙人口的名著,出版于1929年,由语言学家吕叔湘先生翻译成中文,于1935年由生活书店出版。

路威教授专门研究北美平原区印第安人,一生写过好几本人类学专著,而这本为"非专业人士"写的书,被誉为其中"最可喜的一本",他将人类文明文化史描绘、阐述得通俗易懂,深入浅出。路威教授力求"正确而易解",既不板起面孔来讲道理,也不引经据典来辩论,只是罗列逸趣横生却确凿无疑的事实给你看。他"从吃饭穿衣说到弹琴写字,从中亚土人一分钟捉89个虱子说到法国国王坐在马桶上见客,从马赛伊人拿太太敬客说到巴黎医院里活人和死人睡一床，可说上下古今，无一不谈，而又无谈不妙"。吕叔湘先生的精妙译笔更是锦上添花，生动活泼地将路威教授想要阐述的文明史呈现在中国读者的面前。1984年，吕先生将本书"通读一遍，在词语上稍微做了些修改"，由三联书店再版，后多次重印，深受读者欢迎。此次重版，即以1984年三联版为底本，只对少量人名、地名、专业术语等根据现行用法做适当的统一。

本书虽然写得有趣，但路威教授希望借此传达给我们的，却是严肃的事实，即：文明是全人类的，是许多民族相互学习，共同创造的，而不是哪一个或几个民族的功劳；人类其实是既笨且懒的，在文明的进步上无所谓"必然"，"机会"占很大的力量。我们要摒除种族的和时代的自大心，用真正远大的眼光来观察人类社会的全史。文明人的"文明"，和野蛮人的"野蛮"往往难分高下；真正的文明，其实是一件东拼西凑的百衲衣，"转借"（borrowing）才是文化史中重要因子，只有不长进的民族才不肯向人家学习。

生活·讀書·新知三联书店编辑部
2013年6月

目 录

译者序 ·· 1
序言 ·· 7

第一章　文化 ·· 1
第二章　回顾 ·· 7
第三章　地理 ·· 18
第四章　遗传（种族）···································· 26
第五章　饮食 ·· 37
第六章　饮食礼节 ·· 54
第七章　火与烹饪 ·· 61
第八章　畜牧与农艺 ······································ 68
第九章　居室 ·· 79
第十章　衣服与时装 ······································ 92

第十一章	工艺与行业	104
第十二章	行旅与运输	135
第十三章	男女与婚姻	145
第十四章	家族	157
第十五章	氏族与国家	176
第十六章	声望与礼节	190
第十七章	教育	199
第十八章	文字	213
第十九章	艺术	223
第二十章	宗教	258
第二十一章	医药与卫生	284
第二十二章	科学	316
第二十三章	进步	351

重印后记 …………………………………… 359

译者序

1931年春天看见周作人在一篇随笔里提起路威教授这本新著，过后不久便在上海的一家书店里买到最后的一本存书。夏天多雨，不能乱跑，而又凉爽，颇思弄笔，惭愧自己不会"创作"，便把这本书翻译几章。秋后奔走衣食，忽南忽北，时亦偷闲续笔。终于在今年年初完成了这件小工作。

原书名 *Are We Civilized*? ——*Human Culture in Perspective*（1929）。著者 Robert Heinrich Lowie，1883年生于维也纳，10岁时迁居美国，后入哥伦比亚大学从 Boas 教授治人类学，1908年受博士学位，入美国自然历史博物院为人类学组研究员，1921年起任加州大学人类学教授。他的专门研究是平原区印第安人，在这方面，有不少专刊；此外著有《文化与民族学》（1917），《初民社会》（1920），《初民宗教》

(1924)、《国家之起源》(1927)等书。

诚如作者原序所说,本书是为非专门研究人类学的人而写的,所以不足以代表作者在他的专门园地里的成就和主张,可是以文章而论,可说是所著诸书中最可喜的一本了。他从吃饭穿衣说到弹琴写字,从中亚土人一分钟捉89个虱子说到法国国王坐在马桶上见客,从马赛伊人拿太太敬客说到巴黎医院里活人和死人睡一床,可说上下古今,无一不谈,而又无谈不妙。他绝不板起面孔来教训,也不引经据典来辩论,他只罗列逸趣横生然而确凿无疑的事实来给你看,叫你自然心悦诚服。

本书阐明文明的历史,着眼在全人类的贡献,以破除"文明人"之自大狂为主旨。对于自命为天之骄子的白种人,特别是他们里头的种族主义者,抨击不遗余力,第四章可说完全是和他们作战。此外又在许多处所指给我们看,文明人的"文明"和野蛮人的"野蛮"往往很难分别高下。随便引两句:"假发当然是要扑粉的……在几十万英国人和法国人饿得要死的时候,大量的面粉浪费在发粉上。然而哲学家还煞有介事地讨论**野蛮人**的无远虑。"(第十章)"他们(印第安人)里头的非法性交当然要比维多利亚时代的欧洲中产阶级家庭里头多些；可是倘若我们把欧洲乡间的风俗和城市中的卖淫加在里头算，那么印第安人或许还要显得规矩些。"（第十三章）"现在我们的重要些的城市无不拥有大量的警察，然而纽约和芝加哥的盗案还是层出不穷，匪徒以机关枪自卫，才不怕你的警察……让我们再回到克洛印第安人。他们没有牢狱，没有法官，也没有具强制力的警察，他们居然能很和睦地过活。"（第十五章）"争斗与口角，憎恶与虐害，在他们（格林兰人）里面几乎绝迹，他们看见我们的水手打架，他们说这些人好像忘记自己是人了。他们又说那些军官鞭打水手是不拿他们当人，简直是拿他们当狗。"（第二十三章）这样的例子书中随处可见。

同时著者给我们提示文明之真实历史。他告诉我们，人类是既笨且懒的，在文明的进步上无所谓"必然"。"守旧"是人类的本性：佛伊哥人赤身露体在冰天雪地里挨冻；罗马人有整洁的城市，而17世纪的柏林市民在大街上养猪。"文字的历史是人类的愚蠢的冷酷注脚……自始至终，人类在胡乱摸索，像倔强的骡子似的咬住不合用的方法不肯放。""机会"占很大的力量：望远镜最初是当作儿童的玩具；火药最初用来放烟火；裸麦初入欧洲，当它是一种无用的莠草，山地居民偶然发现它能耐严寒，人类的食粮便又添一种，"文化就这样偷偷地打后门溜了进来，它生来爱这一套。"

其次，著者告诉我们，文明是一件东拼西凑的百衲衣，谁也不能夸口是他"独家制造"；"转借"（borrowing）实为文化史中的重要因子。欧洲的拼音字母的始创者是尼罗河上的埃及人，经过了菲尼基人的手传到希腊，希腊人加了一番改造又传给罗马人，罗马人又稍稍修改，才成为现在西欧通行的一式。现在举世通行的数字系统的发明者是印度人，而把它传进欧洲的却是中世纪的阿拉伯人；在这以前，连那聪明的希腊人也"没有零的符号，也不用定位法记数。因此很简单的算术，给他们演算起来就麻烦不堪"。另一佳例是瓷器的发明。中国很古便有手制陶器。公元前3000年以后，埃及人发明的陶轮从近东传来；汉朝的时候，中国人的制陶术上又加上另一西洋（也是埃及来的）花样——涂釉。但是他们不是纯粹的模仿者，他们创造出一样新东西——真正的白瓷。"从外国采取一种有用的意思，这并不是丢脸的事情。所有复杂的文化都是这样东挪西借地建立起来的，像中国文化那样借用了外来的花样因而激起创造的努力者，往往产生惊人的结果。"当然，只有不长进的民族才不肯向人家学习！

所以，路威教授要我们摒除种族的和时代的自大心，用远大的眼光来观察人类文明的全史。他要我们知道，陆地交通上的"真正划时代的发明不是一分钟一英里的火车。先陶器时代的徒步旅行之改良（始穿鞋），陶器时代人之始用牲口，铜器时代人之发明车轮——这些发明使后来的一切发明相形见绌"。他要我们知道，"我们尽管有土壤化学和畜牧学，我们没有能在古代文化传给我们的农作物和家畜之外增加一个重要的新种"。他要我们敬重那些奠定我们文化基础的先民。同时他又叮嘱我们千万要把那浅薄的乐观主义放弃，他说："人类不是自然的主人，也永远不会成为自然的主人……我们轻轻巧巧夸口征服自然，其实自然已经定下界限，叫我们不能越雷池一步。"而且，先民虽然造就了一些文化，却"在这宝贵的遗产里掺杂了许多渣滓……后世子孙学会了琢石为刀，**也**学会了用刀截指以服丧或祀神。火器杀禽兽**也**杀人类。君主立法以治国，**也**制刑以残民"。总之，人类是愚蠢的，过去既是如此，谁能担保他将来只做聪明事?

天知道,人类需要多几个这样的诤臣!

致谢友人杨人楩君和浦江清君,这个译本几度中断,倘非他们鼓励,大致不会续成的。

吕叔湘

1932 年 4 月

序言

在这本谈人类文明的书里，我尽力求正确而又易解。除地质学上的 Pleistocene（更新世）一字无他字可代只能照用外，我想专门术语可说是完全没有。

从事写作时，我特别请非专门研究人类学的朋友们来批评——朋友太多，难于尽举姓氏。赐我以可贵的批评并审阅本书大部者，有我的妹妹 Miss Rosa Lowie 和我的朋友 Misses Suzanne and Radiana Pasmore, Mrs. Mary Ellen Scott Washburn, Mrs. A. Issacs, Miss Marietta Voorhees, Mr. Donald Clark, Prof. Frederick E. Breithut, Prof. J. S. Schapiro 诸君，于此致谢。Mrs. Gladys Franzen 指点我去参考 Alfred Franklin 关于法国文化史的著作，感激之忱，非言可喻。Prof. Erasmo Buceta 指示许多隐晦的西班牙文史料，我同样感谢他的高谊。

本书的人类学方面的审阅人是 Prof. and Mrs. A. L. Kroeber，Drs. E. C. Parsons，Erna Gunther，Ruth Benedict，M. Mead，Dr. and Mrs. Jaime de Angulo，Dr. C. D. Forde，他们耐心审订，且赐以可贵之意见，谨于此鸣谢。

我还得谢谢 The American Mercury 许我将原来发表在那个杂志上的材料重印在"教育"和"医药与卫生"两章里。

细心的读者会看得出，我评论诺迭克人种的话只是为人种崇拜的信徒而发。我既不相信真有所谓诺迭克人种，我就不会对它怀持成见。反之，斯堪的那维亚的**文化**始终为我所景慕。我觉得生平没有比在瑞典和挪威旅行时更愉快的时候，我是美国斯堪的那维亚协会的会员，也是加州大学斯堪的那维亚协会的多年老会员。正为这个缘故，我觉得今天的真正诺迭克人应该留神那些"朋友们"，他们怀着满腹诡计，却用拥护诺迭克人的宣传来掩饰，同时却嘲笑斯堪的那维亚人，说他们不幸已成为文明民族。

罗伯特·路威
1929 年，加州，柏克利

第一章 文　　化

倘若你看见谁向人吐唾沫，你一定以为他不高兴那个人。对的，在法国确是如此，可是在东非洲的查加兰的黑人（Jagga Negroes）里面，你就算是猜错了。在他们那儿，吐唾沫是紧要关头的一种祝福，新生的孩子，生病的人，全要法师（medicineman）来吐四口唾沫。换句话说，用唾沫来表示厌恶，并不是人类的"天性"。这种象征主义无非是习惯罢了。让法国人在查加兰长大，他只有表示祝福才向人吐唾沫。让查加人长在法国，他做梦也不会向小孩子吐口唾沫。单就吐唾沫这件事说，他的行为如何要看他交些什么伙伴。

我们大家都有恭维自己的妄想，以为我们的办法虽不是惟一可能的办法，也该是挺合适的办法。一日三餐，晚上睡一觉，还有比这更合理的吗？好吧，玻利维亚的印第安人便不以为然：他们睡了几点钟，爬起来吃一顿点心，躺下再睡，睡醒再吃一顿；只要他们高兴，白天睡觉也不妨。我们美国人走马路的右边；你想，做事既用右手，走道也走右边，不是再合理没有了吗？可是，英国、奥国、瑞典，使左手的人不见得比别处多，走道可就全都走上左边来了。但是，指点东西用食指，这要是顶自然的了吧？这又不然。许多印第安人只努努嘴，绝不抬手。还有，孩子九个月断奶的办法，也不见得可以放诸四海而皆准：在东非洲土人和美国亚利桑那州的那华荷人（Navaho）里面，四五岁的孩子还会跑到他妈的身边去吃奶。

　　总而言之，要追究明白某种思想或风俗是天性呢还是习惯，只有一个办法：经验。所谓经验，并不单单指我们一城一州或一国里的经验，也不单是整个西方文明里的经验，要行遍天下，到处考查过了，这才当得经验二字。

　　大凡人们一举一动，一言一念，所以如此而不如彼，没有什么别的理由，只因为他们生在若干社会群体（social groups）里面，无论是家庭，是教会，是党派，是国家，既然生在那里面，思想行动便跟那里面的人学来了。每个新出世的单位都非发明一些独有的玩意儿、特别的徽章和歌词之类不可。否则怎样和其他团体区别呢？拿美国大学里面的兄弟会打比，各会有各会的希腊字母做名称，有特别的别针，有独一无二的捉弄新学生的方法，这就构成它们的个性。每个人都隶属好几个这样的社会群，拿哲学的眼光看，有的重要，有的平常。可是每个群体都发展出它的特异的思想行为的模式，而且新花样日积月累，层出不穷。因此，有好些事情，因为我们做了某一群体的分子，我们便非做不可。一个人吃饭、恋爱、打架、信教的方式，不是他个人的发明，而且和他的心理组成无关。我们只要把他放在新的环境里面，他立刻就会跟着用新的规则来玩这生活的老把戏。美国的黑人不说班图话（Bantu）或苏丹话（Sudanese），说的是英语；他不拜祷他的祖宗的鬼魂，却坐在浸礼会会堂里面听讲道。甚至，无需改变住处，标准也会改变。在伊丽莎白女王治下的英国和克伦威尔执政时代的英国之间，那差异你看有多大！或者就近些说，我们这一代的人和我们父亲那一代差多远！30年前，美国女子长裙曳地，不说腿而说"肢"，大家都知道，此刻她们不存这些心眼儿了。

凡是一个人这样从他的社会群体里面得来的东西，统叫作它的"文化"（culture）的一部分。跟伙伴学，是人类的特性；尽管是最高等的猿类，也没有那么一回事。丢一根香蕉在黑猩猩的笼子外面，不让它够得着，它要那香蕉，心一急，也会打主意。倘若手头有几根竹竿，它会把它们接成长竿子，把香蕉钩到手。它做了一宗发明——正是文明的原料。倘若它的邻居会摹仿它，倘若它把这玩意儿教给子孙，它们又传给它们的子孙，那黑猩猩便走上了文化之路了。但是它们不干这一套。人说猢狲最会学样，其实不然，那位发明家才不管它的好主意传世不传世。猢狲之所以为猢狲，所以老在文化的边界上徘徊而永远不走进去，就是这个道理。

　　当然有好多东西黑猩猩传给它的后代，可是经由一种完全不同的媒介。黑猩猩生来有突出的犬齿，绝不会因所处的群体而改样；我们尽管逃出人群住到猢狲国里面去，也不用想长出那样的犬齿来。人类和猿类的遗传不一样。公母俩黑猩猩交媾的时候，两个生殖细胞联合起来造成一个新黑猩猩，那个细胞里面早就含有生长突出犬齿的小质点。人类的生殖细胞里面没有这个质点，所以人类的犬齿不突出。

　　人和猿一样，无数的性质都是这样得来的。刚才说过的那位美国黑人尽管是一个浸礼会会友和一个共和党党员,他的面孔不会变白,他的头发不会不蜷结。他可以拼命用治头发的药涂搽,使它长得美观,可是他的儿子生下来,头发蜷结如故。哥伦比亚河一带的印第安人不喜欢他们头颅的天然形式,便把摇篮里的孩子的额角尽量揉平。但是仍然非一个一个揉,一代一代揉不可。黑猩猩没有文化,研究起来比较容易,人类可不这样简单,遗传的性质以外还有社会的性质,研究起来便有许多麻烦问题是研究黑猩猩时不用管的。究竟哪些性质是人人生而有之,用以和禽兽区别,哪些性质是有生以后所得,为社会所决定的呢?那些生而有之的性质里面是不是有几种仅为特殊民族如非洲黑人或北欧人所独有呢?群体行为根据着社会的习惯,难道把社会习俗除净了就不能剩个一丝一毫为遗传所决定吗?假使把一个非洲的村庄一下搬进伯利克里斯(Pericles)时代的雅典城,它是不是也会产生大哲学家,大雕刻家,大诗人呢?还是黑人的努力,的确有一个极限,因为黑人的生殖细胞里面缺少某种成分,而希腊人却有这种成分,并且在交媾的时候世代相传呢?本书有一章专门讨论这个重要问题。

　　古今中外的文化会有如此纷繁的变异,这自然要费一番解说。为什么西伯利亚的游牧人喝牛奶,安居的中国人不喝呢？为什么印度出土的太古器具会这样酷肖远隔万里的西班牙出土的呢？什么东西让现代的加利福尼亚的生活和印第安人时代的生活如此大不相同呢？为什么公元后1500年的秘鲁人没有铁器而埃及人在公元前1500年便已经有了呢？为什么日本人摹仿我们的科学，摹仿我们的实业，但是在基督教事业上便止步不前呢？为什么阿尔德·赫胥黎（Aldous Huxley）写的小说会吓坏他的大胆的祖父①，比那老头子拥护达尔文的言论震惊维多利亚时代的英国人还要加倍厉害呢？这只是无数难题里面的几个罢了。这里面有几个能得到解答。

---

① 阿尔德·赫胥黎是有名的《天演论》作者托马斯·赫胥黎（Thomas Huxley）的孙子，现代有名的小说家。

第二章 回　　顾

文化怎样开始的？绝不会发轫于一个天才的灵感。我们的黑猩猩有点儿天才，可是它的朋友不能领会新思想，不能学样，所以它的聪明才智在文化上毫无结果。人类的怪物也许能发明叫他自己踌躇满志的玩意儿；然而除非他的观客能接受，能将他的使命传给后世，他便不免白白地忙碌一场。所以，文化要能成形，非那明星主角一上场便有好配角帮忙不可。

像这样的合作好戏，第一出在什么时候上演的，我们能不能估定一个日期呢？地质学给我们一点端倪。有人发现有些器具和某种动物的骨骸在一处，这些动物在地质学家所谓全新世（Recent period）即最近一万年之内已经绝种。那么，那些器具的年纪也就在一万年以上，也就要属于所谓更新世（Pleistocene period 又译下第四纪），在那个时代，气候、动物、植物全和现在大不相同。举个例,撒哈拉沙漠里面有好些地方,现在没有人类能在里面生活。可是就在那些地方出土的器具已有好几百件,还有许多动物的骨骼,那些动物有的已经跑到南方去,有的已经绝了种。可见从前人类和兽类都还能在那儿过活,那时候的北非洲雨量正丰富着呢。差不多同时,法兰西的居民正在猎取冰鹿,而且把它们栩栩如生地刻在山洞石壁上,还拿它们的角来做鱼叉头儿。那时候的西部欧洲的天气一定比现在冷得多,否则冰鹿不会在那儿繁育。

这便是人类在更新世已经造器具和玩艺术的证明。不是孤零零的一个天才,也不是东一个西一个的几个杰出的能手,是成群成派的人在那儿工作,因为那些器物和图画的数目之多,除此以外更无他法可以解说,而且那些器物和图画往往整套地守着同一格式。换句话说,已经有了文化的传统(cultural tradition)。

西部欧洲碰巧比别的地方发掘得彻底些,它的先史时代的遗物我们也便知道得多些。那些刻画冰鹿的人,照他们的头骨和其余骨骼来判断,是和我们同种(Species)的人——真人种(Homo sapiens)。在他们之先,来过一些远房同族,和我们的关系有些像驴之于马。他和我们同隶一属（genus），但是属于另一种——尼安特人种（Homo neanderthalersis）。这位尼安特人——蹲踞着坐，伛偻着走，塌额角，高眉骨——大约生存在二万五千年乃至五万年以前。如果他和冰鹿人同住过一处，他的遗物总在下层。他也得对付极冷的天气，也得找山洞藏身，现在还能在那儿找出他的火坑和器具。所谓器具，一大半都是石刀，很合刮皮之用，天气那么冷，披起兽皮来多少也还可以挡一阵。

可是这种器物绝不全都跟着尼安特人的骨头在一起。在东部欧洲和中国，同样的石器也曾出土过，可没有它们主人的骨头一同出现。那个，将来也许会掘

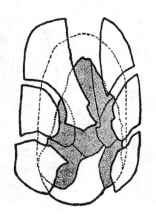

图1　剥去裂片的石块核心

出,也许能证明属于其他更新世人种。这几种人也许个别地想出制造石器的方法。也许,更可能些,一种人发明了石器,其余几种人摹仿了去。现代的考古学家能制造同样的石器。取一块燧石,用一柄石榔头敲下一片片的裂片(图1)。把那大而无当的核丢了,把那些裂片修琢一下,可只能修琢一面,结果便成了一套更新世的尖石刀和圆石刀(图2)。制造石器当然不是只此一法,这只是一种传习的方法。制造的人可以丢开裂片用核心。在西欧人一意大规模地制造尖石刀和圆石刀以前,他们就这样干。他们用这石块核心做他们的主要器具,他们在这燧石块的上下两面敲去大

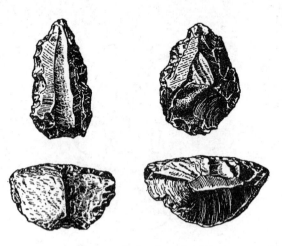

图2 裂片制成的石器 (西班牙)

大小小的裂片,到后来只剩一个杏仁形的大东西。这可以握在手里当斧子使,普通称为手斧,因为没有装柄的痕迹(图3)。

这些手斧出现的地方没有找到过人类的骨骼;所以我们不知道最先制造手斧的是何等样的人。像石刀一样,它们也许是几个不同人种的产物,因为法兰西和英格兰以外,非洲和印度也有它们出现。还有一个问题,科学老先生也没有能让我们明白。在西欧,手

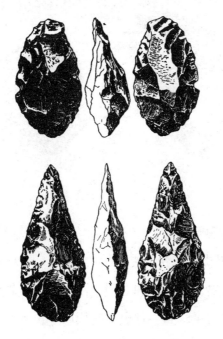

图3 粗细二式的西班牙手斧

斧流行于石刀之先。但是在中国和东部欧洲是不是也如此呢？这儿还没有找到核石器埋在片石器下层的明证（图4）。所以，在世界的不同部分的人类，在差不多同时独立发展出两种不同的技术，这完全是可能的事。西欧人也许后来发明了造片石器的方法，也许从东欧人那儿学了来。这可以说明为什么**在西方**手斧在石刀的下层，但是不足以证明在整个世界二者的先后如何。

图4　中国石器

幸而科学上有一个确确实实的发现可以帮助决定文化的年代。法兰西的最早的手斧，跟石刀不一样，不属于极冷的冰期，和它们一同出现的有象的骨头和无花果树叶的印迹。这表示它们属于更新世的一个**炎热**的分期。因此，要计算文化的年龄，我们必得算上一回由热变冷的气候变动,再算上由冰期变成现代法兰西的温和气候的一回变动。我们还得假定非洲和亚洲的文化也许比欧洲老。那么,倘若欧洲的全新世约莫有一万年,文化的总年岁不妨从低估定为十万年。

许多学者会说这个数目太小。然而,就拿这小小的数目来看,我们面前已经有了可惊的远景。比较起来,高等文明的年代短得多么可怜!埃及和巴比伦的文明还数得上六七千年,可是跟那大半截一比,又算得个什么?文化的精义是不能跟这些暴发户打听的;我们不能丢了那无文字以前百分之九十几的路程不管。让我们来试上一试这长距离的远景。第一回炼铁是四千年前的事情;再早个两千年,世界上最进步的民族巴比伦人和埃及人才开始提炼铜矿。再以前——在人类的十分之九有零的生命里——他一向就金银铜铁锡任什么没使过,只能拿石头、骨头、贝壳、木头等对付着使。这样一个长而又长的石器时代,人类里面也只有比较进步着的几支才曾经从里面超拔出来。就许多民族说,比如就澳洲人和大多数美洲印第安人说,那个时代简直可以照字面说是无穷期。

文字,石头建筑,车轮,耕犁,全都在文化史的最近二十分之一里面。用锄头或铲刀种田,喂养牲口,这些事比较老一些，可也老不了多少。在公元前15000年时，也许在公元前10000年时，全世界的地面上没一颗人工种植的谷子，没一头人力豢养的牛，没一件金属器具，没一个陶器瓶罐。人类自有生命以来，十分之八九的日子只是胡乱过了，东跑到西，西跑到东，拿着石、骨、贝、木做器具，打些野兽，掘些芋薯度命。人类的进步可以比做一个老大的生徒，大半生消磨在幼稚园里面，然后雷奔电掣似的由小学而中学而大学。一看下面依照它们的约计最早日期画的文化时代表，这个譬喻不难明白。

文 化 史

（向 上 看）

4	铁器时代	公元前	2000 年
5	青铜器时代	公元前	3000 年
6	紫铜器时代	公元前	4000 年
12	陶器及农业之时代	公元前	10000 年
100	石器时代 先于陶器之时代	公元前	100000 年

哪怕是顶硬挣的乐观主义者，看了这张表以后，不见得还能坚持人类有迅速进步的天性。向前推进一步，一定是若干特殊情况的结果。这些情况是什么，

我们拿比较停滞些的和比较进步些的民族一比就不难明白。在近代的人种里面，1877年绝种的塔斯曼尼亚人（Tasmanians）可算是文化最低。他们没有草房子，只有简陋得可怜的障壁，他们不知陶器为何物，甚至于他们的石器也不比（假定是）三万年以前的尼安特人高明。为什么他们会落在别的民族后面整万年呢？一看地图，证明不是因为气候炎热。塔斯曼尼亚在赤道以南的距离，和费城（Philadelphia）在赤道以北的距离不相上下。可是地图另外告诉我们一件事，当初的塔斯曼尼亚人一到了他们家里以后，立即和外面的世界断绝往来。他们自己和他们最近的乡邻澳洲人全都没有可以促进交通的船只。拿这个和历史上的任何复杂文化比一比：古代的埃及人和巴比伦人互相受影响，巴比伦人本身便是苏末尔人（Sumerians）和阿卡得人（Akkadians）的混合物。中国人老早和这些高等文明有接触，过后又从马来人、突厥人、蒙古人那里输入不少发明。希腊人的文化建筑在埃及人所立的基础之上，罗马人又尽量从希腊人那儿搬过来。我们的现代文明更是从四面八方东拼西凑起来的一件百衲衣。我们的文明的仓库丰满，塔斯曼尼亚文明的仓库空虚，不为别的，只因为我们前前后后接触过异族不知其数，而塔斯曼尼亚人接触过的简直等于零。任何民族的聪明才智究竟有限,所以与外界隔绝的民族之所以停滞不前,只是因为十个脑袋比一个强。

但是,要十个脑袋的智愚相差无几,这句话才对。大概说起来,惊人的贡献多半出于生来擅长创造思想的人。这儿,塔斯曼尼亚人又吃亏不小。就算他们大致是我们的对手,这为数无多的南海岛民又能有多少产生天才的机会呢?有多少惊天动地的发明或艺术上的杰作出于密歇根州的卡拉马苏城(Kalamazoo)?然而它的居民恐怕比任何时代的塔斯曼尼亚人还要多些。反之,凡我们所知道的伟大文明,无一不有广大人口做原料;正如一百万人里面间或会出个把两米四大汉一般,人多了间或也就能出个把绝顶聪明的才士。

再说,人多了分工也就容易,这些天赋独厚的人也就无需执干戈以卫邦族,尽有工夫去向他的性之所近的方向去发展他的才能。我们现在的纺织专家,看了古代秘鲁人的织物,不免啧啧称叹。可知道是怎么样织出来的?是幽居在尼庵之内终身不下机的姑娘们才织得出的呢。要是她们把大半生光阴消磨在掘白薯上面,秘鲁的纺织术是不会有那般模样的。

照此看来,只要一个民族的人数相当多,足够产生少数天才并且能让他们一心做适宜的工作，新的思想和进步的技术便大有可望。再加以能让敏悟的人从别的社会里面吸收新思想的多数机会，真正的复杂文化便可以出世了。

可是，在这些事情上，无所谓必然。在百万人之中，一个智慧上的巨人出现了，也许遭世嫉恶，身死刑场，也许搔首问天，赍志没世。一个民族也许有机会接触别的民族，也许没有机会；接触了，遇见新思想了，也许张臂以迎，也许木然无动。于此可见"偶然"之大力，于此可知文化史之无终南捷径。这够多么伤心，因此有多少学者便受了两盏鬼火——地理和遗传——里头或此或彼的诱惑，走上了歧途。我们必得安上两块"此路不通"的牌子警告行人。

第三章 地　　理

　　何以拉伯兰人（Lapps）畜养冰鹿？有一位有名的地理学家有一个现成答语：没有别种牲口能凭那冰地的草木活命，老天又不给人一种能吃的谷子。听听似乎颇有道理，其实完全不对。既然人类的大半生都是打野兽采野实过活，他不一定非要变成农夫或变成牧人才能活命呀。爱斯基摩人（Eskimo）单凭打猎也还对付得过去，拉伯兰人自己丢了牲口也回过头来捉鱼。再说，倘若拉伯兰人在什么时候碰巧养过冰鹿以外的牲口，就是在北极圈以内也还可以养得活。容易是不容易，却不是办不到，西伯利亚北方的亚库特人（Yakut）此刻还在干着。在13世纪的时候，这个游牧部族住在西伯利亚南边，贝加尔湖附近。后来蒙古人勃兴，把他们朝北赶，越赶越远，历尽千辛万苦，他们仍然能保存着他们的家畜。不仅如此，百分之六的亚库特人从他们的新乡邻那儿取过冰鹿来，没多少时便青出于蓝，在养冰鹿这个玩意儿上胜过那些乡邻，这是因为亚库特人能应用过去养马养牛的经验。

那位地理学家的解说就此大失败。它既不能说明为什么拉伯兰人不能继续靠渔猎过活，它又不能说明为什么在同样冷得可怕的地方亚库特人能养牛养马而拉伯兰人不能。

我们的朴卜洛印第安人（Pueblo Indians）也是地理学"解说"看中了的对象。拿他们的石头建筑做例，一个有名的考古学家说，"任何初民部族走进这岩巉穴邃而可供建造用的石块又这样容易采掘的地方，自然便触动用石头来造房子的主意。"我们自然要问，那么为什么那华荷族在这个地方住上好几百年，说不定几千年，却丝毫石头建筑不留呢？那位考古学家又告诉我们朴卜洛人怎样发明纺织；他们的居留区域里没什么大野兽，皮衣服是办不来的，所以他们**不得不**发明纺织机。这个道理真有点儿说不上。就在那个区域里面，从前巴攸特人（Paiute）夏天光着身子，冬天把兔皮纽成绳子，并排着编好，就成了很暖和的袍子，从来没想到要织布。

这些个议论的大毛病是对于人类天性的误解。照他们的意思,把人放在任何环境里,他自然会捉住那里面所有的机会。他立刻便会适应起来,叫自己过得挺舒服,叫旁人看了挺合适。那讨人厌的事实恰恰与此相反。甚至于在衣服住宅这些事情上,人类也不是这样讲理的东西。南美洲的极南的天气跟拉布拉达(Labrador)不相上下,六月里也飞雪,夹雨夹雪的狂风吹起来才难受。1769年一个夏天的晚上,科克船长(Captain Cook)的部下有两个冻死在那儿。在冬天树林里积雪塞路,旷野里到处是大片的冰。然而住在那儿的佛伊哥人(Tierra del Fuegians)到现在还没有能发明相当的衣服。男男女女都赤身露体,至多也只披上一件齐腰长的挺硬的海豹皮或獭皮。在他们的北边,在格兰查科(Gran Chaco)地方,绰洛提人(Choroti)住在草房子里面,下了大雨便浸得像落汤鸡。加拿大有一大区域住着阿塔巴斯康族系(Athabaskan family)的部落。说也奇怪,住在北边的部落只有寒碜得不成样的帐幕,极南的部落却住着暖和的地下室。不知道地理学怎样解释这些个怪事。

　　当然话不能专管一面说。虽不如一般人所假设之甚,可也不能说物质环境和人群生活没关系。有反面的例子也有正面的例子。在欧洲的森林带,农民用木头盖房子，连挪威国王陛下在脱伦典（Trondhjem）的行宫也是木头盖的。在另一方面，地中海一带的石头也真多，不由得不成为建筑材料。在埃及，住宅和环境也有很确实的连带关系。既没有石头又少树木的地方，就只看见一色的泥土屋。在那沙石高原逼近尼罗河的地方，不是就石壁掘窟窿，就是用正方石块盖房子。

什么地方可以住家，这个问题比房子的格式更要靠天然环境来决定。在土耳其，旅行的人可以走上十天半月不见人烟。一下子到了一块水草地，城郭人民便突然涌现。有水的地方才住得了人，所以像谋夫（Merv）① 那样的城，古往今来也不知毁了多少回，毁了又建，毁了又建，终归还在那个地点。这儿，地理老先生下了哀的美顿书（编按：最后通牒之拉丁文音译）了，人类要就从命，要不就滚蛋。所以，澳洲人如果要想活命，就得把那一方的水泉一个个记住；无河无井的百慕大群岛（Bermuda）或东加群岛（Tonga）的居民就非储藏雨水不可。这一类的适应是生死关头：“适者生存”这句话在这儿大大发挥它的威力。

---

① 土库曼斯坦共和国马雷城。

反之，佛伊哥岛上的适当衣服，格兰查科的不受雨的房屋，就没有生存价值（survival value），只有安乐价值（comfort value）。佛伊哥人和绰洛提人不至于死，只是极端苦恼而已。

除非真是生死交关的事情，老天不来指定独一无二的道路，只是听你们怎样应付。同一问题，解决得高明也可以，解决得幼稚也不妨。可以在安好水汀的十层高楼里享福，也可以在草房子里浸水。可以穿上爱斯基摩人的皮衣，睥睨北极的寒威，也可以像佛伊哥人似的光着身子在冰天雪地中发抖，只要不冻回他的姥姥家去。

换句话说，地理并不创造技艺和习俗：它只是给你机会或是不给你机会。为什么格兰查科印第安人没有石器？在过去，他们的祖宗一定有过石器的，因为剥石作器是人类工艺中顶早出世的一种。干脆回答一句：他们现在住家的地方连石头影子也没有。密克罗尼西亚（Micronesia）也是如此。走到这些岛上来的大洋洲人不久便把制造石斧的技术丢了，因为那些珊瑚岛上找不出适当的材料。有许多事情人类做不来，只因老天不让他做。比如说，在他住的地方要没有野牛野马，他绝不能养家牛家马。可是我们不能说，有了野牛野马，人类早晚会把它们养成家畜。果真如此，人类也不会打野兽过活打上八万多年了。

通行的道路好像很能代地理影响之说张目。谁要看一看法国和英国出土的古代手斧，一定认得出它们出于同一宗派：太相像了，一定是制造之术由此传彼或由彼传此的。但是在那个船只未兴的时代怎样飞渡英伦海峡呢？原来那时候还有一条地峡，英法居民尽可不用船只自由来往。这儿，地理要算是举足轻重的因素了吧。可是**为什么举足轻重的？**还不是因为那时候的人还没有会航海？等到他们会航海，从前的天险还不是一笑置之？文化是能战胜自然的，太古的斯堪的那维亚便是一例。瑞典全境没一处锡矿，要没有外来的输入，永世不会造青铜器。可是在青铜器时代，航海术已经大有进步，锡已经很容易输入，瑞典也就和欧洲大陆并驾齐驱——不是靠它的天产成事，却是不为它的天产所限。当然，也有些情况是任什么文明也胜不了的。十七八世纪中，斯堪的那维亚人得了果木狂，一位路德派教会的主教要想在卑尔根（Bergen）种葡萄。丹麦国王也拿杏树和无花果树来试验。不用说，完全失败。

地理只吩咐：如此如此的事情是**不能有**的，如彼如彼的事情是**可以有**的，他可不规定哪些事情是**非有不可**的。要懂得如此者何以如此，如彼者何以如彼，我们必得拿历史来补充地理。此话怎讲？让我们再回到加拿大阿塔巴斯康人去。北方部落应该住暖和房子的住不着，却让南边部落去住，这是什么道理？答语很简单。南方的部落遇见些外族，他们住的是结实房子，就摹仿过来了。北方的同胞没交上那些阔朋友，便只能继续在漫天风雪之下躲在破烂帐幕里发抖。

我们要看清楚这个问题只要看加利福尼亚。今日之下，加州的社会生活和印第安人时代大不相同了。波摩印第安人（Pomo Indians）、西班牙人、盎格鲁-撒克逊人，并不是一团团让环境拨弄的泥土。各民族有各民族的文化标准；这些文化标准，附以老天定下来的限制，决定了他们对于同一外界刺激的不同反应。

有人举日本来做地理势力的绝妙好例，可是没有比这更无意识的话了。日本的山川，日本的气候，并没有在 1867 年来它一个突变呀。然而日本的政治家扔掉了向来的闭关政策，扔掉就是扔掉了。于是日本人就跟我们的文明接触了，要些什么就搬些什么过去。再说，也不用等到 1867 年呀，前个一千多年日本不已经大批地输入中国文明了吗？日本文化发展中的重要关键是和两个外族的关系——不是日本的地理,是日本的历史。

总而言之,地理供给建筑文化的砖瓦石灰。可是画那建筑的**图样**的是各民族的过去历史——是他们已经想过的和做过的一切,无论是独立地想的做的,还是摹仿了人家的。

第四章 遗传（种族）

纽约动物园里的黑猩猩不会说英语；纽约城里的黑人会说英语。凭你怎样训练，黑猩猩赶不上黑人：它不能领受任何人群的社会遗业，因为它生就是一个猩猩，不是一个人。当黑人父母交合起来造新黑人的时候，他们的生殖细胞里含蓄一点儿黑猩猩所没有的东西，这一点儿差异黑猩猩永远补救不了。遗传之重要如此。

测验起学习语言文字的能力来，美国的大学生绝对赶不上俄国或荷兰的大学生。难道俄国和荷兰人的生殖细胞里有一种美国人所没有的语文因子吗？没有这个道理。大多数美国人的祖宗是西北欧洲人，论遗传跟荷兰人不差什么——至少比荷兰人和俄国人的关系密切。我们又知道，生长在欧洲的美国人就没有在家里长大的同胞们的短处，法语、德语甚至英语都能说得很不错。经验，训练，环境之重要如此；遗传算不了什么。

以上的话，语简而义明：一切生物之中，惟独人有文化的天赋；倘若遗传相类似的人群在文化上产生了差别，那差别不是天生的。但是有没有介乎二者之间的尴尬情形呢？澳洲人、安达曼群岛人（Andaman Islanders）、苏系印第安人（Sioux Indians），全都有一点儿文化，可是跟白人的文化比较，真是寒碜得可怜。不错，这里面有的人口不多，因此不容易产生多少大贤大能。但是美国的黑人有好几百万，可没有什么出类拔萃的文化成就可以归功于他们。倘若不是天生低能，他们为什么赶不上白人？

可是这是两面刀锋的议论，伤了人还要谨防伤自己。马萨诸塞（Massachusetts）一州所生的科学家50倍于南大西洋诸州所生——这一点文化上的差异也就算得厉害了。难道波士顿人的生殖细胞里面的科学研究之原素比亚特兰大城（Atlanta，乔治亚州）人的多50倍不成？这就有点儿荒乎其唐，因为这两个城的人民的遗传没有多少分别。倘若这样巨大的差异能用环境来解释，那么，黑人和白人的成就之大小也就可以归因于社会背景之不同。我并不是说这是真实理由，我是说照上面的论调说下来，尽**可以**这样说。

理论上，这个问题有一个直截了当的解决法。心理学能拿种族不同的人来做测验，然后比较所得的结果。尝试过这个办法的人大概都能得到一个结论，白人比一切其他种族优异。猗欤休哉！人类学家偏要来挑眼儿，说这些测验不公平，染上了测验者自己的文化经验的色彩。心理学家没有权力来断定他的测验分数确是能力指数。倘若白人得一百分而黑人得九十，我们不能只写作：

黑人遗传 = 90

白人遗传 = 100

这个等式应该是：

黑人遗传 + X（黑人环境）= 90

白人遗传 + Y（白人环境）= 100

每个等式含有两个未知量，所以无从解答。直到此刻，人类学家和心理学家还在探求能估计并且除去环境势力的方法。直到此刻，还没有好方法出现。

同时，有两件重要事实要我们来调和。毋庸讳言，大多数有色人种的文化很简陋；可是不存成见的观察者，如马克西米亲王（Prince Maximilian von Wied）、洪堡（Alexander von Humbolt）、得拉伏斯（Dalafosse）等人，都没有能在有色人种和白人之间找到什么心理上的显著差别。倘若有色人种在**平均的**天赋才能上和白人平等，可是比较缺乏些变异性，那就一切事例都不难解说。平常的黑人和平常的白人都属于智力上的一米七阶级，可是黑人里面的高个也许比白人里的两米四大汉矮个20厘米什么的。倘若这话不错，在平凡生活的平凡事业里黑人尽可以是白人的对手，只是不能和他比赛打破纪录的天才玩意儿罢了。这是德国第一流的形体人类学家柏林大学尤根·斐西耶教授（Prof. Eugen Fischer）发表的意见。他毫不迟疑地承认，黑人能学习算术和外国语，有资格当技师和书记。他愿意承认，平常的欧洲农民和工人不见得胜过南非洲人。可是，他说，欧洲人较富变异性——不独在纯粹智力上如此，在想象力、活动力以及办事才干上更是如此。倘若一个种族在构成伟大性的几种遗传因子里缺少一两种，它永远不能产生科学上、商业上或政治上的领袖人物，即使间或有个把，也很难得。这个见解似乎很有道理，至少不能斥为谬论，置之不论不议之列。可是，直到此刻，这还只是一个富有启发性的猜度，因为没有人证明黑人在心理方面确实缺少变异性。

开口遗传闭口遗传的人，当然不肯慰情聊胜于无，就此知足。他们要把黑人看得只比黑猩猩高一等，并且照规矩还要在白人之中分出高低来。西北欧洲的高高身材白白皮肤的诺迭克人（Nordic），法国中部和德国南部的矮胖而圆头的阿尔卑斯人（Alpine），西班牙、南意大利和希腊的短小黝黑的地中海人（Mediterranean），据说是各有各的特殊心理，由**遗传**而来。诺迭克人冒险，好战，富有智慧，是理想主义的，同时又是帝国主义的。地中海人伶俐，轻快，狡猾，而长于艺术。这两种人都高出于阿尔卑斯蠢材之上，他们只有节俭、忍耐、诚实等等庸人之德，天生只配替诺迭克主子当奴才。这些有声有色的比照，遗传论者用来解说欧洲的文化史。

这全是不值一听的呓语。欧洲人迁徙多么繁，通婚多么杂，今日之下，找遍整个欧洲也不用想找到一块纯粹诺迭克种或纯粹地中海种或纯粹阿尔卑斯种的地方。照一般的意见，瑞典是世界上诺迭克种最纯的国度，而照测量过上万的瑞典新兵的勒齐乌斯教授，（Prof. Retzius）估计起来，其中只有11%是纯粹诺迭克种。所谓纯诺迭克种也无非只是长身材、黄头发、蓝眼珠、长头颅之联合而已。不多几年前，瑞典国立人种生物学研究院测量四万七千名征兵。该院规定的"较纯粹的（不说是纯粹的！）诺迭克种型"是：皮色白皙，身长 168 厘米以上，头宽当头长 78% 以下。就按照这个独断标准，全国之内合乎这个种型的也只有 30.82%，百分数最高的区域也只有 38%。

但是这个估计比瑞典的真正纯粹的诺迭克人大得多，因为勒齐乌斯和他的后任诸公都只凭少数突出的特色来做测验。公元前 4000 年时候的相当纯粹的诺迭克人的特色也许不止这几样，倘若我们多拿几样来测验，纯诺迭克人的数目想来还要低落下去吧。就拿勒齐乌斯的测验来说，过半数的受测验者身长在 170 厘米以上，但是只有 11% 的人除身长以外还有白的皮肤，长的头颅，蓝的眼珠。倘若他只把那些富于智谋，擅长想象而又长于办事的白皮肤、蓝眼珠、长头颅、高个儿算做纯诺迭克人，不知道还能有个百分之几？

这个问题还有一个看法。倘若心理上的特性是遗传的，是人种基调的一部分，那就适用于形体上的特性的遗传定律也应该适用于心理上的特性。那么，在混合人种的案例中，遗传的定律如何呢？现代科学告诉我们，各个特性是分别遗传的。研究得最透彻的案例是西南非洲的利河伯殖民地（Rehobeth）。18 世纪中，荷兰人和其他欧洲人开始娶霍屯督（Hottentot）女子为妻，从此子子孙孙世为婚配。结果**也不是诺迭克种性占优势，也不是霍屯督种性占优势**。照斐西耶教授的研究报告，那些杂种人身材高大像诺迭克人，可是头发虬结像霍屯督人；黑眼珠黑头发像非洲祖宗，可是皮色一点儿不像他，黄也难得黄，更不用说黑了。有的时候斐西耶碰见些面貌酷肖德国农民的。有的有很塌很宽的鼻子和虬结不清的头发，可是同时身材高大唇皮儿薄，又像他们的欧洲祖宗。

这些事实和我们的"诺迭克人"有什么关系呢？无非是：一个人身材尽管高，皮色尽管白，可是心理上也许一点儿也不诺迭克。不用再往古时候说了，只就海盗时代（Viking period）说，瑞典国立研究院便告诉我们，那时候的瑞典人专管在欧洲沿海乱跑，带回许多外国女子和奴隶。日子一长，这些男女还不吸收在一般人口里面？过后又打北德意志和南德意志进来许多移民，17世纪的初年比利时的窝伦族（Walloon）工匠又大批进口。当然这些阿尔卑斯人不会比近代欧洲的任何其他民族纯粹些。可是我们不妨假设，一个"纯诺迭克"男子娶了一个"纯阿尔卑斯"太太，生下来的孩子也就尽可以有他的海盗体格而取母亲的黑头发，得他的办事才干而守她的节俭家风。

总之，**就算**六千年或八千年以前的诺迭克人真有特异的心理特性，用心理测验或别的方法来测定的时期也早已过去了。他们的心理是不可知的了，只能让玄学家去作玄谈之资。那些议论的科学价值和老太婆们的古记儿不相上下。**人群**之间的差别不是没有，可是那些互相差别的人群不就是**人种**。有一等心理学家测验了生在瑞典、英国、法国、意大利的人的智力，就此断定这些差别是种族的差别，这未免太不懂得历史、人类学和生物学了。正好比一位生物学家称一称365头象，500只豚鼠和135只蜘蛛，于是宣告，总重量超过118头象，620头豚鼠，262只蚊子。不管他的算术怎么正确，结果是毫无意义。这个譬喻有点过甚其词吗？一点儿也不；我觉得还不够劲儿。因为象、豚鼠、蜘蛛、蚊子，还各自归于一种，可是有一个意大利人在这儿，你知道他的血里面有几成是阿尔卑斯，有几成是地中海？也许有几成是诺迭克？我们不知道，在一个诺迭克侠客和一个阿尔卑斯俗物的杂种身上，冒险精神是不是个显性。我们不知道，诺迭克人的酒癖是不是甘于雌伏，让阿尔卑斯人的滴酒不入的性质出头。纵然假定八千年以前的欧洲诸人种确实各有各的特性，我们也没有丝毫理由断定那些差异便是现在一般人所称说的差异。

就事实而论，我们大有怀疑此说的理由。照现行的分类法，那些从比利时移殖到瑞典来的窝伦工匠至少是阿尔卑斯血统很重的人。然而，虽然包围在世界上最纯粹的诺迭克人之中，他们并没有立刻认清自己的身份，赶快趴下来当奴才。瑞典的人类学家给他们的评语该靠得住："他们的为人，活泼而爽直，健谈而又谦恭和蔼，悟性敏捷，爱美而精于赏鉴，酷嗜音乐，在文学和科学上同样地富有创造力。他们的实用方面的才能，不独表示在世界上登峰造极的金工上，也表示在政治事业上，许多窝伦后裔做官的都勋业在人耳目。这些窝伦人的来归，诚为吾国之福。"

奇怪！阿尔卑斯人——纵然有点儿地中海和诺迭克血统，大体上不失为阿尔卑斯人——居然在世界上顶纯粹的诺迭克人里面站得住，居然还出政治家。那诺迭克人奉天承运来做阿尔卑斯人乃至全人类的主子的得意调调儿哪儿去了？

那个宝贵的教条从另一方面看来也有点儿可疑。倘若那个话真对，最纯粹的诺迭克人应该是最厉害的帝国主义者。然而斯堪的那维亚人出名不玩这一套；

真的，我们的最有名的人种论者墨迭生·格兰德(Madison Grant）先生正痛哭流涕长叹息于斯堪的那维亚三国的堕落呢。他们不复是"兵士的故乡"了；今日之下，"三国全都得了精神上的贫血病了"。我们不同意他老先生的推论，也不能因为那些海盗子孙不去打家劫舍掳掠妇女们，却去制造安全火柴，开辟荒地，发现南极，而痛哭流涕。倘若他们让阿尔卑斯化了的日耳曼人和地中海血统很重的不列颠人出一头地，也不为别的，只因为淡黄头发跟殖民帝国这两件东西并不是如胶似漆，难解难分。

那么，让我们把古代欧洲人种的心理差别这个问题送给玄学家、骗子和愿意受他们欺骗的傻子们去吧。

纵然种族之间真有心理上的差异，也只能解释我们的问题的微乎其微的一小部分。因为文化的历史常常指示我们，在人种的基础完全相同的地方也会产生文化上的差异。马萨诸塞和南方诸州的科学家之多寡悬殊，这是一例。还有英国文化史上的大变动。难道伊丽莎白时代的人的生殖细胞里特别多带一点血气，到清教徒时代便被一阵阴风吹到爪哇国里去，赶查理第二一复辟又一招就回来的吗？再还有日本，1867那一年并没有突如其来的新种族加入，只因为让新**思想**

往里一跑，文化上便起了突变。

　　还有比这些更强有力的案例。大约生在两万年以前的那些"冰鹿时代"的艺术家，比起任何现代的人种来，至少是无愧色。所有解剖学家都同意这句话。事实上，他们的脑袋比我们的大得多。他们可曾高飞到我们还没有达到过的高度没有呢？绝对没有。他们岂但没有能打破我们的记录，连渔猎时期也没有能跨过去一步，一件陶器也没有造过。高等的种性遗传可以和先陶器文化携手；它现在又和我们的复杂的工业文明携手。这两种面目迥异的文明绝不能用它们共有的一个因子来解释。人种不能解释文化。

第五章 饮　　食

番茄汤

炸牛仔带煎洋芋

四季豆

什锦面包（小麦，玉米，裸麦）

凉拌波罗蜜

白米布丁

咖啡，茶，可可，牛奶

　　这是随手捞来的一张菜单。无疑，全世界任何初民社会里面找不到这样的盛馔。那么，我们怎样能配出这样的一张餐单来的呢？不是因为我们在地理上或人种上占什么便宜，而是因为我们左右逢其源地从四面八方取来了各种食品。四百年以前，我们的环境和遗传跟现在毫无两样，可是我们现在办得到的形形色色的菜里面有四分之三是我们的老祖宗没听见过的，运输方法一改良，花样儿便翻了新。凭他们那种可怜的芦筏，塔斯曼尼亚人能到得了美洲或中国吗（图5，图6）？西牙班人，荷兰人，英国人，他们有进步的帆船，坐上这些船只没有个到不了的，于是他们便到了美洲和中国。可是，在航路大扩展和地理大发现之时代以前，欧洲人的一餐和初民的一餐相去还不如此其甚。在哥伦布出世以前，马德里或巴黎的大厨子也没有番茄、四季豆、土豆（洋芋）、玉米、波罗蜜可用，

图5　塔斯曼尼亚人的芦筏

图6　巴费碴人的塔斯曼尼亚式芦筏

因为这些全是打新大陆来的。请读者合上眼想一想，爱尔兰没有了土豆，匈牙利没有了玉米！

让我们把这张菜单更细密地分析一下。先拿几种饮料来说。1500年时候，欧洲没有一个人知道什么叫做可可，什么叫做茶，什么叫做咖啡。过后传进来了，那价钱可贵得可怕，因此没有能一下子就成了一般人的恩物。不但没有能给一般民众享受，千奇百怪的观念都聚拢在那些东西上面；它们混进我们的日常生活是近而又近的事情。

西班牙人打墨西哥把可可带到欧洲。墨西哥的土人把炒过的可可子、玉米粉、智利胡椒和一些别的材料混合起来煎汤喝。土人又拿可可荚当钱使，西班牙人当然不去学他，就是煎汤的方法也改得简便些。从西班牙传到法兰德斯和意大利，1606年左右到了佛罗伦萨。在法国，红衣主教立殊理（Richelieu）的兄弟是第一个尝味的人——是当作治脾脏病的药喝的。不管是医生不是医生，大家异口同声地说这味新药有些什么好处或有些什么坏处。1671年，塞维涅耶夫人（Madame de Sévigné）的信里头说，有一位贵夫人身怀六甲，喝可可喝得太多了，后来养了个黑炭似的孩子。有些医生痛骂可可，说是危险得很的泻药，只有印第安人的肠胃才受得住，可是大多数医生不这么深恶痛绝。有一位大夫甚至给自己做的可可粉吹法螺，说是治花柳病的特效药。神父们也来插一脚。可可是算做饮料呢还是算做食物？四旬斋（Lent）里头可不可以喝可可，全看这个问题的答案。1664 年，布兰卡丘主教（Bishop Brancaccio）发表一篇拉丁文写的论文，证明可可本身不算是食物，虽然它有点儿滋补，善男信女的呵责这才住声，这个大开方便之门的教条完全得胜。

约在第 6 世纪中，中国已经种茶树①，可是欧洲人却到了 1560 年左右才听到茶的名字，再过五十年荷兰人才把茶叶传进欧洲。在 1650 年左右，英国人开始喝茶，再过十年培匹斯（Pepys）便在他的有名的日记上记下他的新经验。可是好久好久，只有上等社会才喝得起茶。从 15 先令到 50 先令一磅的茶叶，有多少人买得起？到了 1712 年，顶好的茶叶还要卖 18 先令一磅，

---

① 茗饮之俗，魏晋以来时见载籍。孙皓赐韦曜以代酒；刘琨函兄子索真茶；王濛好饮，客有水厄之叹；王肃还北，妄为酪奴之对。是知由来已久，不始于梁陈之际也，大抵其始饮之者寡，且限于吴蜀，隋唐时始风行全国耳。《隋书》，文帝微时患脑痛，忽遇一僧曰，山中有茗草，煮而饮之当愈；帝服之有效，由是竞采，天下始知饮茶。其事近诞，惟其中未尝不可窥见一二消息。——译者

次货也要卖14先令到10先令。这价钱到了1760年才大大跌落。跟可可一样，茶的作用也给人说得神乎其神。法国的医界说它是治痛风的妙药，有一位大夫还说它是万应灵丹，担保它能治风湿、疝气、羊痫风、膀胱结石、黏膜炎、痢疾和其他病痛。亚佛兰彻主教但尼尔·羽厄（Daniel Huet）害了多年的烂眼和不消化症，过后喝上了茶，你看！眼睛也清爽了，胃口也恢复了，无怪乎他要写上58行的拉丁诗来赞扬了。

咖啡的故事也一样有趣，咖啡树原来只长在非洲的阿比西尼亚（Abyssinia），阿拉伯人在15世纪中用它当饮料，就此传播出去。可是，甚至近在咫尺的君士坦丁堡，不到16世纪也没听见喝咖啡的话。1644年传到马赛，可是除几个大城市以外，法国有好几十年不受咖啡的诱惑。拿世界繁华中心的巴黎城说，虽然有东地中海人和亚美尼亚人开的供熟客抽烟打牌的小店里出卖咖啡，巴黎人也没有爱上它，直到1669年来了那一位土耳其大使，才大吹大擂让它在宴席上时髦起来。近代式的咖啡馆要到17世纪的末年才出现，可是不多时便成了上流社会常到的地方——军官、文人、贵妇人和绅士、打听消息的人、寻求机遇的人，有事没事全上咖啡馆来。不相上下的时候，咖啡馆也成了伦敦的固定机关——新闻和政见的交易所。

到了18世纪，咖啡在德国也站稳了，可是激烈的抗议也时有所闻。许多丈夫诉说他们的太太喝咖啡喝得破家荡产，又说许多娘儿们，倘若净罪所（Purgatory）里有咖啡喝，宁可不进天堂。希尔得斯亥谟（Hildesheim）地方有政府在1780年发布的一道训谕，劝诫人民摒除新来恶物，仍旧恢复古老相传的旧俗："德国人啊，你们的祖父父亲喝的是白兰地；像腓特烈大王一样，他们是啤酒养大的；他们多么欢乐，多么神气！所以要劝大家把所有咖啡瓶、咖啡罐、咖啡杯、咖啡碗全拿来打碎，庶几德国境内不复知有咖啡一物。倘有胆敢私卖咖啡者，定即没收无赦……"

可见禁令不是20世纪的发明，它的对象也可以不限于酒精饮料。①

可是让我们记住，咖啡最初也是当药使的。据说它能叫瘦子长肉胖子瘦，还能治瘰疬、牙痛和歇斯底里（Hysteria），有奇效。奶酪对咖啡，原先本是当一味药喝的，有名的医生说这味药是治伤风咳嗽的神品。洛桑（Lausanne）地方的医生定它治痛风。当然，也

---

① 讽美国禁酒令也。——译者

有怀疑的人,不但有怀疑的,还有说损话的。哈瑙公主(Princess of Hanau)是个爱咖啡成癖的人,终究中了咖啡的毒,浑身溃疡而死。1715年有一位医生的论文证明咖啡促人的寿命;还有一位邓肯大夫(Dr. Duncan)说它不但诱发胃病和霍乱,还能叫妇人不育,男子阳痿。于是出来了一位大护法,巴黎医学院院长赫刻(Philippe Hecquet),他只承认咖啡能减轻性欲,使两性的关系高超,使和尚们能守他们的色戒。

照此看来,可可、茶、咖啡,都是西方文明里头很新近的分子。拿来调和这些饮料的糖亦复如是。印度的祭司和医生诚然用糖用了几千年,可是要到亚历山大东征到印度(公元前327年)以后,欧洲人才第一回听说那个地方长一种甘蔗,"不用蜜蜂出力便能造出一种蜜糖"。又过上近一千年,欧洲人还是闻名没见面。到公元后627年上,君士坦丁堡的皇帝希拉克略(Heraklius)打破了波斯国王的避暑行宫,抢了不少宝贝,这里面就有一箱子糖。原来早个一百年的光景波斯人已经从印度得了种蔗之术。赶公元后640年左右,阿拉伯人灭了波斯,也就学会了种甘蔗,把它到处种起来——埃及、摩洛哥、西西里、西班牙,全有了。蔗糖这才大批往基督教国土里输入,新大陆发现以后不久就成了产蔗的大中心。可是，好久好久糖只是宴席上的珍品和润肺止咳的妙药。在法国，药业杂货业的联合公司拥有发售蔗糖的专利权，"没糖的药房"成了"不识字的教书先生"似的妙喻。直到1630年，糖仍旧是个珍品，巴黎一家顶大的医院里，按月发一回糖给那管药的女子：她得对天起誓，她只用来按方配药，绝不营私走漏。可是一到17世纪，茶啦，咖啡啦，可可啦，全都盛行起来了，糖也就走上红运了，拿1730年跟1800年比较，糖的消费量足足地多了三倍。

再回到我们那张菜单子去，白米的老家也该在印度，带进欧洲是阿拉伯人的功劳。它也一向没受人抬举，直到中世纪末年才上了一般人的餐桌。

除掉了美洲来的番茄，土豆，豆子，玉米面包，波罗蜜，可可；非洲来的咖啡；中国来的茶叶；印度来的白米和蔗糖——我们那一餐还剩些什么？牛肉，小麦，裸麦，牛奶。这里面，裸麦在基督出世的时候才传进欧洲。其余的要算是很早就有了的，可也不是欧洲的土产。全都得上近东一带去找老家：五谷是那儿第一回种的，牛是那儿第一回养的，牛奶是那儿第一回取的，**讲到起源，西部欧洲是一样也说不上。**

这样分析的结果很不给欧洲人面子，可并非因为我那张菜单是随手一捞,捞得不巧。倘若我们不要牛肉片要鸡或火鸡,黄种人的贡献显得更大。原来家鸡最初是在缅甸驯养下来的,火鸡在哥伦布远航以前也只有美洲才有。

我们要是到了法国,贝得刻(Baedeker)的旅行指南自然会告诉我们解渴无须买水,我们当然唯命是听,要一瓶波尔多红酒(Bordeaux),或索腾白酒(Sauterne)或博克啤酒(Bock)。可是这也不能代西欧争回多少面子,因为在西欧人做梦也没有想到种葡萄的时候,近东的人早已忙着酿葡萄汁了。法国南部初种葡萄在公元前600年;可是公元前3000年的埃及古墓里面已经有酒坛子,封口的泥土上面还盖着举杯作乐的印记儿。早期诸朝的国王各有一个特置的葡萄园,专造祭祀所用的酒。可是埃及人并不把酒的用途限制在祀典上。上等阶级人,每餐之后都要斗酒,太太们站在一旁,大概也不是滴酒不入。伯尼哈散(Be-ni-Hasan)的古墓壁画里,有一位绅士直挺挺像一把扫帚被抬在奴仆的肩膀上,旁边有几位太太正在呕吐,大概全都喝过了头了。我们还有这些酒席上的谈话的记录。一位客人喝得已经有个模样,不愿意再喝了,一个奴仆怪热心地劝他不醉无休;一个奶娘劝她的女主人放量喝，别扫大家的兴；还有一位太太对伺候的人说，"再给我十八杯，你不知道我要喝醉了才罢手吗？我肚子里干得像干柴似的！"无怪乎尼罗河上的国产供给不了他们的需要了，先是用无花果和石榴等果子造的酒来补充，中人以下，像巴比伦一般，只能喝枣子酒，口味还不错，价钱可公道得多。后来埃及人就常从腓尼基和希腊运葡萄酒进口。

总之，葡萄始种于近东，要是没有叙利亚和埃及，今日之下法国人也不用想享受他的波尔多或勃艮第（Burgundy）。

啤酒的历史给我们同一教训。啤酒大半是用大麦酿出来的，这才是埃及的真正国粹呢。种地的，打鱼的，放羊的，都喝的是啤酒，上流社会也喝它：大约公元前1800年光景，每天进呈宫廷的有130坛之多。最古的记录已经列举好多种牌子。巴比伦的记录也说出多种牌号，还给我们留几张公元前2800年左右的酿酒方子，那方子在现今可以算是最古的了。

鲁兹教授（Prof. Lutz）给巴比伦酒店画了一幅鲜活的图。那些酒店颇有点儿20世纪的色彩，有面子的绅士走进这些地方立刻就失了身份。当垆的多半是女子；至少公元前2000年光景的汉谟拉比法典（Code of

Hammurabi）里没提起男子。那法典定的对那些酒家主人很苛刻。她不得收钱，只准收谷子，要是私下收了客人的钱给查出，准得给扔在河里去喂鱼；倘若她让她的酒店做了不法之徒的聚会所，她得仔细砍脑袋。既受政府的种种束缚，再要门前一冷落，她不免就要乞灵于宗教。她就要向易士塔（Ishtar）祷告，希望那位司爱女神能保佑她恢复她的营业。

欧洲的酒店无疑是欧洲人自己发明的，可是造葡萄酒和造啤酒的技术确实是近东传来的。这就又赶上前面的那句结论了：我们的饮食不是我们自己文化的产物，至少十之八九不是。

可是就文明的全体来说，我们还可以更进一步，在一万或一万五千年以前，我们那张菜单里面资格顶老的成分都还没有出世，无论是欧洲人或塔斯曼尼亚人或近东人，谁也不能夸口。葡萄酒和啤酒，资格尽管老，只是紫铜器时代的产物；再进上去，小麦、牛肉、牛奶都不在陶器时代之前；再往前去便是那渺渺茫茫的先陶器时代，比陶器时代至少要长个九倍。

可是，那九万多年打野兽采野实的日子也没有白过了。人总不能一屁股坐定了等烤秧鸡飞进嘴里来呀。烤秧鸡，味道不错吧！来一盘烤蚂蚁怎么样？有一回在爱达荷州（Idaho），勺勺尼印第安人（Shoshone Indians）请我吃这个菜，我可没敢尝一尝。要不来一盘烤蚱蜢吧？犹他州（Utah）的印第安人捉不到大野兽的时候就干这个，还透着真有能耐。一只蚱蜢自然当不了一餐，要大家够吃就得共同努力。先掘一个坑，深够四五尺，全部落的人散开来围成二十多亩地大小的一个圈子，然后用树枝在地上直敲，渐渐合围上去，那些蚱蜢受了惊便全钻进那个坑去了。附近别的部落也用这个方子捉兔子，预先安下罗网，一路赶它们进网。再比这大的野兽，像羚羊、野牛之类，印第安人也应用同一原理来对付。他们把成群的野牛赶进一所栅栏，要宰也容易，要不就赶它们跳下悬崖巉壁去。

这些地方全可以看出野蛮人比黑猩猩要高明得多多，他能看清楚他猎取的种属。还不止这个：他能商量着合围，布置合围的手续，造大栅栏，安放罗网，指派各人的职司。这全要靠想象之力，是不应该轻视的。

可是这种部落合围打猎的办法，还只能代表人类在种田以前已经干出来的成绩的一小部分。在那个荒古时代，和他有关的那些动植物他知道得透透彻彻，我们此刻除了动物学家和植物学家，谁也不用想赶上他。还带会想方设法，怪聪明的。拿弓箭来打象是不容易的，可是南非洲的布西门人（Bushmen）会掘许多陷坑，用泥盖好，像是忠厚长者，很容易上圈套。布西门人要算在近代文化最简陋的民族里面，然而他们懂得掩袭野兽。他会顶上鸵鸟的头，学着鸵鸟行走，偷偷地跑近一群鸵鸟；到了临近便拿标枪投去（图7）。

图7　布西门人猎取鸵鸟　（壁画）

许多蛮族用麻药捉野兽和鱼。澳洲人捉鸸鹋鸟（Emu）有时用布西门人掩袭之法，有时拿 Pituri 属植物煎汁倒在鸸鹋鸟常在那里喝水的泉水里，那鸟一喝这水便给麻醉了，很容易捉住。南美洲的印第安人常拿所有的植物逐一试验，看哪一种树叶或草叶能叫河里的鱼麻醉。

讲到初民的武器，法兰西的冰鹿人已经有绳叉（harpoon），西班牙的石洞壁画里已经有弯弓执箭的人。在最近几百年以前，我们的祖宗仍旧要靠一种改良的弓弩，算是打仗和打猎的最得力的工具。诺迭克人、地中海人、任何白种人，谁也没有能发明比弓箭高明些的武器，略早些时中国人已经发明火药——用来放烟火。①

凡百技艺的专精都要靠分工。自太古以来，男女两性之间已有分工现象。男人专心打猎打鱼。首先发现偶然落在地上的种子会自己生长的乃是女子。既然发现这件事，她就有意地种植这些种子，把她旧时的掘薯芋的铲刀改成锄头，于是就成了第一个园丁或农夫。她丈夫的心只在兽类身上；所以在驯养兽类上他的力量为多，后来这些兽类就成了我们的家畜。

种地，养牲口，这全是极大的成就，可是这种事业已经大兴之后，好几千年里头没一个人想到把这两

---

① 烟火及爆仗，宋代已盛行。《梦粱录》："十二月有市爆仗成架烟火之类。"《武林旧事》："各色伎艺人"条有"放烟火"，是已有人专精此业，当已经过相当时期之发展。《东京梦华录》："忽作一声如霹雳，谓之爆仗"，似是出世未久时光景。西人则谓中国始有火药约在5世纪中，然非此土发明，大概由印度或中亚传入。——译者

件事并在一处。大多数蛮族里面的农民一直到现在还在使锄头，不把锄头拉长些成个犁头让牲口来拉。例如非洲的黑人，没哪个部族没有很多的牛，可是除少数摹仿白人的以外，他们不用牛来拉犁。古秘鲁人有骆马（Llama），也很可以抵牛用，可是他们从来没有想到。

种地不是非犁耕不可的。大多数美洲印第安人没有牲口，所以他们不能有我们那样的农业。可是他们一样地能种苦薯（Manioc）、玉米、豆子、南瓜等物。他们从渔猎一跳便跳到园艺即锄耕①，**可见人类不一定要经过畜牧时期才可以到耕种时期**。

近东的人民不但知道养牲口和种地，还知道把二者合而为一。过渡时期的状况可以从古代埃及的图画中窥见一二。那些图画里有犁也有锄，牵犁的有牛也有人。犁这个东西大概很不容易发明，在紫铜器时代以前人类没有能造犁，而所有用犁的民族好像不是得之于埃及就是得之于巴比伦。

当然，人类是有守旧性的，不是有了新方法就立

---

① 研究文化史的人在农业上分别锄耕和犁耕，前者称 horticulture 或 gardening，后者称 agriculture。

刻丢了老方法的。这也好，因为种地和养牲口不是百分之百靠得住的。拿从前的拉伯兰人来说，他的冰鹿有时候会丢了。设若他已经不会打鱼，他怎样能活命？所以东非洲的巴干达人（Baganda），尽管种香蕉和养牲口，一面还是要去打象和野牛。我们亚利桑那州的荷匹人（Hopi）整年价拿玉米当粮食，可是也不忘记打兔子。就是我们，钓鱼打猎也不失为上品的游戏，而且，可有什么肉能赶得上鹿肉的味道？

上面说过初民猎取野物的能耐；改业畜牧和耕种以后，他也没有失去他的聪明，白种人农业家没办法的地方，荷匹人会干耕（dry farm），东部印第安人会用鱼肥田。非洲黑人知道，小牛在面前母牛的奶才出来；倘若小牛死了，他们会竖起塞满了草的小牛皮来骗那母牛——还带百发百中。东非洲的查加人知道通沟渠，用干草喂牛，在香蕉田里下肥料。自古至今日积月累的经验，教会了那些野蛮人，怎样对付螟蝗和干旱，什么地方去放牧牛羊，怎样驾驭他的牲口，怎样取它们的奶。在南美洲的热带地方，他已经把一种天生有毒的植物 menioc（薯类），改变成主要的粮食。这是怎么发明的呢？诺登瑟德（Nordenskiöld）告诉我们，当他们试验麻鱼的麻药的时候，他们试出苦性

manioc 是一种麻药。后来偶然发现，把毒汁熬去以后，剩下来的东西很可以吃得。古人的成绩多半是这样绕大弯子绕出来的。他们并不是要干个什么便能干个什么的神人。他们的功劳簿上一行一行写上许多令人难信的笨事，驯养家畜和种植五谷的故事便是明证（见第八章）。然而我们经济生活的基础是他们奠定下来的，这是无可怀疑的事实。**我们尽管有煞有介事的科学，尽管有土壤化学和畜牧学，我们却没能在古代文化传给我们的农作物和家畜之外增加一个重大的新种。**

第六章 饮食礼节

　　制造工具，采集野实，网罗野兽，处处地方都表示野蛮人和我们一样地讲理性。当然，这就是说，他还没有能十二分讲理性。自始至终，他就把那些一老一实的事情和奇怪习俗与迷信搅在一起，再也分不清。取牛奶要算一件实用得很的事情了，可是南非洲的祖鲁人（Zulu）不让女子的手上牛的身上，甚至连走近牛栏也犯忌。这个意思也许出于古代男牧女耕的分工制，女子只配下田，牧人的世界里没她的份。让她进来是危险的，伤风败俗的——比三十年前让我们的妇女抽烟卷儿或走进酒吧间还要危险。

　　饮食是人生一宗大事，自然要纠缠上许多奇怪意思，拨弄不清；那些野蛮人，我们无可无不可的地方往往正是他们吹毛求疵的地方，在饮食这件事上大概都有很郑重尊严的规则。这里面，有的很深刻，说是礼节还不如说是道德。例如在爱斯基摩人里头，鹿肉和海豹肉同吃是不可恕的罪恶。他们相信这件事要触怒海之女神。她一动怒，就要叫海里的大哺乳类不近岸，这个处罚就够厉害啦，不但犯罪的本人受害，同屯地的人全受累不浅。无怪乎他们要勃然大怒，非叫本人出来忏悔不可了。东非洲的马赛伊人（Masai）也有相似的禁忌，不准一天之内吃了肉又喝牛奶，这不但叫那个人生病，还要——这可要紧得多啦——叫那个牛病倒。

另有一类规则在社会生活上有极大的影响。男人和女人往往不准在一处吃饭。马赛伊人要吃饭的时候，他的太太立刻得走出那座茅屋。各有各的吃饭喝水的家伙，谁也不能乱使。格林兰、夏威夷、乌干达、玻利维亚、美拉尼西亚，或现在，或过去，都有过这种规则。请闭起眼睛来想一想，设或我们社会里面也永远不让夫妻们共桌而食，我们的家庭生活又将如何？

除这些重大规条以外，还有些规则是应该算在礼节里面的。在乌干达，看见别人在吃饭，千万别去招呼他，那是很失礼的，连注目看一看都只有粗人会做得出。在这儿，做客人的道理是放怀大嚼，谢谢主人，还要打胃里呕两口气表示甚饱甚饱。换了个马赛伊人，他就得咂咂舌头。祖鲁人孩子赴宴之时，父母必再三嘱咐，主人端菜来必须双手去接；不接就表示瞧不起主人，嫌他的菜不好。初民社会里有一条很通行的规则，客人一来便送东西给他吃，不管是不是吃饭的时候。在平原印第安人（Plains Indians）里面，这是敬客的正道。做客人的不一定要把端出来的东西全吃了，甚至向主人借个盘或碗把吃剩的带回去，在他们看来也无伤大雅。有时候，席次是排定了的。克洛族（Crow）的主人和客人不坐在一起，每个家族自成一群。荷匹人便不如此。主人客人大伙儿围着一个盛汤的大盆子坐，各人把他的薄饼蘸着汤吃。凡是贵贱观念占势力的地方，人们对于进食的先后很有讲究。在坡里尼西亚，他们最爱喝的胡椒酒（kava）一杯一杯送上来的时候，先送给谁，后送给谁，这里面不能错一丝一毫，比起伦敦或华盛顿官场中的盛宴来不差什么。

　　总而言之，野蛮人的礼文非但严格，简直严格得可怕。可是在我们看起来，他们的饭桌上的仪容令人作呕，并不是因为他们吃饭不用器皿。他们一样有刀、匙、瓢、勺、椰子壳、木头碗，可是，不论什么，他们捞到就使，卫生与否，满不在乎。玻利维亚的印第安人吃蜜糖，使一种像刮胡子时涂胰子用的刷子一般的东西，我舐一口递给你，你舐一口递给他。瓢里头有一堆捣烂了的果子，谁要吃，捞起来唾两口，唾过仍旧往瓢里一扔。何必要问有没有别人的唾沫呢？

照我们现代的标准来看，东非洲乌干达的吃饭礼节在野蛮人里头要算是极顶考究的了。吃饭之前，吃饭之后，全得洗手。普通用一只木盆，一路传递过去，一面有人在各人的手上倒些水；有时候给每人来一块海绵，拭抹手上的油腻。食物用树叶托着传递；大家都得仔细，别让自己的手碰到别人的一份。可是没有食叉，你在自己的食物上捏一块下来，抟成一个小球，用手指头往嘴里送。设若还有调味的汁汤，你就得找个小杯子，用大拇指把你的球往里按好，然后到公用的大碗里去舀汁汤。"要把球抟好，可不让手指头烫伤，这里头很要有一点儿本领：端起杯子来往嘴里送的时候，还带不让汤儿水儿往四下里溅，这也得留神。"

你瞧，这些怪怪奇奇的风俗，就算不便说是与禽兽无异，总可当得鄙陋二字的考语。好吧，让我们来瞧瞧我们的欧洲老祖宗们的礼貌。

第十世纪的西班牙贵人请客的时候，富丽堂皇的桌布铺在桌子上，杯盘满列，山珍海错一道一道上上来。可是没有叉。爵爷也罢，方丈也罢，吃那些鳟鱼，羊肉，鸡肉全得借助五指将军。喝汤喝水，还不是使着跟野蛮人一样的勺儿匙儿？饭前饭后洗手也和东非洲的黑人一般无二。德国的风俗也不见高明。在中世纪的初年，大家合用一只大盆，连个匙儿也只有贵人才使得着。盘子也没有；每人面前安一只盘子，这是16世纪才有的事。

　　法国怎么样呢？那一言一动天下从风的法国？她比德国高明些，可也高明不了多少，而且不是处处都胜过。在14世纪的上等社会里头，汤是用粗陶碗盛的——**两位**客人共一碗。设若全是家里人，更不用这样麻烦，就拿煮汤的锅子端上来大家喝。面包是每人一厚片。肉由一人切片，用铜盘盛着，讲究些使用银盘，各人往自己的木碟里拣，可是只能使三个指头。吃完了，剩些沾过油汤的面包舍给穷人。一个人一道菜就要使一只盘子，这要到1650年左右才完全通行，那野人似的对付办法才绝迹。附带提一句，那时候拿块肉骨头或面包条片喂桌子底下的猫狗绝对不算失仪。

　　叉这个东西连在帝王家里都算是个稀罕儿。安着玻璃柄或象牙柄，真得花好些银子才买得着。路易第十的王妃有一把，都伦公爵夫人有两把，赶 1418 年查理第六便可以夸口他竟有了三把。这样的贵重东西是轻易不使的。甚至不交代给御厨房，厨子切肉只能用刀子和双手对付着。叉原来的用意是帮着切割的。亨利・得・微尔那（Don Enrique de Villena）在他那本 *Arte Cisoria*（1423 年）里提到过一种两尖头的 broca，通常不是金的便是银的，还有一种三尖头的 tridente——两种都用来切割鱼肉。这位作家还告诉我们，有了这种器具，我们可以把烧好的菜送到嘴里去，不至于弄得满手油腻；这位亨利先生好像是第一个想出这个好主意的西班牙人。当然，不会因为他一说便举国从风，更不用说西班牙以外的地方了。在 1600 年以前，法国的顶阔的阔人也还没有采用此法，一老一实用手指头抓菜往嘴里送。中产阶级的人要到 18 世纪才学着阔人们使叉。

在早年，刀比较起来更重要，可是也不如我们设想之甚。在法国，不管怎样盛大的筵席，有个两把三把就够使，你使过了给我，我使过了给他。在 1560 年，有一位法国著作家还提到瑞士人和德国人每人各用一把刀的**想入非非**的怪风俗。三十年之后，蒙丹（Montaigne）老先生也注意到瑞士的这种风俗。他老先生自己既不使匙，也不使叉，吃得太快的时候往往咬了自己的指头。这也不能怪这位隐士，连顶时髦的社会里头的人也还粗鲁得可惊呢。可是尺有所短，寸有所长，从前的人也尽有高雅得很的花样。16 世纪中，男子举杯为爱人祝酒的时候，照规矩她的名字里头有几个字母他得喝几杯。可是别致尽管别致，1550 年以前的人喝酒只用一只公共的酒杯。往后又过了一百多年，还有一位上等社会里头的太太用十个指头抓菜吃。到 1695 年还有一位太太用"才从她的樱唇上拿下来"的匙儿舀酱油给客人，毫不觉得什么。

总而言之，二百年以前，顶文明顶讲究的西欧人，讲起吃饭的格式来还只是一个野人。他们进步到跟东非洲黑人一样，饭前饭后洗洗手；可没有能比这个更进一步。

第七章 火与烹饪

没有一个黑猩猩知道用火或做饭，没有一个野蛮人不知道。火之知识起源甚古。尼安特人遗留下来的器具旁边有烧焦的骨头和木灰块，这证明也许在四万年以前人类便已知道用火。没有火，许多事业很难进行，甚至无从着手。金工、陶工、烹饪，在这几方面，火是必不可少的。它又帮助石工去开燧石矿，最早受人类驯养的动物也许是受它的吸引。在大规模的围猎时，要把成群的野牛或野马赶进一个池塘或赶下一座悬崖，最容易的办法便是放火，自然能逼那些牛马上死路。火真是个宝贝，无怪乎好些部族不敢赌运气，永远不敢让火灭了。许多神话与教仪都缘火而生，以火为中心，这也就不足为奇了。

在初民还不知道火究竟是什么的时候，他当然不会有意去取火。第一回取的火一定是得之偶然的幸运——也许是天火。当安达曼岛上的土人第一回被发现的时候,他们不知道怎么样取火,可是他们一向保持着一个火,这个火是哪儿取来的,谁也说不出。

在野蛮人里面,应用最广的取火之法是钻木法。许多蛮族会用两手搓一尖头木棒在石头上面穿孔。拿木块来代石块,拿秃头木棒来代尖头的,搓来搓去便在木块上磨下许多木屑(图8)。摩擦所生的热度渐渐到达燃烧点,倘若火花落在什么干燥易燃的物质上,稍加吹拂便发为火焰。这里面大有巧拙。两手搓那木钻,越搓手越往下,将要到底的时候,要能立刻滑到上部,不能让木钻停顿,位置也丝毫不能变动,否则那些木屑便冷却,前功尽弃。对于没有经验的人,这是一件难事,但我曾经看见过一个名叫伊希的加州印第安人,在22秒钟里面发出火花,在良好的环境里

图8 巴费磋人钻木取火

面，10秒钟便成。北冰洋诸民族把这个技术改良了：用弓来旋转木钻，弓的弦绕在木钻上（图32），为使木钻安于其位起见，他用牙齿来帮忙咬牢一块套在木钻头上的木片。这个只有爱斯基摩人的牙床才对付得了，可是不用牙齿也行，只要有一个助手扶持木钻，无论如何，"弓钻"确然节省不少劳力。正如文化史上许多巧思一样，它是原来各不相谋的两种机械之合并。弓是很早就有的，钻也是很早就有的。可是用弓来转钻是比较后起的发明，只有少数民族保有。

坡里尼西亚人不钻木取火，却用一根尖锐的木棒在一块木头上不绝地摩擦，使成一槽。他们拿那根木棒继续不断地在那槽里摩擦，到后来那木屑堆里便发出火花。这个方法笨重得很，所以倘若可能，土人们总是点好火把以保火种。

说也奇怪，简陋的佛伊哥人有一个比这些先进民族好些的方法。他们懂得用黑铁（troels）去敲燧石，可以算是和我们的一手拿火刀火石一手拿火绒的祖父们并驾齐驱了。其实这个方法也不见得怎样可以夸奖。像坡里尼西亚人和其他初民一样，我们的先人也把取火这件事当作可怕的苦差使，能够避免总得避免。大冷的冬天，天不亮便爬起来，拿着火石乱敲，敲出火花来，还得引着火绒，不住口地吹，吹得着起来，这是谁见了都怕的苦事。为省得吃这种苦起见，往往终夜不让火灭，这当然要费很多柴禾。但是木柴很贵，不容易得，特别是城市里头。有时拿泥炭来代替。至于煤，纵然在产煤甚多的英国，1560年以前没有谁拿煤来供住家之用。当丹麦太后感觉要特别示惠的时候，她便搬两三车木炭去送给一位老寡妇。在大革命以前，一到冬天，所有巴黎城里的阔人都在宅子门前生一堆大火。从下午六点钟起到半夜一点钟止，穷人们可以来此烤火，还可以带两块残烬以及正在烧着的木片回家。

在北欧，"借火"之俗盛行，特洛尔斯隆德（Troels-Lund）给我们一幅绝妙的画图，画着16世纪的斯堪的那维亚人冬天的早晨在漆黑的胡同里摸索着走向邻家去借火——可得要那位邻居没出门去干同一差使才好。这个风俗不但很幼稚，还透着真危险，因为尽管政府再三告诫，百姓们绝不肯找麻烦在带来带去的火把上加个盖，一阵风来，火花吹上草盖的屋顶，马上大烧而特烧起来。

文化之进步是种族所决定的吗？这才是废话。一百年以前，欧洲人的取火可以算得幼稚。并没有什么新的"火德"因子在19世纪之初加入西北欧洲人的生殖细胞里头去。可是化学发达了，便拿来解决近代需要。在1805年（或1806年），有一个法国人在木片外面涂上一层硫磺和氯酸钾，往硫酸中一浸，立即燃烧起来。此后不久，我们的磷寸便发明了，只要擦一下，不用浸了；1844年，颜拆平（Jönköping）地方便建立了那举世闻名的伟大的瑞典火柴厂。

至于食物的烹饪，重要原理都已为野蛮人所知。甚至罐头食物也有相当的品种。平原印第安人不能常常有新鲜的牛肉，可是他们有保藏之法，牛肉放在架子上晒干，磨碎，和以脂油和骨髓，再加以野樱酱。装在牛皮袋里头，可以多年不坏。这也不独平原印第安人为然：格兰查科地方的某一南美部族里面的女子拿水果烤熟，能保存好几个月，密克罗尼西亚人也会这一套。马贵斯群岛（Marquesas）的坡里尼西亚人很怕灾荒，因此他们把发酵过的面包果（breadfruit）藏在地窖里，要能维持全家一年之食；有时为整个部族而积蓄；十年陈的面包果据说是最好的。我们暴殄天物可以算得厉害，偏要说野蛮人只顾目前不计将来，真是可笑。

面包是个流传甚广的东西。像中部加州土人那种采野实为生的人也会把橡子磨成面粉，荷匹族的妇女还会拿玉米粉烙薄饼。她先把玉米放在石板上碾成粉，拿水来调成粉浆，然后往那烧热了的石板上摊开。一刻儿工夫，她揭起薄薄的一张饼，或折或卷，使成通常形式。

烘烤是坡里尼西亚人的特长，他们在泥炉里烹调他们的水果。照一位瑞典旅行家说，讲到熏鱼的本领，没有哪个民族可以和格兰查科印第安人比赛。在内华达州，巴攸特妇女能在柳条篮里面炒谷实，她捡两块通红的煤块放在篮子里，随即很快地把它抛来滚去，不让它烧焦篮子。很巧妙地一拨弄，炒熟了的谷实滚在一边，烧残了的煤屑滚在另一边。这样的手术颇要有点儿训练呢。

但是，在陶器没有出世的时代，怎么能煮东西呢？再简单不过了，许多现代的初民都曾被发现使用这个办法。蕃古洼岛（Vancouver Is.）印第安人把水和肉装在木匣子里头，然后拿烧热的石子往水里丢，加州印第安人不用木匣而用不漏水的篮子。在平原印第安人中，地上竖四根木棒，中间挂一个皮袋（图9），或者在地上掘一个窟窿，四周铺以牛皮，然后搁水搁食物搁烧热的石块。这种古风在西班牙的给不斯哥

(Guipúzcoa)地方仍然可以见到，那个地方的巴斯克人煮牛乳的办法，便是拿烧热的石块往木桶里丢。

图9　白拉克佛族印第安人煮物

照此看来，略去细节讲大概，我们烹调术的主要原理实为简陋的渔猎民族所稔知，也许一直回溯上去可以回溯到先陶器时代。

第八章　畜牧与农艺

初民想尽种种方法去打死一只熊或鲸鱼，然后很有礼貌似的向它赔罪。他在尸体旁边絮絮不休，求告那熊或鲸的灵魂去告诉它的同类，说它在此颇受优待，庶几它们闻声而集，都来供他屠杀。他认定人兽出于一源，比达尔文还要厉害；这个氏族以熊为氏，那个氏族以鹬为氏，氏族中人都自以为是这些动物的后裔。他们往往不肯吃氏名动物的肉。东非洲有一个部族里面有猿氏，举行婚礼的时候，正式邀请狒狒们来赴宴。一个南美部族的妇女，这边的奶子奶她的孩子，那边的奶子奶她的小狗。非洲的黑人有因心爱的牛死了便自杀的。吉尔吉斯（Kirghiz）族的青年，倘若要特别恭维他的"甜心"，往往把她比做小马。

这完全不是科学的畜牧家的态度，可是这确实是远古初民摸索到畜牧这条路上去的时候的心情。他并没有巡查了他的居住区域，然后说，"这种动物可以取奶"，或"那种鸟可以养来生蛋"，或"那种动物可以剪毛"。坦白的事实不容许我们作如此解释。造物之生牛奶是为小牛的，不是为人的。野种母牛把它的小牛奶过以后就没有余奶，倘若那位牛奶场主人要取它的奶，保管他要失望。实际上，现在有几万万的人民在终年养牛而不尝一滴牛奶。讲到家禽，野种的鸡鸭生的蛋不够抵它们吃的粮。事实上，许多养鸡的民族很不喜欢鸡肉，更恨鸡蛋。至于羊，野种的绵羊没有长毛，所以根本上不能拿剪羊毛来做养羊的动机。

让我们向后转。初民开始畜养动物，并不是为的图利，却是由于一种非经济的、可是一样有人间味的理由——他爱把它们带在身旁做伴侣或是供娱乐。一直到现在，南美洲的民族还养鹦鹉，养鹰，还在他们的吊床旁边挂上许多壁虎。有的村子里鹳鸟鸵鸟踱来踱去，做儿童的游伴；有的村子里麋鹿龟鼠成群豢养，成为一种动物院。这种种禽兽之中没有一种供给丝毫实用。

再加上游戏之动机，豢养禽兽之欲望便和任何常态的人间欲望一样强盛。便是文明较高时，这些动机还是有力。我们赛马场中的马，西班牙斗牛场中的牛，都是专门训练过了的，试问训练这种牛马的目的何在？中国人的趣味趋向昆虫，外国人不很知道他们的故事，其实也一样的有意思。在基督纪元8世纪中（唐代），中国妇女竞畜蟋蟀，聆其鸣声，以消永夜。此风日播，畜者盈万①。富人聘请专家来饲养；大臣著文章来供参考；诗人做诗来颂赞。到了宋代（公元960—1278年），畜蟋蟀之风又转一新方向。蟋蟀是好斗的，养蟋蟀者便叫它们捉对厮杀，一种新的游戏就此形成。养蟋蟀者务选其善斗者，谨慎守护，不使受烟受热。斗时有彩，其数往往甚巨，战胜的蟋蟀往往镂名于牙版。

并不是说从来没有过为正经目的而畜养的禽兽，可是正经尽管正经，不一定合于实利主义。在东非洲，瓦胡马人（Wahume）不吃鸡肉，更讨厌鸡蛋，说是鸡的排泄物，见了就恶心，近邻部族有不和他们抱同感的就得给他们瞧不起。然而尽管如此，他们还是养鸡。干什么？拿来解剖用它们的脏腑卜吉凶！这倒和最初养鸡的宗旨相合。最初养鸡的地方是缅甸，按2000年

---

① 按《开元天宝遗事》："每至秋时，宫中妃妾辈皆以小金笼捉蟋蟀，闭于笼中，听其声。庶民之家皆效之也。"——译者

以前中国史家所记，缅甸人便用来占卜。卜者以竹箸插入鸡之大腿骨，视所成角度以定休咎。在缅甸，游戏的动机也有时出现。两村相争，斗鸡以定胜负，其实就是一种"阿缔卢"（ordeal，见十五及二十两章）。至于近代的养鸡术，那完全是这些古代风俗的副产物。

但是养禽兽以为伴侣仅为驯养野兽以成家畜的第一步，逗之使斗也还不能说是驯养已告成功。南美人的鼠不能算作"家鼠"，马戏团中互斗的袋鼠也不能算是家畜。甚至象也不能打在家畜之类里面算。象可以驯服，可以使之做工，但是非一个个从野象群里面驯服出来不可。换句话说，它不肯像牛马一样在人类统治之下自由繁殖。这就是顶厉害的试验，许多种一时为人所用的禽兽终于说不上是家畜，便是因为通不过这个试验。

驯扰野兽是困难到令人难信的一种事业。野蛮人畜养宠物，不知不觉地做实验做了亿万年。这宠物里面有少数永久跟定了人类，一点不感觉不安。只要在种的组成里面有小小一点差异，往往便有受制不受制的分别。冰鹿酷嗜人类的便溺，叫它们跟定了它们的西伯利亚主人的正是这个东西。但是爱斯基摩人至今没有能驯服此兽。然则美洲种的冰鹿是嗜好便溺的程度差些呢,还是比较地害羞些呢?诸如此类的小差异往往有重大的后果。

不管怎么样,初民比我们着了先鞭,凡是能驯养的物种全给驯养了。结果,尽管我们有高深知识,我们没有能在他们的成就之上再增加些什么。狗是公元前8000年时驯服的,或许还要早些;牛、绵羊、山羊、猪,大约在公元前6000年顷。在约属于公元前3000年代的一块石版雕刻上,一个书记报告他的主人有驴760头。然则驴之始见役使当较此更早若干年,因为不会一开头就有这么大的驴群的。我们所有关于马的最古记录是巴比伦的,约在公元前2300年顷;可是最初制伏野马者不是那比较文明的一部分人民,却是那比较野蛮些的部族。各种重要牲畜都是如此,创始驯服之者无一非野蛮部族。

畜养宠物之风终于变为利用其身体与劳力,因为人类不是完全没有头脑的,虽然他难得不糊涂。他注意到他所畜养的生物,因为有现成饭吃,不用去为生存而竞争,在身材,毛鬣以及其他性状上都逐渐和野种不同。这里面,有些特色给他看中了,认为有价值,有意培植起来。于是本来只是在新的环境之下自然生出来的倾向便逐渐浓厚起来:长毛肥尾的绵羊,产乳的母牛，生蛋的鸡，都出世了。但是这种功利主义的心理是最后来的，不是最初来的。

不愧为人，关于家畜之利用，初民只发展出几个根本重要的意思。凡是可能的地方，他一定从较古的畜牧家那里去输入他的技术。平原印第安人的骑马设备无一不是借之于最初引马入美洲的西班牙人，只有几种无足重轻的改制出于土人之手。例如从前他们用狗拉一种没轮的车子，现在就照式制造一种较大的车子来给马拉（图10）。我们能拿这种发明力之缺乏来责备印第安人的遗传吗？不大可以；西班牙人自己也并没有发明有刺的马镫，他们借之于阿拉伯人。再往回数上去，古代巴比伦人初得马时，措置之法和我们的苏系印第安人正自不相上下。他们原来赶惯了驴车，仅仅拿马来代替驴子而已。他们并没有一径发明骑马

图10 狗拉与马拉之无轮车

之术，我们简直可以说，他们永远没有发明骑术。这个故事几乎到处都是如此。西伯利亚人最初只有狗橇，后来改用冰鹿来拉。有些西伯利亚人遇见骑马的部族，于是仿效起来骑冰鹿。再有，水牛和牦牛显然和黄牛相似，因此黄牛便成了适当的模范。在印度，黄牛的奶取来作饮料，于是水牛的奶也便取了来；在东部亚洲，向来没有喝牛奶的风俗，也就没有创造的天才出来发明这个风俗。

牛奶实在是个顶好的例子。在人类的全历史上，取牛奶这件事只发明过一回。除直接或间接受近东影响者以外，没有一个民族梦想到牛奶可以取来喝。中国人在饮牛奶之俗还没有通行的时候已经离开近东文明的境域，因此，凭他们的知识和耐性，他们自己没有创出牛奶事业来。往后，他们的标准太固定了，不容许他们再向近邻们去转借了。反之，凡此俗根深蒂固的地方，往往扩展到马和骆驼身上去。中央亚细亚及其附近的游牧民族又曾发展出搅奶油和制干酪之术，可是人类发明力之贫弱又在这里得一例证。在这个中亚势力范围之外，没有一个民族制造干酪；虽然有几个黑人部族造奶油，可是他们只用它做擦抹身体的美容膏。

人性既是如此，倘若我们假定某一民族全凭自己的努力驯服了他们的家畜，培成了他们的农谷，这个假定多半靠不住。从别人手上转借过来比较简单得多。往往不全是人的懒惰，是老天作梗，把这个畜种或谷种长在别的地方。现在，国际贸易把这些障碍一扫而空，把世界上动植物的原来分布状况打乱得不成话说。玉米和苦薯，在哥伦布之前是不出美洲一步的，现在却维持着亿万非洲人的生命。夏威夷群岛已经成了有名的波罗蜜出产地，虽然波罗蜜的老家在安提耳（Antilles）。阿比西尼亚是咖啡树自然生长之邦，附近的阿拉伯人把它传播开去；可是后来世界上咖啡的大宗产地却移到了爪哇，更后又移到了巴西。西部欧洲的牛、马、绵羊、山羊、小麦、高粱、大麦，全都得之于近东；而且除马外，都在那个区域尚未"文明"时——即文字与金属器具尚未发明时——就传播过去。欧洲人或许可以辩护：他们居住区之内没有那些动植物的野种。然而就食物供给而论，初期文化实大有造于我们，这是一个事实，是不容抹杀的。甚至当一种动物或植物的野种和家种同在一处出现的时候，住在那里的人民也不一定便能看出他们的机会而加以利用。在1492年，大多数美洲部族都养着狗。同时，美洲有狗之一属的野种甚多，如狼、草原狼、狐狸等。幼稚的观察者——没有对"地理学者的错误"特殊存戒心的——也许会以为印第安人之家犬乃驯服那些野种而成。完全不是这么一回事。从阿拉斯加到提厄拉得尔佛伊哥,无论哪一种狗,全都是一种亚洲产的狼的后裔,古代的印第安祖宗渡白令海峡时把它们带了过来的。

非洲的香蕉也是如此。香蕉一属的野种,亚洲,大洋洲,非洲都有,单单乌干达一地,田里种的香蕉就有十多种,此外还有一种野生的,因此,事情好像是:黑人发现老天赏给他的野香蕉,觉得很不错,于是开始种植起来。但是在植物学上说,这个假设简直荒乎其唐,世界上所有田里种的香蕉全是没有籽的,必须要用分芽之法;可是非洲土生的那一种香蕉没有旁发的芽,因此绝不会是乌干达地方认真栽种的那十多种香蕉的祖种,这些香蕉种一定是从亚洲来的,亚洲的香蕉天生有旁发的芽。非洲和亚洲的关系——它的**历史**之一部——才能解释为什么香蕉是乌干达的大宗农产。环境的作用是消极的,仅仅在它业已输入之后让它发达而已。

即使毫无植物学上的障碍,也没有什么能叫人非拿某种土生的植物来尽力培植不可。有几位学者笑嘻嘻地指着意大利地层中的橄榄叶化石说道:"这儿长着橄榄，古代罗马人的橄榄一定是自己培植出来的。"可是历史上的事实是：家种的橄榄树是从希腊搬过来的。还有，中国本土有一种野葡萄。"四千年的农业家"应该看到机会了吧？大谬不然。倘若没有张骞将军，他们会至今没有葡萄，也许永久不会有葡萄。这位有名的旅行家在公元前 126 年时行经大宛国及安息国，把葡萄籽带回本国。更有意思的是：连素以腐化出名的中国人拿到这种新植物也没有能尽其功用。在公元 640 年以前，中国人不知道做葡萄酒，后来也是从邻近民族学的乖[①]。埃及人在公元前 3000 年所已成就者，富有经验与工程知识的中国人在几千年之后不得人家帮忙还是干不成。人类智慧之不可恃也如此。

当然，不是一切植物都因为可供食用才被世人培植。有许多是织布用的——地中海区的亚麻，印度和中美的棉花，中国的苎麻。尼罗河上流有无花果树，

[①] 按《唐书》："蒲桃酒，西域有之。前代或有贡献。及破高昌，收马乳蒲桃实，于苑中种之。并得其酒法，上自损益造酒。酒成凡八色，芳香酷烈，味兼醍醐。既颁群臣，京师识其味。"破高昌在贞观十四年，正公元 640 年。惟魏文帝《与吴质书》已云："酿以为酒，甘于曲蘖，善醉而易醒，"似汉魏时已有葡萄酒。李时珍解曰："葡萄酒有二样……酿者取汁同曲如常酿糯米饭法，魏文帝所谓甘于曲糵，醉而易醒者也。烧者取葡萄数十斤，同大曲酿酢，取入甑蒸之，以器承其滴露，红色可爱；古者西域造之，唐时破高昌始得其法。"——译者

坡里尼西亚有桑树；两地的土人拿这两种树的树皮捶打成布。还有，正如有些动物仅仅养了玩一样，有些植物被人培植也不是为实利。有些玻利维亚印第安人是狂热的烟草吸食者，西北加利福尼亚人也是什么粮食不种，专种这种无用的莠草。至于蒙大拿州的克洛人甚至连吸也不吸，专门种来供教仪上用。同样，乌干达的黑人不喝咖啡，只拿来咀嚼，间或吞咽一颗或两颗咖啡豆作为一种宗教上的行动。当斯图曼博士（Dr. Stuhlmann）和乌干达王结义为兄弟的时候，各人在心口皮肤上抓破一块，把血濡染那咖啡豆，然后用嘴唇就对方的手掌上取过来吞下。

  植物的故事甚多惊人之笔。秘鲁地方的印第安人拿高根叶（coca）嚼了当刺激品，觉得爬山的时候此物大有帮助，可以防止疲劳；这便是我们的麻醉剂高根的来源。裸麦初入欧洲，是一种毫无用处的莠草，很不受农夫的欢迎。波斯和西亚他部的农夫也都把它当作妨害正当田谷——小麦与大麦——的恶草。可是山地里头的人便把裸麦夹在小麦里面一同种植。他已经发觉小麦往往受不起严寒，裸麦却不在乎，以至于可以有对折收成。由此，人类食粮又添一种。文化就这样打后门偷偷地溜了进来：它生来爱这一套。

第九章　居　　室

当初巴黎城外无花果结实、凡尔赛附近大象漫游的时候，法兰西人无需乎御寒之所，终年住在旷野里。可是赶后来气候变冷了，他们便托庇于悬崖之下，或山洞之中。他们在那里边生火，做皮衣。我们所以能知道，因为我们现在还可以见到他们的炉烬和刮皮的石刀。这种利用现成住宅的办法从上古一直传到现在。在纽约州境之内，直到不久前，印第安人还是能找到石洞时必住石洞，虽然他们会搭草屋；锡兰的维达人此刻还住山洞。

人类最初造的房屋是什么样式？大概很像一百年前塔斯曼尼亚人的房子吧。他们在地上钉几根木桩，拿一条一条的树皮靠在上面，就此完工。没有屋顶，火生在房子前面（图11）。塔斯曼尼亚冬天很冷，这个屏风抵挡不了什么。东部印第安人的草屋（wigwam）

是一种进步，因为它的柱子互相交叉，顶上可以铺草或芦席以作屋顶（图12）。

图11　塔斯曼尼亚人的壁障

图12　威斯康辛州印第安人的草屋

游猎或游牧的人民发明一种帐幕。从拉伯兰一路经过西伯利亚到北美洲，向南直到得克萨斯州（Texas），全都有形式相同的帐幕——圆锥形，用兽皮或树皮做成。在北部西伯利亚拍一张照片，和北部加拿大拍的一般无二（图13）。这个帐幕看起来非常简单，好像很容易发明，其实不然。西伯利亚东北部的察克

第九章 居室 81

图 13 瑜卡吉尔人的帐幕

奇人以巧技闻名,可是当一部分察克奇人舍去安居的渔夫生活而变为冰鹿游牧人时,要想造一个适宜的住宅,再也造不成。他们没有能发明那个帐幕,他们造出一个最不便利的东西——不容易支起,不容易收下。为什么?因为他们的过去历史。采取畜牧事业,这件事本身是进步的,可是他们既然改业,自然在生活上有许多应兴应革之处,他们绝不能在一转瞬间全都办了。他们一向住固定的房子,所以他们要想造一个帐幕,尽量地像他们旧时的住宅。倘若让他们去,再过一千年,或许他们会想出一种合理的容易搬迁的住宅了吧。

我们有讥笑初民守旧主义的权力吗？就算察克奇人是很简陋的民族，亚利桑那州的荷匹人种谷制陶，拿沙石盖造四方的房子，总之，他们比察克奇人高明得多。但是他们的房子盖在**什么地方**？盖在悬崖顶上。一点一滴的水全要妇女们辛辛苦苦从山脚下汲了提上去；男子们从住宅到田里去也要走好几里路。然而移家以就泉水或田地者仍然非常少。从前住在高山之上是有道理的，因为比较安全。现在，早已有北美合众国政府来保护这些荷匹人，叫他们不受邻族的侵略了。可是，单因为一件事合理就去做那件事，这不是人类的天性。倒是叫他去做一件不合理的事，因为一向都是这样做，这比较起来要容易得多。

守旧主义是建筑史上处处可以看见的。试看我们各州的议会：差不多千篇一律。再不然拿一个欧洲典型的公共建筑来做例，譬如说，奥地利的国会：它的形式是希腊的神庙式。请问，希腊神庙又是个什么呢？一个上面有一左右并泻的屋顶下面有若干圆柱的房子。最初用木头造，后来改用石头；那发展出特殊风格的圆柱也是以埃及的圆柱为基础的（图 14）。

真的，倘若我们想一想，三五百年以前我们的祖

图14　1.圭亚那草屋；2.雅典神庙；3.奥国国会

宗过的什么样的生活，我们绝不会再笑察克奇人的不长进。约翰孙博士（Dr. Johnson）和鲍斯威尔（Boswell）在赫布里底群岛（Hebrides）游历的时候（1773年），走进一所陋室，"没有窗子，只有一个小洞，用一块草皮来堵住，有时把草皮挪开，透一点光进来"。讲到这一点，许多法国农民的草屋近年来还是没有窗子。在1550年左右，全斯堪的那维亚半岛农民的房子，没一间有窗子这个东西，至多也只有在屋脊之下留个小孔，室内取光用天窗，一尺五寸见方，用薄皮掩蔽，也可以拉开。甚至在城市里面，我们这种格式的窗子也是在16世纪中慢慢地通行起来的。最初，窗子很少见，1521年时，哥本哈根有一位教士在他的遗嘱里头特别把他窗玻璃的处理提出来说明。好久好久,墙壁中的窗洞都用木板来掩蔽,特别是商店里。白天就把木板架起来做柜台,顾客和伙计隔窗做买卖。讲究些的市民用薄薄的兽皮来掩蔽窗洞,和乡村中的天窗一样。他们的窗子和西伯利亚蛮族的窗子可以算得伯仲之间,那些蛮族用鳗鱼皮、兽肠,或云母片做窗子。"这样的窗子也还能透进相当的光,可不是全透明的。"1554年,丹麦王基利斯当三世(Christian III)在他的宫中添造一带配殿,他下一个命令,只有一部分的窗子可以装玻璃。

忽然,大变动来了,三四十年之后玻璃已经非常普通,在人家婚宴上喝醉了的酒鬼,居然拿打碎窗玻璃做寻常消遣。在1589年4月6日那一天——照鄂丹斯城(Odense)的编年上所记——有一个叫卡罗·布利斯克(Carl Bryske)的人,仗着几个酒友的帮助,打碎54块窗玻璃,算是那一晚玩笑的一部分。

这个进步的原因是什么?难道是因为北欧精神恨那半明半暗的窗子是精神上的黑暗之象征,勃然兴起来打倒它的吗?丹麦的大史家特洛尔斯隆德告诉我们较为平凡的原因。照他说,斯堪的那维亚人完全是被动的。"这个革命不是斯堪的那维亚人天生聪明的产物；北欧的玻璃是从外国输入的，出产地的玻璃价钱便宜了，于是北欧的玻璃窗也就突然增多了。"

我们比较察克奇人的进步速度和西方文明的进步速度，不能让斯堪的那维亚独受责难。中世纪欧洲城市的兴起是一个更好的例证，因为从乡村生活转变到城市生活正可和从狩猎转变到畜牧相比。好，中世纪欧洲人之适应已变的环境丝毫不比西伯利亚人敏捷。而且他们这样迟迟不进更没有借口，因为古罗马的光辉灿烂的先例正在他们面前。但是他们是农民，他们只有农民的眼光，要经过好几百年才明白住在城里跟住在乡下大不相同。让我们取几个例子来看一看西欧人的脑筋。

显而易见，几千所木头房子挤在小小城区之内免不了要有火灾。这些市民们很可以改良他们的救火机，或者采用不易燃烧的建筑材料。但是中世纪欧洲人不理会。当时通行一种小水龙，救火的效力跟药房里卖的鼻孔冲洗器不相上下。在北方，连喷射的办法都没有，只是用木桶提起水来浇泼，这种水桶很聪明地放在市政厅之内，用锁锁好。在17世纪以前，没有一个纽伦堡（Nuremberg）的居民曾造出一个能射水的机器。地方上的政府也看到这个危险，发布禁令，不许拿草盖屋顶，但是结果等于零。1302年有一个伦敦市民叫多玛巴特（Thomas Bat）的，盖房子不守命令，依旧用草不用瓦，被人在伦敦市长跟前告发。他说，倘若因他的草屋闹出火灾来，烧多少家他赔多少家，那位市长和市议会中人真是幼稚到令人难信，居然接受他的话。甚至16世纪的瑞典贵族也还住在草皮盖顶的木头房子里，慢慢地才换上砖瓦。在丹麦，城市中的居民大约在1500年顷已经用石头来砌墙。可是，对于屋顶他们仍旧很顽固，坚持非用乡村时代的草顶不可。因此，他们的房子也不得比瑞典挪威的木头房子稳妥些。自然，火德星君是一回又一回地光临。人人都知道，他本人可以看见他的本乡城市至少焚毁一次。事实上，亚胡斯城（Aarhus）在1540到1550的十年中间焚毁两次；卑尔根城（Bergen）在1561年，1582年，1589年，三次受到同一惨劫。在六十年里头，斯堪的那维亚因火灾而毁去的城市有三十六个——里面有几个还不止烧一次。

丹麦政府未尝不想改革。1496年，丹麦国王命令威堡（Viborg）居民用瓦来换草。威堡人对这道上谕嗤之以鼻，等到1569年威堡城又摧为灰烬的时候，他们又兴高采烈地重行盖造他们的草屋。上谕像雨点似的落到境内各城市，不依命令便当如何处置如何罚款的话不一而足，然而毫无用处。鄂丹斯城（Odens）的旧式屋顶在1561年全给换去；八年之后重行回来，在遮德兰（Jutland）一带一直流传到19世纪中叶。"费了350年的工夫，十三位国王的政治威权，才把草盖的屋顶从丹麦城市里赶出去。"然而世上偏有一班人相信人类有进步之天性，并且相信北欧人秉有这种天性最强。

要打破一个人认为进步为不绝的和必然的事情之信仰，只要叫他拿古罗马的城市来和中世纪欧洲城市比较一下。帝国时代的罗马有石砌的街巷，有阔大的通道，有水管和水沟。尤其可以佩服的是不把这种种福利限之于罗马一城，而是广布到整个帝国的各部去：像丁格德（Timgad）那种非洲的边远城市也一样地有公共浴室与公共厕所。可是当中世纪西欧人初从乡村生活过渡到城市生活去的时候，做错的事情真不少，叫察克奇人处在同一情况之下，也不过错那么些。城市有了好几百年，大街小巷还是都不铺砌砖石，一下雨，行路的人惟有在泥潭里一步一步慢慢地捱。屋主人因为从前在乡村里空旷地方自由惯了，棚屋、凳子、楼梯，件件都安在房屋门外，使路上行人大感不便。事实上，猪就养在街上。柏林城里，迟至1641年，家家的猪圈都在前窗之下。一直要到1681年，普鲁士公利欧坡尔得（Leopold I）才下令禁止柏林市民养猪。别的国家也不见得高明些。1131年巴黎近郊有奔猪惊王子坐骑，王子坠马而死，但情况并不因此而有改进。丹麦政府尽力和城市中的猪奋斗，和对付草屋同样努力，所得的胜利也差不多相同。在1564年和1576年，丹麦王腓特烈第二真正对那些猪宣战。所得的回答是大队的猪向他和他的扈从冲锋，他们的马都受惊乱跑。国王与猪之争构成特洛尔斯隆德的历史中许多有趣篇章的主题。

讲到卫生，在最近若干年以前欧洲人和野蛮人站在一条线上。简直可以说，他们连野蛮人的程度都赶不上。对于到处游行的澳洲人和印第安人，怎么样处置秽物是不大成问题的。可是在17世纪的柏林城里，把秽物堆在圣彼得教堂的门口，这个问题就很严重了。在官厅方面，也想不出什么好办法，1671年制定一条法律，凡是赶车子到柏林城里来买卖东西的农民，都得尽除粪之责，每人带一车子秽物出城。

排除污水当然又是一个不得解决的问题。有几个聪明朋友想出一个办法，在房子正中掘一道槽。当然不免有点臭气，长久下来简直不可耐，但是有什么办法呢？那个时代在外表上何尝不辉辉煌煌要有多少繁文缛节,可是临到这个头等重要的实际问题,就处置得笨到万分,相形之下,非常滑稽可笑。1183 年,神圣罗马帝国的皇帝在欧法特(Erfurt)的宫中召集一个帝国会议。来会的公侯武士确实不少,把楼板给踹通了,许多位爵爷掉了下去——掉在污水池里。皇帝本人也几乎淹死。

16 世纪中,丹麦国内大多数人家都已有厕所设备,可是因为观瞻攸关做得非常的小,同时,一般的意见以为清除厕所是极下贱的事,只能让贱民阶级——刽子手——去做。因此城里头就点缀了许多恶臭和传染疾病的中心。在 1583 年,一个住在赫尔森戈城(Helsingör)里头的荷兰人,因为怎么样叫市政人员来理会都不成,只能厚着脸皮亲自去清除他的厕所。这种不顾羞耻的举动当然不见容于同城之人。在严肃的市民大会里头,市长和市议员向大众询问,这种自忘身份的人是否还应该留他在城里居住。北欧的市民阶级真有他们的,居然全体一致通过。"此人既然已经染指于贱民的职务,因此而自比于贱民之列,我们万万不能承认他为本城市民。"

就说赫尔森戈是边鄙之区,那我们来看看在欧洲文明的中心地这个问题是怎么样解决的。巴黎城在 13

世纪中已有人口 12 万，到 16 世纪终增加到 20 万，再过一百年便达到 50 万。这里是西欧的能力最好的测量点了。结果怎么样？对于高加索人种的心理不甚恭维。在那个欧洲的首都、时髦的源泉的巴黎城里，满街都是秽物。蒙丹（Montaigne）老先生想在巴黎城里找一个可以不闻见臭气的住处，始终没有找到。这也无怪其然。单举一件事，巴黎人的便壶是随意在窗口向外面倒的，毫不顾及行路之人。谁要是身段儿欠些灵活，听见一声"当心水！"不能立即闪开，那就准中无疑——这在莫里哀以及同时代诸家的喜剧里是屡见不鲜的插话。可是这还算是比较地无伤大雅。中下阶级中人更不讲究，随地便溺，连便壶等居间物都不用。1531 年，正在大瘟疫之后，政府命令房东们每一所房子得预备一个厕所，可是这个命令成了具文。法国革命快要爆发的时候，瑟罢士梯安·麦舍（Sebastien Mercier）诉说，在进门的弄子里小便成了男子们的习惯。"一回家就看见一个男子在你的楼梯脚下小便，看见你丝毫不觉得难为情……这个风俗实在非常脏，尤其使妇女们为难。"其实那个时候厕所已经很多，可是内容不堪，麦舍特别警告他的读者别上那里头去。除此以外，办法也就不多。大众顶喜欢的一个办法是上土伊勒里王宫（Tuileries）的宫道去，有一道水松篱可以做屏障。当时管宫廷的大臣安吉维勒伯爵（Count of Angiviller）把篱笆撤去，在原地方造一个公共厕所，进去的每人收钱两文。大家觉得这未免太敲竹杠，于是换方向到御街（Royal Palace）去。奥林斯公爵大吃一惊，赶快盖上十几个厕所。侥幸，它们比它们的前驱运气好些，很得一般人的光顾。因为在这一类的事件上，革命前的法国是异样的德谟克拉底克的。在从前王权神授、朕即国家的黄金时代，卢浮宫（Louvre）实在很不体面。院子里，楼梯上，阳台上，门背后，人人可以随意方便——管宫的人员绝不来干涉，所以谁也不怕人看见。在一般民众，这种鄙野之风原不足责。1606年8月8日，上谕圣遮猛宫（Saint-Germian）中一切人等不得任意方便。就在当天晚上，皇太子便冲着他卧室墙壁大溺而特溺。十七八世纪进步多了，然而王公大臣甚至国君惯会坐在便桶上见客，不把它当一回事。在路易十四手上，凡尔赛离宫可以夸口有了一个"英国式"的厕所，专供皇上和皇后使用。在凡尔赛以外的别的地方，连他们二位也享受不到这种奢侈品。

然则察克奇人对于已经改变的生活方式是否适应得**太慢**呢？

第十章　衣服与时装

我们为什么要打领结？既不保护我们的皮肤，又不保证我们的品德。再说，我们戴的帽子究竟有什么用？加利福尼亚州的印第安妇女戴上一顶便帽，因为她不愿意她的额头给载重篮子的皮带擦破。可是**我们**头上戴的那个玩意儿实在无可辩护。在美国以及外国，光着头跑来跑去的人一天天多起来了，也不感觉什么不便。用旁观者的冷眼来看，我们的衣服里头只有一小部分是有合理的目的的。

这句话可以一般地说得。反面的例子当然也有，行路的时候脚上非套上个什么不可。北冰洋的天气把爱斯基摩人和西伯利亚人造成顶好的裁缝，白人只有跟着他们办。瑜卡吉尔人住在世界上顶冷的地方，围裙、裤子、靴、冬夏二季的上衣、皮手套、皮斗篷、帽子、下巴颏儿套子等应有尽有。1740年春天，有一位丹麦传教士叫埃格德（Paul Egede）的，在格林兰地方躲在屋里一个月没敢出门，因为门外的雪亮得叫你睁不开眼。经过这一次经验，他乖乖地戴上了爱斯基摩人的木头眼镜（图15）。

图15　爱斯基摩人的避雪眼镜

可是跟人类的冠袍带履的总量比较起来，这种例子少得很；除非老天逼着他放明白些，他简直会弄得一团糟。例如在中央澳洲，天气在冰点以下好几度，那些土人们满不理会。他们很可以拿他们袋鼠的皮来做衣服，可是他们不干。佛伊哥人，前面已经提过，在这一点上和澳洲人是一样的硬汉。需要竟不是发明之母。可是还有一条路。倘若中央澳洲的天气有南极那么冷，哪个部族能发明西伯利亚式的皮衣服，那个部族便可以生存，其余的全得死亡；这就完了。那些中澳部族里头是否有这么**一族**能找出这条出路，没有法子悬测。

就是那些西伯利亚人，他们也不是超人。瑜卡吉尔人近来改变了他们历代相传的古装：他们现代的外衣不紧盖在围裙上面，因此风霜可以侵及肌肤。为什么要有这样不合算的改变？约彻尔孙博士（Dr. Jochelson）把这个秘密揭开：完全由于要漂亮。不懂为了什么，他们看中了那从南边来的通古斯人的服装，说是比他们自己的装束漂亮，于是便为时髦而牺牲安适。住的是世界上顶冷的地方？唉，何必管它！

可是，即使多打些折扣，我们总还承认，衣服有时为利用而发明。要说是起于羞耻，大概可以说是从来没有过那么一回事。人类并没有掩盖性器官的本能。日本国男女同浴，从前欧洲也曾有过。16世纪中斯堪的那维亚半岛的人脱衣服不相回避，睡觉时一丝不挂——除掉一顶睡帽。有一位波兰来的客人表示惊讶，他们告诉他，都是上帝造的东西，人类不用害羞。现在的瑞典旅馆里头的侍女一样地准备给男性旅客擦背；更不用提那新近大吹大擂的"裸体运动"。

没有受到外来礼教影响的初民社会往往显示同样的可爱的素朴。包威尔少校（Major Powell）在西南区作初度游历时，有一回路遇一对巴攸特人夫妇。时候是八月里，男子"戴一顶帽子；那位太太除却一串珠子以外，一身别无长物"。较此更近，在巴西地方，诺登瑟德看见瓦利族（Huari）的妇女赤裸裸地跑来跑去，男子的性器官也遮掩得不周到。有时候，那个遮掩的物件产生的效果正和由羞耻而来者相反。巴布亚人本来是赤裸裸的，单单把他的生殖器藏在一个葫芦里，这不能算是遮掩，简直要算是表扬了。这种隐藏法令人回忆十五六世纪欧洲服装中的怪东西——那个怪可笑的口袋，往往做得花团锦簇的，彰明较著地挂在那紧束两腿的裤子的正中间，在那个上衣没有小口袋的时代，钱包，手套，手巾，甚至水果，一股脑儿全装在这个花口袋里头。

并不是说完全没有怕羞的观念，只是说怕羞的观念无需以性器官为中心。东方的妇女戴面幕，在詹姆士一世时候英国太太们出门也得把脸蒙上。中世纪的西班牙妇女把她们的脚深深藏好，维多利亚时代有一个奥国太太夸奖她自己，说，虽然跟她的老爷生了八个孩子，她没让他看见她的奶子。就说那位赤身裸体毫不介意打诺登瑟德身边走过的巴西太太吧，诺登瑟德向她买了她鼻子上的塞子，她立刻涨红了脸，疾疾跑去再找一个塞上。可见世人对于人的身体未尝无羞耻之心，身体上的各部分都有做怕羞心的对象之可能，生殖器自然也不是例外。但是在这件事情上，无所谓本能与必然，跟衣服的**起源**也不生关系。

倘若衣服之起源不因羞耻，也不因实用，可能的动机还有一个——爱美的欲望。所有其他动机加在一处恐怕还抵不上这一个。爱美的欲望往往出之以冶艳的形式。西伯利亚人皮外套上的绣花，夏威夷人奇异的鸟羽氅，它们的主要目的，甚至可说是惟一的目的，都是审美的快乐。人类之从事装饰，远在制陶和种地之先：在大约距今两万年前的坟墓里头，已经有用穿孔的贝壳或牙齿编成的项圈。甚至全新世的冰鹿人也已经感觉装饰身体之需要。他穿的衣服是什么，现在已经无从知道。我们只能**推论**他们有衣服；但是他的饰物却遗留到现在。这个有幸有不幸的命运不就是衣服与装饰在人类的历史上所占地位轻重的一种象征吗？凡是游历者所记赤身裸体的民族，没有一个不有装饰的器物或方法。包威尔所见的巴攸特人戴着珠索，诺登瑟德所遇到的巴西人喜欢耳环、耳坠、手镯、臂环、贝壳项圈、鼻塞、唇栓；他们邻族的姊妹们费尽心机把整块的石英磨成细针，插入下唇。

无论穿衣服不穿衣服，野蛮人无不在身体的装饰上费很大的气力。坡里尼西亚人用草木汁液漂洗他们的皮肤，用椰子油涂身，用香花做项圈。最重要的是他们的文身之俗——这是他们的美术之一。在新西兰，船头所刻繁复的螺旋纹也在酋长的尊容上出现（图16，17）。文身匠把梳子浸入染色的汁液，然后用小榔头敲打梳背，使梳齿深入受刺者的皮肤。这是个痛苦的手术——正和我们妇女们的"美容术"（facelifting）不相上下——但是受术者丝毫不畏缩。匠师一面施术，一面唱歌相慰，歌句无非说他文身以后必有天仙般美女来恋爱他。在马贵斯群岛（Marquesas），不但脸上刺

图16　毛利人的面上刺花

图17　毛利人的船头

花，周身都要刺到，前前后后历时要有三十五年到四十年之久。只有渔夫之类的穷朋友，没有聘请匠师的钱，才不得不以洁白之身终老。这不仅宣示他们的贫穷，并且剥夺了一宗宝贵的特权：他们不准吃人肉，犯者杀无赦。

皮色较黑的民族，文身不显，就在身上制造瘢疤。中央澳洲人从来没有想到用袋鼠皮来做衣服以御寒气，可是在无实用的身体装饰上却表示出有创造力。他们用红土在孩子的胸前划些线条，沿着这些线条用石刀刺皮肤，血出方止。然后把沙土、油、鸟羽等塞进创口。西部非洲的黑人用木炭划些十字形、三角形和星形，然后刺破皮肤使成此式，并用各种刺激物使疤痕加深。

可是这种要漂亮的动机往往和另一动机纠结在一起。正如我们的女子手上戴订婚或结婚的戒指，荷匹族的处女也把头发包住两耳成"压花式"以表示她是待字的小姑；马赛伊妇女则用铜项圈来表示她是有夫的罗敷。凡是尚武的民族，勇士们绝不养晦韬光，常常用服装来表示他的行事。菲律宾的巴哥波人（Bago-bo）的风俗，凡杀过两个人的就有资格在头上扎一条香灰色的带子，杀过四个人的就有资格穿血红色的裤子，杀过六个人的就有资格全身穿红。马赛伊族勇士的服装也和普通人有别，佩戴手镯和铃子。平原印第安人里头有狗会，会里有几位职员头戴特殊的披风；他们是发过宁死不失所守的誓的。在平原印第安诸部族里头，软皮靴跟上拖一条狼尾，颈后插一根鸟羽，都不仅是为好看，因为这个表示此人立过这样那样的武功。正如在我们里头一看某人的表坠就知道他是一个 Phi Beta Kappa 学会或麋会（Elk Society）的会员一样，狗会的会员可以从他的鹰羽头饰辨认，水牛会的会员也可以从他的两角帽辨认。有时候一个部族里头的几个会的尊卑不同，因此各会的徽章同时便成了社会上贵与贱的表征。两角帽的作用正和我们的大礼服和丝绒帽相似。

　　文身、刺疤、割势皮，以及其他毁伤肢体的方法，都可以有表示社会地位的作用。澳洲人在他们的发身期中或在身上刺些瘢疤，或敲去一个门牙，或割去势皮，或经受其他花样。这样的毁伤肢体也许除表示年龄或地位外别无作用，可也许有严格的宗教意义。坡里尼西亚人的文身本来只供装饰，但是刺花刺到舌头上，永远关在嘴里看不见，就不能再说是装饰了。原来这是丧礼之一。文身又有辟邪或志仇的作用，往往动机不止一个。我们的结婚戒指不也有二重目的吗?①

　　白人时装之任意变幻也不下于坡里尼西亚人或黑人。即使那个变动是合理的，也往往是出于偶然而非出于理性。哥尔顿（Galton）告诉我们，在 19 世纪初年，没有一个英国人蓄须，除非他是个骑兵里头的军官，否则"是非常不雅观的"。但是在克里米亚战争那个冬天，要叫前线的兵士天天刮脸很不容易，所以他们的嘴上便于思于思起来，回国以后，居然影响及于一般社会，大家相习成风。胡须便成了丈夫气概的表征，终至教士也投降了，"从此以后讲经的坛上也有胡须出现了，是百年来所未见"。

　　18 世纪富有白人之极端修饰的佳例。在玛丽安都旺（Marie Antoinette）王后的时代，法国太太们的髻梳得很高，一个矮小女子的下巴颏儿正好在头顶和脚尖的中间。头上的纱、花、鸟羽堆成一座宝塔，坐车非常不便。王后在 1776 年时把她头上的鸟羽尺寸加高，弄得进不了车门，只能在登车时卸去一层，下车时再加上。宫里的女官坐车时只好跪在台板上，把头伸出

---

　　① 结婚戒指兼有辟邪治病之用。关于戒指治病的信仰，请阅本书第二十一章。

窗外。跳舞的时候总怕碰到挂灯。重重扑粉厚厚衬垫的金字塔终于生满虱子，非常不舒服，但西欧的天才并不因此而革除这种时装。他发明一种安上象牙钩的棒，拿来搔痒算是很漂亮。许多印第安部族禁止月经在身的女子用指头搔痒：有一种特殊的棒专供此用。这样看来，"万物之灵"的无上智慧居然两度发明一种搔头器。在印第安人，这是笄礼的神圣背景之一部分。在18世纪的法国，倘若它是有效的——即令扑了粉的高髻是必不可少的东西——它不失为聪明的方法。可是事实上这个方法不灵，但是时风却坚持不变。然则法国的太太们比她们的印第安姊妹们讲理些吗？

　　欧洲男性的愚蠢亦复旗鼓相当，他们有他们的假发。在剧烈运动的时候，假发当然不很牢稳，所以网球之类的运动便不复得上流人的青眼。假发初起是阔人的标记，英国有一个时期据说要想叫当大夫的不戴假发比叫他不受诊金还要难些。但不久中下社会便开始模仿这些阔人。可是格式和价钱都还有等级，讲究的人备有各式假发为各种时机之用。在1663年，培匹斯花两三个金镑便买得到通常的假发，但礼用假发却值到60镑。无怪乎当1765年前后漂亮朋友们重复露出自己头发的时候，英国的假发商要大吃一惊了。

假发当然是要扑粉的。在那个歌舞升平的时代，巴黎的假发匠手拿着梳子和粉扑满街跑。主顾的头上已经装修完竣，便领他到楼梯口。那位艺术家把粉扑用力向天花板上拍打，雪花便飞舞在顾客的假发上——有时不免殃及刚走上楼梯的不幸的来客的衣服上，在几十万英国人和法国人饿得要死的时候，大量的面粉浪费在发粉上。然而哲学家还煞有介事地讨论**野蛮人**的无远虑！后来毕德（Pitt）的粉税令出，才把这个恶俗在英国扫除。在法国，则至大革命时期，流风犹在。革命伟人罗伯斯庇尔（Robespierre）出来的时候无一次不把粉扑得纯净无疵，拿破仑也到了远征意大利回来才摆脱这个习俗。

可见虽遇世变之剧如大革命，时风仍能维持不败。但是它在政治上是无党无私的，它对于奉天承运的帝王也无所畏怯。在玛丽安都旺登位以前，高髻已经交过红运，得过路易十四的朋友丰唐侯夫人（Marquis de Fontanges）的提倡。后来这位侯夫人失宠，路易便讨厌这种高髻。他提倡梳低髻，但时髦社会置之不理。不错，当他命令那些夫人小姐们摒除丰唐髻的时候，丰唐髻便不梳了，但不到几年又盛行起来。路易劝告、演讲，乃至发怒，可是无效。忽然风气突变，在 1714

年，英国大使什留斯布里（Shrewsbury）公爵的夫人入觐，那些时髦夫人小姐们觉得她的低鬐好看，立刻仿效起来，从一个极端飞向另一极端——使皇上大不高兴。其实他早就应该明白些，时装是个叛徒，从来不知道什么法律。

第十一章　工艺与行业

野蛮人看见铁钉，视为珍宝。18世纪探险家的船只到了南太平洋，便有被土人冲击的危险，他们把船撞碎，以拔取铁钉。无怪其然，原先土人盖房子造船只，都不得不用椰子壳的纤维来捆扎。他们虽然不是效率专家，也知道钉木板比捆木板省力许多。一人抵一人，野蛮人的机械学不比白人差。他所以赶不上白人，只因为他不知道有应合某种需要的某种技巧。他的吃亏正和我们坐驿车使油烛的祖宗的吃亏差不多。因为我们能买火车票或开关电灯，我们就可以说我们的脑筋比他们的强吗？野蛮人学一学也会做那些事。科克船长时的英国水手惯会用一枚铁钉去买黑女一夜的欢情，恐怕他们里头没有一个人有发明铁钉的本领。反过来说，坡里尼西亚人学会了钉钉的手法以后，钉起来和我们的木匠一样敏捷。

北美洲的印第安人不知道针和剪刀。在 1906 年，我看见爱达荷州的一个勺勺尼（Shoshone）女子用锥在软皮靴上锥眼，用手拿着牛筋线穿那个孔。她已经不用旧式的骨锥而用钢锥，但是她的缝纫原理丝毫未改。比起冰鹿时代的法兰西裁缝女来，她还落后两万年，她们已经使用有眼的真正的针。至于剪断之术，那是人类历史上为期很近的一宗成就。古代的希腊人和罗马人没有真正的剪刀，要到基督纪元后几百年它才出世。甚至羊毛剪——顶上相连的两刀片——也到青铜时代才出现，可是，尽管她的器具不利，加利福尼亚的编织女工能在一英寸木片上缝 60 针，这是很少白种女子能赶得上的纪录。

爱斯基摩人以手工灵巧出名，但是他们没有锯子。他们切断兽骨的办法，照波阿斯（Boas）说，"先划定一条线，沿线钻眼，眼和眼密接。然后或用榔头或用楔压断之"。这个方法虽然辗转，可不能不说是聪明。

钉、针、剪、锯，所以不为初民所用，全是因为不容易发明。或者不如说是：要他做的工作太多了，刚巧这几件事他没能做好。有了他的成就做基础，我们的祖宗才左右逢源地集取了许多发明，整个地传给我们，让我们享用。蛮族人民采取他人的发明较少，因为他们无处可以借鉴，一大半非凭自己的见识不可。但他们并不是蠢材；他们所有的蠢气只是"万物之灵"所共有的一点蠢气。倘若他们的行事笨拙，那些自以为比他们高明的人又比他们高明多少？文明人和野蛮人常常暴露同一种心灵的惰性。

在苏必利尔湖（L. Superior）附近，造物送给人类许多天然铜。印第安人也知道利用，可是不知道用新的方法来处置新的材料。他们不把铜烧热，就这样冷的锤打，当它石头一般看待。但是公元前5000年的埃及人的对付黄金，也不比他们高明。总而言之，"金属时代"是偷偷地来到的。非常有意思的一件事是，人类最先使用的金属是黄金，当然完全供装饰之用。第二个来的是铜，但是最初也只用来做铜珠子。后来人类用铜制造器具，可是并不比石器便利多少，因为纯铜太软。因此许多民族知道有铜而不用。没有一个人能由直觉预知九分铜加一分锡就可以补救缺点，产生极品的青铜。经过长久而痛苦的尝试，各种比例都试过，这才得到九分铜一分锡的结果。

锡矿稀少而铁矿普通，然而青铜之出世先于铁，这也是一件怪事。还有，熔铸青铜是很难的，而炼铁只要摄氏七百度到八百度的炭火便已够用。然而最文明的几个民族却迟疑再四才肯舍弃旧材料改用那更合实用的新材料。荷马大概生在公元前800年前后,他的诗里头还是青铜器和铁器并举。中国人的青铜时代历年很长,最后才从北方的突厥系游牧民族那里学会冶铁。埃及人知道有铁,至迟在公元前1350年左右,但是他们好久好久不能尽铁之用,迟缓得令人难以相信。住在现今亚美尼亚地方的赫悌人(Hittites)比他们聪明,所以凭着他们的铁制兵刃,抵抗尼罗河畔的居民,历久不败。最奇怪的是,铁最初也是供装饰用的。在希腊之东的诸岛,铁与黄金等价有好多年。在南德意志,先史时代的土著最初用铁来装饰青铜器,后来拿铁来做指环和手镯,到最后一个时期才用铁做器具。

有许多蛮族知道冶金之术,除最近若干世纪,他们并不比西方文明落伍多少。东非洲的吉库攸(Kikuyu)族的铁匠住在铁矿的近旁,他设法使河流改道,把含铁的泥沙冲刷下来。他的妻子儿女淘沙寻铁,晒干了带回家。于是放在土坑里头烧热,用羊皮做风箱。那位铁匠把相当纯净的铁块钳出,再烧热,然后打成标准的两磅重的熟铁块。凡是要定做铁器的顾客,必须在市场上买这种铁块,然后连同需用的木炭一并交给铁匠。这个部族要算是简陋,可是铁匠店的设备也就可观。除风箱以外,至少要有一把尖头的铁锤,要有分别打刀和打矛用的两种铁砧。在刚果的巴库巴族(Bakuba)也有同样的设备(图18)。

由此可见非洲黑人也会制造熟铁,已经赶得上中古欧洲。非洲人不知道造生铁,欧洲人早先也不知道。生铁需要熔炉和压力极高的风箱,欧洲也要到15世纪中才具有这种设备。

总而言之,要责备印第安人或非洲黑人在工艺上怎样落后,是不甚妥当的。受过教育的土人会反唇相

图18　刚果铁匠店

讥，嘲笑我们的祖宗所处的苦况。倒不如看一看功劳簿，看世界上无文字的民族所已成就者如何。

首先要想到的是古秘鲁人的纺织。他们没有我们现代的纺织机械，可是现代所有的各种织品和各种织物华饰，他们差不多无一不有。他们拿棉花和美洲各种骆驼——Llama，Alpaca，Vicuna——的毛纺成纱；当今的专家克洛福德君（M. D. C. Crawford）说："上品的秘鲁纺纱不但比现今最好的机器纺纱进步，且显然含有今人所不知的某种原理之应用。"讲粗细的均匀，讲耐织的劲道，古秘鲁的棉纱可称完美。可是他们的最高成就还要数壁毡：拿他们的次等货色来和法国哥布郎厂（Gobeline）的出品比较，往往还要高出若干倍。克洛福德君说："其中佳品所表现的耐心和巧技简直令人难信。有许多1英寸之内含纬纱300。曾经有人拿1英寸含有260到280根纬纱的一片来分析过。用通常分析织物所用的试验镜来照看，不行。必得要放在解剖用的显微镜下，拿针来把一根根纬纱剔出。分析1英寸织物，费了三点半钟。"

这当然是一个极端的例子。织机大概是到了陶器时代才发明的，许多蛮族都没有织机。但是他们有别种纺织技术，并且其中有许多知道别种造布之法。野蛮人无不知制线。倘若他们没有纺锤,他们至少能像我们威斯康辛州印第安人那样拿树皮纤维在大腿上搓线,并且依照需要而接线。把这种线结成渔网,这个技术和搓线一样普及。文明并没有能把这个野蛮技术改良多少;使网眼大小一律的分划规则,无论在瑞典或在南美洲的中心,差不多是一个样子。

编织术比纺织术更古。许多民族不懂得制陶,却懂得编篮,所以编织术大概起于先陶时代。在技术上说,编织比纺织简单,因为只要拿原料来编穿或缝合,不用纺线或上织机。织物与编物的分别可以说—由机杼—由手工。编织虽说是简单的工艺,野蛮人却踵事增华,加上许多发明。有些文化最简陋的民族,如加利福尼亚人,无论就编织的技术看或就编物的装饰看,都要算世界上最佳的编工。我们的博物馆里头陈列着他们的作品,其中有些异常细小,绝不能供实际应用,可是制作的时候不知吃了多少辛苦;所以要编织这种小件,恐怕完全是为的表现绝技。还有同地制作的大件篮筥之类,往往用啄木鸟和鹌鹑的羽毛来装饰。这也没有什么实用,只是当作珍玩收藏,当作礼物馈送,或者——最大的用途——**当作纪念死人的冥礼烧化**。然而有些著书立说的人还要坚决主张,人类的劳动完全为果腹之计。

在南太平洋和其他热带地方，土人拿树皮来制布。这并不是说，只要找到一棵合式的树，剥下几片树皮，就可穿在身上。科克船长在 1777 年亲眼看见东加岛（Tonga）土人制树皮布，记在他的游记上。一个女子把桑树的皮剥下，把外皮刮去，把内皮放在水里浸软，摊在一棵树干上，用一把起槽的榔头捶打。捶打过的桑皮互相黏叠，要它多长便黏多长，要它多厚便叠多厚，为求光泽起见，还得放在某种土产汁液里头浸一浸。坡里尼西亚人往往还在木版上雕刻种种图案，把树皮布放在版上，用一种颜料在上面平擦。结果便印出种种花纹，正如我们拿纸盖在铜钱上，用铅笔在上面涂擦，印出水牛或红人头的图像来一样。

这不能不算是一种技艺。中央亚细亚所行的制毡术也不能不算是一种技艺。中亚游牧人不纺便织，然而手续甚繁。吉尔吉斯人常群集成一圆圈，中间堆置羊毛，用长杆扑打，然后撕成小块，铺为两层，浇水使湿透，以席卷之，席外缚绳。于是分为两群，各有十人光景，对面立定。甲方用右脚把席卷踢向乙方，乙方企踵以接，重复踢回来。如此踢来踢去，约费一点半钟。然后解开捆席的绳子,再由妇女捶打三小时,毡子才算告成。真不懂野蛮人都是懒骨头那种谣言何所根据?费去的劳力不计,单是那个工程里头所表现的经验,见识,合作精神,哪一点不叫人佩服?

　　讲到皮革,野蛮人也不是把牲畜的皮剥下来就往身上披挂的。倘若尼安特人所遗留的各种刮刀不是毫无用处的废物,连那些荒古的原人也就不是生剥了兽皮就当衣服穿的。美洲的打野牛的印第安人不仅拿**生皮**做袋子,他们也深通制革之术。制革必须经过某种化学过程,使兽皮永远柔软。有些民族拿含有唐宁酸的植物擦进生皮,有些民族用动物脂肪,还有些民族用盐。印第安人用鹿脑或牛脑和以脂肪,摩擦生皮。他们有小手斧,用来刮除皮面的毛,并刮削里层,使厚薄均匀。他们有一种有齿的骨制凿刀,用来铲除连在皮上的肉。他们有擦皮使光滑的石器,鹿皮则用一种裂开的腿骨来刮削(图19)。还要晒干,润湿,卷成一束,用手拉扯,还要放在一根牛筋绳上拉锯似的拉来拉去,一道道手续很不简单。西伯利亚人也有整套的工具和层层的手续。瑜卡吉尔人用一种石斧刮去兽皮的内膜,用另外两种石斧做后期的工作。他们把皮浸在水或尿内,使毛脱落。他们的皮幕或皮衣都要

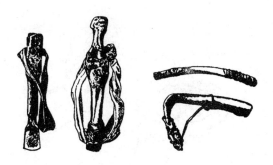

图 19　克洛印第安人的工具：刮肉的凿刀，磨光器；斧形刮刀

用火来熏过，使见雨不缩。这也是印第安人的通行办法。我在 1914 年看见过一个犹特（Ute）革工的制革。她把一张皮缝好，挂在一个土坑上面的三脚架上，把皮缚牢，用重物压在当中，使它紧张。土坑里生着多烟的火，向那张皮的里层熏，约 33 分钟。然后把皮翻过来，熏它的面子，约 10 分钟，熏成的颜色稍淡。

　　像这种工艺，对于材料、工具、手续等都要有充分知识，然而起源甚古，能追溯到文化初开的时期。拿以竿接竿钩取香蕉的黑猩猩和先陶时代的石工来比较，已有霄壤之隔。那个黑猩猩并不以一定技术来求一定的形式，那个敲琢石斧的原人却在举手击石之先胸中已存有所需器物的形象（图 20）。随便举一点来说，他没有斧柄，他就把那石块的一头空着，不加敲琢，留为握手之地。还有，他没有过多少年便已经获

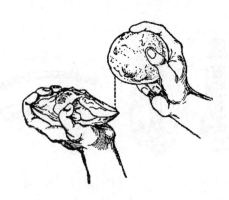

图20　琢　石

得实用矿物学的知识。各种岩石不是对于各种用途同样适合的。黑曜石和燧石宜于做刀斧，石英便太倔强，勉强用来做材料，事倍而功半（图21）。在先陶时代，人类已逐渐能鉴别岩石的好坏，集中于最好的几种燧石。这正和古希腊的雕刻家相同，他们最初拿石灰石或其他当地出产易于雕刻的岩石来用，后来慢慢地讲究起来，非巴罗斯（Paros）或那虎斯（Naxos）的上品大理石不下刀。现代的澳洲土人，他的物质设备虽

图21　琢石的成功与失败。　左图的石太不平直，不能产生薄片

然简单，他对于这些矿石性质却颇能分别。对于石英岩，他不磨而琢。倘若找得到绿石（Diorite），他便制作磨光边锋的石斧。他很珍视各种合用的绿石，凡绿石矿都有私人所有权。外群之人不得主人允许，绝对不得采掘。

磨石之术的发明，说来也有趣，真可代表人类的行事。在先陶时代，完全不知道磨石。磨的手续是知道的，却只应用于骨针及其他骨器。后来那些先史时代的欧洲人才把施之于骨器的手续转用之于石器。在心理学方面看来，正像那些亚洲的养牛民族，看见母牛给小牛奶吃，却把挤乳之法试之于另一种家畜。从磨骨到磨石，好像很容易转用过去，却费了那些早期石工几千年光阴。当他最后在陶器时代知道了石器可以磨光以后，他可不肯把他的石斧或石凿的锋口磨快便歇手，他要仔仔细细把全面磨光。磨光了有什么实用呢？可说是毫无。一把石斧绝不因两面磨得光滑砍起东西来便更有劲些，但是看起来的确漂亮得多。

在石器的历史上，爱美心的显著不下于衣服史上所见。最古的手斧是粗重而不端整的，锋口也不平整。过后，粗重的变为轻巧，不端整变为端整，锋口或成直线，或向内渐曲，式样美观（图3）。斧尖越做越细，到后来简直不成其为斧,因为尖头太细,砍起东西来准要折断。可是这个比起更后一期的石工来又是小巫见大巫了,那个时期的石匠不用敲琢之法而用骨器来压剥(图22、23)。埃及人在制作金属器具之先就特别擅长这种压剥之法,近代的加利福尼亚印第安人也擅长此术。我在1915年亲眼看见伊希(见第七章)拿一块玻璃瓶碎片改造成一个箭镞。他只用一支铁钉慢慢地压剥。他的手每动一次,我便觉得那玻璃片要破了,但是不破。这种手工需要极端精细的手段,压错了一下或者手上震动了一次就要坏事。当时有一位考古学家想照伊希的样做一个,失败了。

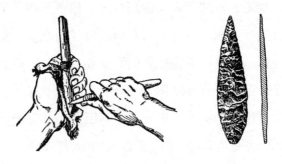

图22 用骨器或角器压剥石片　图23 两面全盘压剥而成的叶形石刀

说也奇怪,压剥之法比磨洗之法难得多,可是发明在先。也未尝没有理由,磨洗之法虽然较易,却需要较长久且沉闷的注意集中。人类先发明最精巧的手艺，后来才能锻炼自己忍受长时间讨厌的呆板工作。

差不多在同时，人类又成就了一件需要耐性的功业——在石头上钻孔。他知道了，拿木棒带砂粒在石头上旋转，可以穿孔。他钻石头的方法和我们凿铁路隧道的方法相同：打两面着手，到当中相遇。

由此看来，古来的石工实在表现着一个大匠所具的美德——勤劳，驾驭工具的本领，应付困难的急智，对于制作物的爱好，尽力求其漂亮的欲望。

陶器的历史也很相像。用陶器来做石器时代的一个新时期的标记，有人会觉得未免视之过重。初看似乎陶器很容易做，而且不是烹饪或他处必不可少之物。加利福尼亚土人从前用篮子煮东西（见第七章）；犹他（Utah）地方的土人用树皮编织瓶子，涂上树脂，便用来装水。

然而将陶器认为非常重要的发明，确有重大理由。陶器不是容易做的。我们从两万年以前的法兰西冰鹿人的手上获得两个很精致的小土俑，但是真正的陶器不到公元前 8000 年左右找不到痕迹。澳洲人始终没有懂得制陶术，还有文化高于澳洲人的若干民族也不知道做陶器，如英属哥伦比亚土人便是一例。倘若你此刻去请一个当地土人女子做一个陶罐，她就要手忙脚乱，说：能做陶器的土要到二三百里以外才有。倘若你用好言劝诱或用危言恫吓，她竟屈从你的意思，就近取土来做了，你会发觉她有自知之明，因为做成的陶器会裂缝。在1919年，有一个瑞典青年想依靠科学的指导来尝试石器时代的生活，曾经试手于陶器之制作。他一回又一回地失败了，因为他做的陶器一烧便裂。重要之点在此：单单用泥土来做成坯子不能算作陶器。要做陶器，非得要有适当的化学性质的黏土，经过一定的制造程序，用适当的火来烧过；摄氏四百度是必不可少的最低温度，否则遇水之后仍然要化成一堆泥土。所以最后的试验是：它是否受得住火。那位瑞典青年学会了怎样捏土，怎样掺砂，怎样晒干，怎样加以均匀的火力，他便走上了成功之路。

换句话说，即使是极粗陋的陶器，要想做得成，也非有一点实用化学、实用物理学、实用地质学的知识和充分的手头技巧不可。有些泥土含砂太多，用起来不应手；有些太黏太软，黏住陶工的手，烧起来容易破裂；所以非用适当的质料来调和不可。南美洲有些地方在陶土里头加些云母，使它柔软些；在亚马孙河流域，土质含砂又太少了，当地土人往往和以含砂质的树皮灰。虽然土质不佳时有法子补救，可是也有一个限度，过了这个界限，就不容易补救，所以陶工非知道最好的原料所在不可。

泥堆已经合用以后，就可以动手制作。直接用泥来塑坯，原本也可以。但是更普通的是另外一种手续：把泥搓成腊肠似的长条，按螺旋纹绕起来，一条接一条，终于盘成一个器具（图24）。两条相接之处，用手按捺使平，然后用一片葫芦和一块石子来磨平全面。

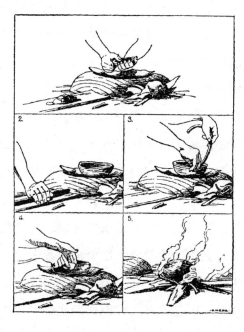

图24　南美洲用盘绕法制成的陶器

现在又要请教实用科学了。泥坯不干透就上火是要裂缝的，倘若不是渐渐晒干而叫它突然干缩，它也是要裂缝的。但真正的难关还在烧的时候。哪怕是无风无雨的时节，要使一个器具的各面所受火力均匀也不容易，尤其是大件。因此，甚至手段极高的陶工也往往受厄于烧。

陶器真要算是工艺上的第一流成就。大概说起来，倘若要单拿一种活动来判断一个民族的文化程度，陶器要算是最合适。第一，陶器是和农耕并起的，因为游牧的人民不需要这种脆质的器具，所以放弃农业重行游牧的民族往往便让制陶术失传。其次，制陶的技术和装饰的进步也往往跟着一般的文化向前走。加拿大的北阿塔巴斯康人没有陶器，在整个的文化上看起来也低于美国境内的东阿尔衮琴人（Eastern Algonkian）。东阿尔衮琴人比不上纽约州境内的易洛魁人（Iroquois），在陶器方面赶不上，在社会生活的丰啬上也落后。朴卜洛印第安人有石头的建筑，完全靠耕田为生，宗教仪式也非常繁富，这个代表着文化的更进一步的一级；他们的陶器不但花样比易洛魁人的繁多，并且施彩色。可是没有人敢说他们比得上古代墨西哥人和古代秘鲁人。这两个美洲土著最高代表民族的陶器，无论是讲技巧讲美丽，都已登峰造极。他们有时候应用模型来做陶坯——换句话说，他们已经暗合工厂制造的原理。除此以外，他们在色彩方面也产生比朴卜洛人更有变化更美丽的效果。最后要数到旧大陆的较此更高的文明，它们在技术上比任何美洲文化进步，因为它们有陶轮，这是埃及人在公元前三千年之前发明的。

例外当然也有。有些民族，像坡里尼西亚人，从其他方面看来，不能说他们的文化怎样低，然而不会制陶，大概是失传了。还有些民族，像英属哥伦比亚沿海诸部族，就始终没有陶器，虽然在别的工艺上很擅长。可是例外究竟只有少数，陶器与一般文化之相关度还是推不倒的。陶器是文明的指数，虽然不是精确的，却是真实的指数。

最初的陶器是怎样起源的，没有人知道。有些学者主张，编织术既先于制陶，陶器便是直接从它发展出来的。篮子涂上黏土，偶然经过火烧。黏土套子便成了陶器，篮子的主人受到了一次实物教育。我们无法反证此说，说这种事情不会发生，但是我们要记着，制成一个简单的真正的陶器需要那么多有利的条件，像这样偶然之事未必能完全具备这些条件。

陶器之高等者为瓷器,关于瓷器的历史,我们知道不少,很可以看出事物发明之经过。瓷器是上釉的陶器的特殊一种。所谓釉,是涂在泥坯外面的一层烧玻璃,用来防止陶器透水,因为陶器无论怎样烧得好,不能完全不渗水的。至于瓷器上面所涂的釉,则很均匀地透入坯子的全体。

所以,要明白瓷器的起源,我们必须看一看玻璃的历史。

玻璃是埃及人发明的——平常说是腓尼基人所创,实在是错误的。尼罗河畔,很早就有玻璃瓶的制造,但当时欧洲人所要的是玻璃珠,所以输入最多。先史时代的巴威利亚人在公元前1550年左右就得到这种玻璃珠。但是好久好久欧洲人都纯粹仰给于舶来品,直到1世纪时罗马才设立玻璃厂。可是,由于罗马诸帝的提倡,这个工业发达得很快。到中世纪时,几乎完全消灭,只有威尼斯城一处继续这不绝如缕的事业,后来便复兴起来。在庞贝城(Pompeii)及南德意志的罗马古城市里头,有玻璃窗片。不错,它们算不得透明,只能说是半透明,熔铸之术也不高明,四边往往有中心两倍那样厚。可是无论如何,那个时候的玻璃窗不像中世纪那样稀见。即令是英国的富豪,在1180年以前也没有能享用到这个奢侈品；迟至1448年，一位游历到维也纳的意大利人，看见多数房屋都安着玻璃窗，还惊讶不置。玻璃传入北欧的历史，上面第九章已经叙述过。

玻璃一面从埃及传入欧洲，一面又向东传过去，直到中国。但是中国人采用这个新材料和欧洲人不同。帝国时代的罗马喜欢制造玻璃瓶、玻璃碗、玻璃酒杯和其他器皿。中国人在家用器皿方面仍然以陶器为主，玻璃或者用来做珠，或者当作宝石来琢磨雕刻。可是到了汉代陶器便开始涂釉，那些陶器曾经由化学家分析过，成分已和瓷器相同，只有物理性质两样些，因为那些陶器仍然不免有孔，釉也涂得很厚，烧窑的时候往往要流下来。但从此以后，中国人很缓慢地对付了所有困难，完全没有靠外人的帮助；到了7世纪，他们终于制成了一种真正的白瓷。

瓷器发明的步骤可以综括如次。在中国，也和在他处一样，简单的手制陶器可以追溯到石器时代。公元前3000年以后，陶轮从近东传来，其后又历若干年，他们在他们的制陶术上加上另一西洋花样，涂釉。但是他们不是纯粹的模仿者。希腊人不肯单单借用埃及的圆柱，却从那里面发展出一种独创的建筑风格；同样，中国人也创造出一样新东西。从外国采取一种有用的意思，这并不是丢脸的事情。所有复杂的文化都是这样东挪西借地建立起来的，像中国文化那样借用了外来花样因而激起创造的努力者，往往产生可惊的结果。

在欧洲，"Pourceline"或"Pourcelainine"这个字在中世纪时往往可以看见，但只用以指示玛瑙、珍珠、玉髓等质料。从中国来的真正瓷器是16世纪中葡萄牙人带来的。1607年，法国的太子用一只瓷碗喝肉汤，已经是了不得的事情，当时只有国王和贵族买得起这种珍品。但至迟不过1518年，欧洲的陶工和炼金术士已经作仿造中国瓷器的尝试。其中有许多自称尝试成功，但事实上没有一个成功。后来萨克逊邦的国王出来提倡这个事业，终于在1710年左右在迈森（Meissen）地方制成真正的瓷器，1713年市场上才有瓷器出售。这就是说，有中国瓷器放在面前做榜样，还有西洋古传的技术和王者的提倡，高加索人种的陶工仍然要花费两世纪光阴才能追上据说是愚昧的黄种人。

往往一个部族在一种工艺上有极高的成就，而在其他工艺上很平庸。平原印第安人是制革的妙手，但是不大能编织，而那些最擅长编织的加利福尼亚部族却简直不懂得怎样制革。朴卜洛人的陶器非常精美，但是在木刻方面远不及英属哥伦比亚人。在文明国家里头也有同样的专业倾向。旧奥匈王国治下的德意志人擅长木刻，斯拉夫诸族则精于纺织，瑞典的西哥德兰省以木工驰名。这绝不能拿遗传来解说，因为没有丝毫证据可以表示境壤相接的东哥德兰省的农民属于另一种族。这句话倘若适用于瑞典，也就应该适用于他处：朴卜洛人之擅长陶工，并非由于他们的生殖细胞里头含有团泥捏土的因子，而加州和平原印第安人则不具；其他可以类推。

地理环境也不足以解释。荷匹人木刻之劣可以归罪于亚利桑那州北境木材之稀少吗？不错，那个地方的桧木太脆且曲，除作柴火以外别无用处，所以他们不得不求木材于白杨。但这是他们技艺恶劣之真正原因吗？在美洲的大西洋海岸区，有很好的松木，但美洲东部的土人并没有成为灵巧的木匠，他们宁愿利用他们的环境所供给的桦树皮。照例，造物提出几条路来供选择：东部土人刚巧选了**这**一条，而英属哥伦比亚人选了**那**一条。

然则荷匹人的木工技术之所以不得长进，莫非是由于不知道楔子的作用？不能把木材劈成平坦的表面，这当然是一个不利之点。但是英属哥伦比亚人的木工之精美绝不仅仅因为他们有楔子。倘若工具能造就艺术家，那拥有铁器的非洲黑人就非比石器时代诸民族的技艺高强些不可了。黑人里头也有能制作很好的箱箧或杯盘的，例如刚果土人。但是一般的情形差得多，非洲人的木工照例笨拙迟缓，像雕刻师琢大理石一般。西南非洲的赫勒洛人（Herero）浪费若干星期才做成简单的牛乳桶。西海岸的判威人（Pangwe）要做一个装粉的瓶子，先拿木头砍成一个实心的瓶子，剖为两半，用小斧分别挖去木心，然后并合起来，缝一个皮套子套住。非洲人尽管有铁刀、铁凿、铁斧、铁锯，他赶不上使用贝器、骨器、石器的加拿大人，也赶不上只有装柄的鲨鱼牙的坡里尼西亚人。

　　明显的事实摆在我们面前，工具、人种、环境，无一足以解释民族的工艺。**个人的**才能当然有关系，但是为什么这种才能在加拿大的西海岸表现在木刻上，在迤南便表现在编织上，到西南区诸部族又表现在陶器上，仍然不得其解。这是一个事实，犹如水性之就下及水由氢氧二气合成之为事实。

　　莎士比亚的父亲是制革匠，兼做手套。凭他这个资格，法律上明白规定，禁止他卖肉，有些城市里头还要禁止他购兽皮，只有已经剥下来的现成货可买。各种行业之间，界限何等严明？在法国，倘若告诉当时的巴黎人，将来会有一个时代来到，任何人可以开店做买卖，无须对同业负责，无须先当一定时期的学徒，无须经过同行的考验合格，他一定要惊讶不置。在1791年以前，没有一个法国人是在法律上有任意做什么营业的自由的。医师一业至今仍有此种同行规条的束缚。

这种丝毫不苟的行业划分制度发生于中世纪，可不是突如其来的。在中世纪初年，农民往往在农隙习一技以自娱。后来迁居城市，无地可耕，自然就把此前的副业当作正业了。

在人类历史中，很早就有专业化的趋势。有些近世的部族里头，专业以个人才能为基础。甲女善于制陶，她的陶器就比别人的更为人所贵重。乙君做的弓是第一流的货色，别人就愿意出重价来买。做父母的自然把他或她的心得传之子女，这就是行业的秘诀，于是陶工织工就往往世传其家。往往这个行业比那个行业更被人看得起，这就成了社会中产生阶级的一个来源。

甚至本无固定的行业分别，专业化的趋势也可以发达得很厉害。在西非洲，判威人并不把木刻和织布当作固定的职业，无非捕鱼种地之余偶尔做做罢了。但是在这个范围以内，各人都是专家。一个人既做凳子就不做弓弩，做木匙就不做木勺。这种心理有利于技术的专精，也有利于交易的发生。往往整个的村落或部族专精一业，这就产生了境外贸易。在新几内亚，只有散处的少数村落专做陶器，但是他们的产品往往由船只传到离产地千里以外的地方去。在南美洲北部，一个部族造船，第二个部族织绳床，第三个部族供给棉花，第四个部族专门制造箭头毒药。

这些是专业化趋势的极端例子。但是有一种专业方式是绝对普遍的。无论哪一个民族，男子所做的事业都和女子担任的两样些。当然也有男女共同做着的事情，但大抵很少。例如玻利维亚的瑜拉卡雷人（Yuracáre），捉鱼、种地、造树皮布，全不分男女。但造兵器、编篮子、盖房子、造船等事就只有男子做；女子烧饭，缝衣，纺纱，织布，做陶器，结渔网，砍柴，运水，行军时当挑夫。这些职务之中，好像有些是"当然"属于男性，有些"当然"属于女性，但这是因为我们有了成见，我们自己的分工制度如何，我们就以为"当然"。萨摩亚（Samoa）的男子并不柔弱如妇人女子，然而他们自己做饭，毫不介意。在**我们**看来，纺织是女子的本分。在荷马的《奥德赛》里头，特勒马克斯（Telemachus）把他的母亲送到她的房里，叫她照顾"她自己的家务，纺轮与织机"，这是和欧洲的礼教一致的。然而就在欧洲文明之中，今日不也有了男性的织工了吗？在欧洲以外的文化里头，变化更多。我曾经见过荷匹人的机房，男人们在那里纺纱织布。但在近邻那华荷族，纺和织都属于女性的范围。这里面是没有逻辑可讲的。在奈几利亚（Nigeria），女子纺纱，丈夫织布；在刚果，男子织布，妇人加饰绒毛图案。所以，即令有很大的地域一致地把一种工艺划归男性或女性，也不足以证明这个习俗的"当然"，照例可以找到同样广大的地域通行相反的习俗。例如在南太平洋，女子制造树皮布；谁要到过那个地方，或者只读过记大洋洲的书籍，一定会觉得这是天经地义。只要一看东非洲的情形就会明白这个观念的错误。在乌干达广大的国境之内，做丈夫的栽种一种树木，拿它的树皮制成布匹。拿这种布来做衣服给他的太太穿，这是他的一定不易的天职，正如种香蕉来给他吃是他太太的天职。又如制革一业，好像天然是男性的事业，可是我们看见大多数北美洲土人都把它当作重要的女工。在平原印第安人里头，刮牛皮的男子难免不被人猜疑是个阴阳人。

由此看来，要说哪一种活动——无论是做饭或抽烟或治病——对于男子或女子是自然的或不自然的，都得谨慎些。男人们打猎，打仗，使用双手大锤，这是自然的；但如果不直接牵涉到初级的或次级的性的特征，则一切男女事业的分别都是纯粹由于礼俗。在新几内亚附近的特洛白里安群岛（Trobriand），孩子的父亲担任保姆的枯燥无味的差使，居然差使当得很不错。总而言之，在男女分工这件事情上，"自然的"就等于"惯例的"。

初民的行事，叫我们常常徘徊于钦佩与鄙夷之间。他建立了我们的知识与艺术的基础，但是事情尽管不错，他总喜欢用奇怪的甚至可笑的样式去做。在乌干达，一个铁匠有许多事情非做不可，有许多事情非避免不可，在我们看来全和他事业的成败无关。他作业的时候必须回避朋友，独自吃饭，连自己的太太也不能通往来。他的儿子开始习业有成，第一件做成的铁器要交给他（儿子）的母亲保藏。同时这位铁匠要打她头上跳过，"以坚定儿子的事业"。他们异常坚定地相信，这种夫妇间的把式可以保证儿子的好运，被除一生的不祥。

比这种异想天开的意思更重要的,是与执业有关的政治的和社会的地位。有一点是确实的:一种职业的社会评价是完全跟它的用处无关的。欧洲大陆的农民一向被人贱视,至今上流社会欧洲人仍然不很容易领会一个美国农民和一个波兰的或法国的种地人的社会地位之不同。一位地道的贵族觉得做有用的工作是一种玷辱,手上拿个小包便失了身份,更不用说手提箱了。东非洲的贵族关于此事也有剧烈的意见,绝对瞧不起手足的劳动。只有一个例外:他们放牛并挤牛奶,不但勤劳,而且热心;正如中世纪时候的法国上流人不妨吹玻璃一样。还有,制革一业抽象地说来不能说是下贱,北美洲擅长制革的女子一定求婚者盈门穿限。然而在非洲的许多地方,制革匠是一个贱民阶级。

更奇怪的是东非洲社会的鄙视铁匠。铁匠是金属器时代的又一进步的代表,他的社群里头日用所需的工具与武器都要靠他供给。但是人类的心理学超乎这种粗俗思想之上。例如在马赛伊人里头,铁匠是众所不齿的一个贱民阶级,勉强容他们存在,只因为这是一种免不了的凶物。铁匠一业,由父传子,不幸托生于铁匠之门,绝不用想不学打铁便可以爬出这一可怜的陷坑。铁匠不得杂居齐民之中,住在一处定要招引灾难到众人头上。普通马赛伊人的家里不招待他们,也不踏进他们的门庭。他们不得随同别的武士们去打家劫舍,他们自己组织的劫掠队所得财物可以被任意拿来充公。马赛伊人不但不和铁匠之家通婚姻,连非正式的性的关系都不愿和他们发生。据说,违背这一条戒律的马赛伊人将来要发狂,也许在下一回打仗的时候便要被杀。这样的配合所生的子女一定孱弱多病。到晚上,谁也不敢提起"铁匠"二字,这两个字会把狮子和仇敌招惹来。铁匠一业简直是法律所不管。倘若一个马赛伊人被杀,他的亲属可以从凶手及其家属收取赔偿,但杀死一个铁匠,既无须赔款,也不受其他刑罚。反过来,倘若一个铁匠杀死一个马赛伊人,尽管纯属误杀,马赛伊人仍将成群结队冲到他的住处,杀死几个他的同业来报仇。甚至连他们制造的工具都带三分不祥。虽然是少不了的东西,每一把刀、斧、小刀、剃刀、矛头都非得先用脂油擦过,被除了不祥才可以使用。

究竟为什么理由要取这样的态度呢?马赛伊人的解说很妙。上帝禁止人类互相杀戮,万恶的铁匠却造刀造枪来引诱马赛伊人犯禁，所以他们当得诅咒。其实人人都知道，那些铁匠都是穷人，所以上帝也就不爱他们了。这使我们想起现代的优生学家的妙论。他们也自以为可以证明，凡是穷人都是天生的劣等人。

马赛伊人对待那无害于人的正当行业里头的人的态度好像是愚而且酷，但……①在中世纪初年，所有走江湖的伶工都是法律所不管，众人所不敬，受伤无赔偿，甚至杀了也就是杀了。斯瓦比亚（Swabia）的法典里面关于这一点的条文，可谓极讥嘲之能事。"凡伤害伶工律应受罚者，应立于向阳的墙下。伶人应就墙上之影击其颈。此外不得再有赔偿。"照布隆城（Brunn）的旧时的法律，略诱走江湖的女伶不为罪，谁要从略诱者的手上把她夺回，反要受盗窃罪的刑罚。查斯丁尼法典的西班牙修订本里头规定，儿子和优伶往来，父亲可以剥夺他的继承爵位及产业之权。有名的宣教师柏托尔德·拉的斯本（Berthold of Ratisbon）痛骂伶人和乐手，说是撒旦和他的部下转世。好久好久，他们不得参与圣餐礼。他们的地位很慢地改进起来。乐手终于也学了其他行业的榜样，组织行会，如

---

① 原文如此。——译者注

维也纳的圣尼古拉会（St. Nicolai guild, 1228）。英国的法律一向把优伶视为与"流氓、浪人、乞丐"同科。但是在莎士比亚的时代，他们已经可以逃避他们这个行业的耻辱，只要投奔一位贵族去做他的门客。像莎士比亚那样，还可以买一个世家的纹章（coat of arms），一变而为士大夫阶级中人。在大陆上，王公贵族也都庇护起这些从前被视为贱民的人来了。在1509年，斯特拉斯堡主教更进一步而解放他的教区以内的乐手，使他们获得平民的资格。终于被人尊为"基督所爱的歌人"，也可以参与圣餐典礼了——只要他们在典礼举行日期的前后各五天里头不弄乐器。

第十二章 行旅与运输

大约在公元前2700年左右，埃及人便修造海船，有双桅，有橹，每船可容旅客二十人。后来又凿通一条运河，连接尼罗河和红海，船只可以直达现今的索马里，甚至出印度洋。前面提起过塔斯曼尼亚人的雪茄形的芦筏（图5），出海不过几英里，拿埃及人的船来和它比较，不能不说是一大进步。还有瑞士的石器时代人便已知道的独木船，现代许多蛮族还在用着的（图25），也比不上埃及人的船。

但白种人前进到这个地步就故步自封起来。腓尼基人确是勇敢的水手，居然能远航至英伦诸岛，但是

图25 瑜卡吉尔人的独木船

他们没有在航海术上添加一点新原理；古希腊人和罗马人也都无所贡献。这些民族都奉埃及船做模型，过后又拿来交代给中古欧洲。拿我们的 14 世纪末年的祖宗来说，他们在哪一点上比同时代的蛮族或古代的埃及水手强些呢？英属哥伦比亚的印第安人能造长 60 英尺容五十人的独木船。新几内亚土人的船载运陶器到离产地一千多里以外的地方去。坡里尼西亚人的航程比这更长，并且知道在船旁装一根和船并行的木段——所谓"复舷"（outrigger）——可以抵御风涛之险。这些南太平洋岛民里头有些部族知道使帆，而青铜时代的诺迭克人却只有打桨之一法。在哥伦布和麦哲伦以前，欧洲人在航海方面的成就没有一样是坡里尼西亚水手办不到的。

  开航海术之新纪元的是罗盘。但罗盘这个东西是谁先想出来的呢？显然是中国人。他们在很早的时候就有了磁针。他们在兵车上装设一个人形，通以磁石，使它正指南方。可是自从欧洲人采用了罗盘以后，经过好多年，航海仍然是一件危险的事情。1565 年，有位瑞典公主从法国加莱（Calais）渡海到英国去觐见伊丽莎白女王，两次中途折回，到第三次才在多维（Dover）平安登岸。在那个时代，航渡英伦海峡的人，遇到中途风息，不得不坐一程小划子，是很普通的事。

无论如何，从前所有航海术的进步，不能不推埃及人和中国人为首功。自从瓦特改良蒸汽机以后，用机器的力量来代替帆和桨当然是一个聪明的意思。但是在原理上没有什么剧变，正如从前的西伯利亚人用冰鹿来代狗拉雪车一样。最初的汽船甚不高明，菲赤（Fitch）造的船一点钟走3英里，福尔敦的成绩是5英里，塞芬那号（Savannah）横渡大西洋费二十五天。从这里慢慢地产生了我们航轮的记录。它们并不代表什么新的动力原理。科学上的进步已经搜集了许多理论的和实际的知识供聪明的工程师利用，那些知识全是埃及人、希腊人乃至一百年以前的欧洲人所没有。更有进者，社会奖励节省时间的发明物品，给发明家一个有力的刺激。菲律宾土人杀人愈多者声望愈高，所以那些武士们努力于"人头猎"；现代的工程学家也就严密周详地寻觅方法来缩短一点钟的行程或改良一种保险机关，用以博得**他的**金钱与名誉之报酬。所需要的个人能力也不见得怎样超乎寻常。倘若你说结果是出色的，那是因为努力的人众多。

水上的交通如此，陆地又何尝不是如此。统全局以观，真正划时代的发明不是一分钟一英里的火车。

先陶时代人的徒步旅行之改良，陶器时代人的始用牲口，铜器时代人的发明车轮——这些发明使后来的一切进步相形见绌。

在人类知道用牲口以前，他已经高出黑猩猩的水平线。谁要在长着仙人掌的园圃里走两步，就知道亚利桑那州印第安人为什么要穿草鞋。鞋这个东西，在温带和热带，最大用处是做旅行的工具。在新旧约时代，叙利亚人在日常生活中完全不穿鞋，要赶路才穿上一双草鞋；同样，现代的南美洲印第安人也只有在走山路的时候才在脚底下套上一块獏皮。英属哥伦比亚印第安人的交通以水道为主，也就是所有北美印第安人中赤脚最多的部族，这不是偶然的事情。在西伯利亚和北美洲，冬天的雪很厚，土人就穿雪鞋；为走路迅速起见，旧大陆北部的人还有一种滑雪鞋。借助于这一双薄的木片，西伯利亚东部的居民可以赶得上一头冰鹿。

高跷不仅是孩子们消遣的玩意儿，现今还在帮助法国的邮差在沼泽地上行走，帮助牧羊人在兰德州（Landes）照管他的羊群。17世纪的奥国农民用高跷来渡过卡尼鄂拉省（Carniola）的溪流。但是在初民部族里头，滑稽的成分又钻进来了。在西非洲，高跷是神圣的，属于当地的秘密会社，踏跷时不准妇女看见。马贵斯群岛人也踏高跷，并且在亡故的祭司的纪念节会里头举行高跷竞赛；这儿，也不准女子窥伺。

在人类未有家畜之先，他不得不自己负荷，但是就在那个时节他已经想出法子使他的担子轻松些。没有一个黑猩猩曾经把装东西的篮子放在背上，头上戴起一顶帽子来保护他的额头，然后把一根带子两头结在篮上，中间套住额头。巴攸特妇女却懂得这一套。加拿大印第安人用那个名为 toboggan 的无滑木的橇车来拉东西，有时用狗拉，有时不用。这一类的东西并不因文明而消灭。在古代埃及和亚述，大块石头都放在橇车上转运，几十个奴隶拉一个车子。我们在同一图画里看见有轮的车子，更觉得此事之古怪。为什么不用这些车子来转运石头呢？但是事实上的浪费精力并不如表面之甚。地面崎岖不平，虽然有装轮子的车辆，当时的式样还没有一种能载运这样巨大的重量。

人力牵引之事至今犹有遗留。远东有人力车和轿子。1908 年我在阿塔巴斯加河上坐船，七八个加拿大杂种人列队拉纤，古风犹在。1924 年一个夏天的早晨，我站在汉堡的车站前面，看见整队的卖菜人拉着他们的菜车向市场行进，和他们的狗共同努力。

把这个差使完全交给狗,当然方便得多,所以有些地方的人便想到训练他的第一种家畜来干这个工作。平原印第安人把两根木杆交叉起来,把前面的一头系在狗背上,让两个根头拖在地上。两杆之间捆上一个中间结了网的架子,货物拿来放在架上(图10)。爱斯基摩人和西伯利亚人赶路坐橇车,用狗队来拉。

在陶器时代,人类开始驾驭比狗大的牲口,旅行的制度便起了革命,到了紫铜器时代,新的制度就差不多完成了。牛不但可以牵犁,也可以负重。依了他的暗中摸索的老规矩,人类遇到旧种(家畜)找不到的时候,也会试验出新种来,往往就这样误打误撞地撞上了重大的发现。马,可以像牛一样用来牵犁,也可以像驴一样用来拉车。种属既不同,自有调整之必要,于是就添上许多小发明。冰鹿是可以当马一样骑坐的,但并非**所有**冰鹿全可以骑,有几种冰鹿的背脊不硬,骑上人就要压断。有些聪明的西伯利亚人想出一个主意,骑在冰鹿的颈后,试试看,行。

初民的旅行不是游山玩水、游历观光的。交通工具改良,他的打仗和打猎也就可以进步。平原印第安人从白人手上得了马,他们的经济生活并没有立刻起变化:他们没有立刻像突厥系游牧人那样吃马肉喝马奶。可是合围野牛时毫不费事了，袭击敌营也容易了。亚洲的游牧人发展了骑兵的战术，大为中国之害，结果中国人也学会了他们的战术以及一切骑术。公元前300年的中国人的文明远在此辈游牧人之上，但是他们请益于那些鄙陋的敌人，正如我们从印第安人那里学会种土豆一样。中国人当时文化之高，正由于在过去若干年中不绝地请益于外族。

大约在公元前3000年左右，巴比伦人已经有了轮车，这就是我们的汽车和火车的运动原理。车轮一物，看似简单，其实是很不容易发明的一件东西。美洲的印第安人知道在滚木上拖船，也使用纺轮，又有滚铁环之戏，但以轮行车这个意思始终没有想到。甚至古秘鲁人和古墨西哥人，在美洲土人中算得铮铮佼佼，也始终没有发明。事实上，凡使用轮车的民族，无一不是直接间接从巴比伦学来的。

任何民族，一旦在轮车前面套上一头牲口，在交通方面看来，就不比1800年时候的任何北欧人差什么。公元前1700年的埃及人刚学得养马驾车之术，但18世纪末年的英国人又有什么可以胜过他。几千年过去了，人类在这方面可说是一无成就。

不错，罗马人造了些坦荡的大道，但是他们没有增添什么新的运输原理；中世纪人连罗马人的遗业都没有能尽量保存。附带可以一说的，连罗马人也没有能超人似的解决城市通车的问题。在帝国的大道通衢上，客车货车之往来，日以千计，但在城市之中，达官贵人也只有坐轿之一法。法律上把城市行车悬为厉禁，只有夜里准许装货的车辆进出。这并不是故意为难，实在是街道窄狭的自然结果。我们现代城市有车务问题，古代罗马也有他的车务问题。人类遇到新的情况突然呈现时，他的办法是盲目似的乱蹦乱跳，要过好久才会找到一个差强人意的解决办法。

　　古罗马的路政也许有一长可取，至于北欧，到了18世纪，旅行还是既费钱又危险的事情。路上的响马不算，光是那个路就够受的，动不动车子就陷住，甚至打翻。英国有好些地方用牛拉车。在1765年，巴斯（Bath）驿车早晨从伦敦起程，在安多维（Andover）过夜，第二天才到巴斯，100英里路走上29个钟点。30年后，早上4点钟动身，赶晚11点到巴斯，还要算是一件了不得的事。在大陆上，旅行的快慢和英国在伯仲之间。在1665年，从巴黎到里昂要走整十天；到1760年，也还要五天或六天。1681年有一个旅客从巴黎动身，第八天才赶到布鲁塞尔。二百年以后，特别快车只费4个钟点就走到了。

我们近代的铁道制度也不是一旦豁然贯通的，它的发展所经心理程序和野蛮人的进步所经心理程序正复相同。英国最早的路轨是木头做的，车辆是用马拉的。这些车子不搭客，也不大装普通货物，只用来运煤，从煤坑运到河边。把煤运到目的地仍然要靠船只。平原印第安人本来用狗拉没轮的塌车，后来拿马来代狗，更后改用有轮的车子。英国的煤矿经理的改良也和这相似，最初只有木轨，后来在木轨外面包一层铁皮，更后才完全用铁做路轨，最后才用蒸汽引擎来代马。好几十年过去，他们的轨道只限于煤矿和其他矿坑，谁也梦想不到可以用来运普通货物并搭载旅客。

把各方面的发明综合起来应用，欧洲人的笨正和野蛮人不相上下。拿蒸汽机来看，初期的模型不必说，瓦特的改良式早在1769年就立了案。但是正和初民知道种地也知道养牛却不立即知道用牛拉犁来耕田一样，差不多有五十年光景没有一个诺迭克人想到用马力以外的东西来行车。特雷维铁克（R. Trevithick）初次试用蒸汽车头在1804年，又过了十年斯蒂芬森（Stephenson）另外造了一个，能拉上八辆列车每点钟走4英里。然而1824年出版的《大英百科全书》还是一眼瞧不起铁道，说只能用在短距离，在一般的商业运输上绝对赶不上轮船。这个话此刻听了觉得鄙陋可笑，但在当时也还可以原谅，因为大多数铁道还是用牲畜行车。

我们**现在**的交通工具比野蛮人的高出不知若干倍。但这是渐进而来的，其间也不知绕了多少冤枉路，和人心的惰性打过多少仗。这是人类进步的历史从头到尾一贯的特色。火车轮船只是昨天才有的东西，而且按全体白种人口的比例说起来，有贡献于它们发展的个人真是少而又少。牛顿和伽利略——可怜的仁兄们啊——也只能坐坐驿车，除非我们大家落地就比他们强，乘回特别快车是不能代表更高超的智力的。

第十三章　男女与婚姻

初民社会并不让各人自由满足他的性欲，所以世界上没有真正的杂交这么一回事。父母和儿女是没有一个社会准许他们配对的；兄弟和姊妹，极难得可以。往往他们的规矩比我们的还要严厉些：第五级从表之间仍然禁止配偶，甚至丝毫没有血统关系的人，完全由于传统的虚谎，也当作亲属看待。至于在所不禁的性交关系，有几种是听其自然，有几种被积极的赞许，这一类的结合里头较为稳定的也可以称之为婚姻。

倘若一个澳洲土人和不应该发生关系的一群里头的女子发生了性的关系，他的脑袋就有点儿不牢靠。倘若他跟那可以性交的一群里头的女子睡觉，谁也不来过问。从后述这一群里头，部族的长老指派一个给他，他便和她**结婚**。

西方文明也有所赞成，有所容许，有所禁阻，但言行之间赶不上野蛮人那样一致。直到最近为止，同居要由宗教的仪式来核准，照例经过这个仪式就得白头偕老。可是没有老婆的人随他拆拆烂污也并不为社会所驱逐；约翰生博士是个热心的教徒和道学家，他也说结了婚的男人犯几件风流案算不了什么大罪过。反之处女失了贞操就为社会所不容，背了丈夫偷情的女人也一样。私生子要当作奇耻大辱是无待说明的天经地义。实际上，吃亏的是没有势力的人。国王的姘头人家不把她当作妓女一样看待；以清操著名的玛丽德利撒女皇也不惜卑躬屈节给蓬巴杜夫人（Madame de Pompadour）写很客气的信，还教训她的女儿玛丽安都旺要对杜巴里夫人（Madame du Barry）恭敬些。王公贵人的私生子也一样受人礼遇。

现今的文明国家的风俗很有差异，而且正在变动；所以无法用一句话来概括全体。有些国家已经拿法律的手续来代替宗教的仪式，离婚和再结婚已经很普通。欧洲也有了几个国家不在私生子和普通子女之间有所分别。有些人主张且实行两性间的同等自由；同国中也还有人死守古传的礼教。我们现在称这种人是守旧派，那种人是激进派，其实各种态度在各别初民社会里头都有过。

在北部平原印第安人里头,守旧派的二重标准占有势力。做父母的总要鼓励他们的儿子做风流少年,可又教训他们的女儿别让人家的风流少年来勾引。在女子方面,贞节是被人看重的,虽然不敢期望她一定贞节。失足的女子不算是离经叛道,可是嫁人的时节就不能向男家索取厚聘,太阳舞里头的某种仪式也只有绝对纯洁的已嫁女子才有资格参与。他们里头的非法性交当然要比维多利亚时代的欧洲中产阶级家庭里头多些;可是倘若我们把欧洲乡间的风俗和城市中的卖淫加在里头算,那么印第安人或许还要显得规矩些。其间也有真正的差别:一个克洛人或白拉克佛人可以娶两三个老婆,不算违法,离婚也普通,不受任何势力的阻碍。但在性行为的**理想**上,他和一个欧洲人没有多大分别:男子应为登徒子,女子应该贞节;固定的结合高于临时的结合。

但在别的地方我们也可以看到激进派的自由恋爱。紧靠新几内亚的海岸有特洛白里安群岛,那儿的女孩子没一个结婚的时候是处女身。打七八岁起,她就做种种性的游戏;年纪稍微大些就投到本村的少年男子的宿舍里去和他们睡觉;后来成了特殊一个男子的爱人;最后这两个人就自立门户。同样,在东非洲的马赛伊族，少年勇士睡一个公共宿舍里，往往有五十人乃至一百人同住，也有许多少女来做伴。每人有一个姘头，只要他始终不离开，她也始终不再姘别人。倘若他一夜不回宿舍，她就抱琵琶另向别人。可是怀孕是丢脸的，务必用种种人工方法来避免。

这不是杂交吗？不是。因为这样自由的写意的生活也有它的限制。其中有一条不见得比英国新近废除的不准大姨夫续娶小姨子的那条禁律更古怪些。一个女子尽管和邻近一带的随便哪一位少年睡觉，可**不准和她的未婚夫睡觉**，为防止这件事起见，未婚夫妇永远不准同宿舍。其次，无论年纪长幼，有些条例大家得遵守。血亲不得性交，部族之内同一分部的男女不得性交。一个男子不得和他的干姊妹睡觉，也不许在同一氏族之内娶两个女人。更进，年辈不同的人不得发生性的关系，一个马赛伊人也不可屈尊去爱一个铁匠的女儿。

总而言之，没有杂交这回事。但是放荡是**有**的，在结婚之先，在结婚之后，全都有。因为马赛伊不像有些部族那样，少年时候准许自由恋爱，结婚之后就加以裁制。两个丈夫可以换老婆睡觉；做主人的把屋子带老婆一同让给远客，孤孀和弃妇不结婚而和他们丈夫的同年辈的男人同居，社会也不来干涉。

可是马赛伊人在正式婚姻和放荡的性交之间辨别得很清楚。这儿，也和他处一样，婚姻的目的不是肉欲的满足，是一个家庭和几个儿女。关于这个，下文再谈；让我们先看看一个人怎样得到老婆。

初民部族一般的风俗，女孩子一发身便把她嫁了。婚嫁多半不和女儿商量，就是因为这个缘故：十三四岁的小姑娘是不知道嫁谁好嫁谁不好的。（她们的父母也不知道，但他们自己不见得明白到这一点。）在从前欧洲的风俗也是嫁女尚早的时候，女孩子们自己也做不得主。经验告诉我们，无论是"父母之命"，无论是"两心相悦"，都不能担保结婚后的幸福，但这是他们小两口儿本人的事，和第三者是没关系的。

对于我们，以及对于野蛮人，在考虑婚姻的其他方面的重要性上，有几点我们是和他们一致的。婚姻决定了女儿的性生活；婚姻把丈夫所歆羡的女子给了他；婚姻结两家之好。可是文明人和野蛮人之间也有一点分别，由于经济情况之不同，在初民社会里头，女子是一宗财产，为何白白地送给人呢？赔偿之获得有许多种方法。在澳洲和新几内亚，两家人家各有一子一女，就交换女儿当儿媳妇；两家的儿子都成了家，一点儿也不麻烦。另外一些地方，求婚的人得上丈人家里去住一年或多年,当他们家里的奴才,再不然他可以送聘礼。

在初民社会看来,买卖妇女没有什么可耻。克洛人认为这是最高等的婚姻——为女子着想是最可敬的婚姻。倘若是恋爱结婚,那个男子岂非将无博有?简直是"偷"老婆。倘若他拿十匹马来换取一个女子,那就证明他瞧得起她,知道她不是一个暴躁鬼,不是一个懒媳妇;他们的婚姻大致可以长久。西北加拿大人更看重聘礼,因为一个不是用财物买来的女人所生的儿子要被人当作私生子,摒斥在男子总会之外。

因为婚姻是**家族**间的一种契约,某种风俗就自然发生。北中部加州的男子娶妻时,他的兄弟和从表兄弟都来帮助一点聘礼。倘若他死了,他的亲属里头就有一人把他的遗孀继承下去,这实在是很自然的事。反之,倘若那个女子死了,她的家族也会送一个妹妹或从表妹妹来补缺。往往还有两三个姊妹同时做一个男人的老婆的;在平原印第安人,只有年纪顶大的那个姐姐是要用聘礼买的,她的妹妹们一到成年就被他一个个白白地娶了去,视为事理之当然。

既然有把妇女当作一种经济财物的观念,有趣的后文便因之而生。妇女成了黑人的家产的主要部分,所以一个人死了以后，他的大儿子要继承他的大小老婆，除生身之母以外。离婚当然要退还聘礼。通奸成了损害产权的罪，要拿钱来赔偿。还有澳洲的交换女儿做儿媳妇的制度，也发展出一种合乎逻辑的引申办法：男子可以卖掉姊妹买老婆。在情形复杂些的非洲，往往把嫁女所得聘礼积蓄在那里，等儿子长大拿来作聘娶儿媳之用，结果是和澳洲的风俗相同。由这个观念而生的习俗，说也说不完。做父亲的可以拿幼小的女儿做担保品而借款；甚至光凭着他的太太还有养一个女儿的希望，他就可以借到一头公牛和一头小母牛。

婚姻是一种契约。但是这个契约里头所包涵的条件也很有变化。新几内亚的卡伊人（Kai）聘娶了一个老婆以后，她就成了他的产业，归他的继承人承袭，不规矩也得受他处罚。但是她的财产和她的儿女做丈夫的可管不着，两者都属于她本人和她的娘家。试拿这个来和非洲黑人的普通的买妻观念比较。在非洲，丈夫所要求的是儿女。他已经付了全价以后，子女应该为他所有，不育也就成为离婚的主要原因。上尼罗的兰哥人（Lango）的意见可以作为代表："不育之为女子之奇耻大辱，盖甚于放荡荒淫。"但是收受聘金的人应该负责，他没有尽他的契约上的义务。所以当初的聘礼必得退还，不然便得分文不取再送一个老婆给那个男人，通常就是他的小姨子。其次，娶妻的聘礼确定了丈夫对于她此后**所有**子女的领有权。因此，正和我们的意见相反，老婆和别人私通养下来的子女依法属于他们的母亲的购买人。他们的生身之父绝对不能和他争夺，这是非洲法律中一条普通原则。例如马赛伊人，便不能一个个孩子都说得出谁是谁生的。可是这个没关系，因为各个孩子的合法亲属关系已经由母亲的聘礼决定了。

凡是女人可以买卖的地方，有钱的人自然多买几个老婆。多妻制的根据不在男性的淫欲，这是可以求满足于婚姻之外的。但是一个西伯利亚人拥有好几个冰鹿群时，每群需要一个老婆照管，拥有大块田地的非洲黑人也需要几个女人耕种。性欲的动机有时也有：兰哥人在孩子断奶以前不准和老婆睡觉，而通常孩子喂奶要有三年之久，他就不得不求满足于第二三个老婆了。土人们绝不把多妻当作羞耻，通常第一个老婆本人愿意她的丈夫多两个老婆；倘若她的丈夫不肯给她买一个助手，她会嘲讽他贪财忘义。

可是世界上所生婴儿，男性和女性的数目大致相等，除非这天然的比率有了变动，多偶婚姻（多妻或多夫）是不会成为一个社会的普通风俗的。例如在常常打仗或作危险的海豹猎的部族里头，男人被杀害的很多，结果女性过剩。又如非洲好些地方，酋长和富人往往攫取大量的女性，不顾别的男子的死活。可是这些男子不大愿意多夫制，宁愿和那些有丈夫的女子偷情。在大多数蛮族社会里头，多偶婚姻是法律所不禁的；然而大多数的结合仍然是一夫一妻。因为凡是人民相当平等的地方，趋势是依从男女两性的天然比率。

在女婴杀害之俗——通常是因为生存竞争之剧烈——盛行的地方，比较少见些的一种多偶婚姻便发展起来。男子过剩了，一个女子就不能不有几个丈夫。南印度等处都有此俗。因为不计较谁是谁的亲骨肉，把那些子女分派给他们的**社会的**父亲倒也不难。

初民的一夫一妻制不一定比多夫多妻制怎样"道德"些。婚礼难得具有宗教性，因此离婚极容易也极普通。格林兰人虽然不禁止多偶婚姻，但大多数以一夫或一妻自足；可是和尔姆（Holm）船主遇见过一个女人，年纪不到20岁，已经和第六个丈夫离了婚。荷匹人是规定一夫只能配一妻的，但两方的角色常常在变动：这是一种"递进式"或"脆质"的一夫一妻制。可是养了孩子以后，结合往往比较稳定些，这也是可注意的。

总结起来，所有文明民族和所有野蛮民族的性生活，骨子里是异常相似的。所差异的是对于这个那个特色的畸重畸轻，对于同一行为评价的高低。在现代的卖淫制度之下，一个男子可以和无数女子性交，其中每个女子又可以和无数男子性交。这就把野蛮人里头的多夫制和多妻制合而为一。马赛伊人的办法和这个有何分别呢？分别之点在于：在马赛伊社会里，**所有**女子同等享有这多重性关系的经验，因之谁也不受斥责或轻蔑；其次，她们的恩情不能用金钱来买。在这儿，可以用钱财来买进的是那个合法的妻，买她来的主要目的不在性欲。传统的欧洲君子不要他的不贞的太太的私生子，把这个鱼目混珠的东西一脚踢开；非洲人则坚持娶妻生子的主张，所有她养的子女，不管是谁的种，都得属于他。

凡与西方婚制有关的一切风俗和意见，无一不能在野蛮民族中找到类似之处；也无一不能用别的社会的风格和意见来证明是不由于自然而由于习惯。有些部族赞成男人吃醋：白拉克佛族的男子有割去偷汉老婆的鼻子的权力。但马赛伊男子便拿太太敬客。有些部族不承认通奸可以做离婚的理由。亲属配婚是被禁止的，但界限宽严颇有不同。兰哥人禁止和一切亲属结婚，无论是父党是母党，无论是近亲是远亲。有些西澳部族却主张娶妻应娶舅父的女儿。所以，根本是一个——生殖本能，而枝节变化无穷。然而不同之中又有一点相同，不在具体的性行为上，也不在关于性行为的哲学上，在于把一两种性交方式（因为与社会的延续有关）抬高在其他方式之上这一点上，这是四海从同，无一例外的。

但是野蛮人的恋爱又怎么样呢？在放荡的习俗之下，在经济的考虑之下，恋爱能够生长吗？情欲（passion），当然是有的；恩爱（affection），许多旅行家说是有，就算是有的。但是恋爱（love）呢？在蛮族社会里头，也和在我们这儿一样，那种浪漫的爱情见之于说部。平原印第安人有一个故事，说太阳迷上了一个美丽的少女，把她骗到天上去。在别的故事里头，英雄们干许多勇武的事业，"完全为了一个女子的爱。"还有一个丈夫，舍不得妻子死，追她追到阴曹。这些都是神话。在历史的传说里头，有一个少妇，因为跛了腿的爱人身陷敌国，历尽艰险去救他回来。在冰天雪地的西伯利亚，一个害相思病的瑜卡吉尔少女把她的柔情苦味刻在一片桦树皮上：这是社会所允可的惟一出路（图26）。那些符号是些因袭的程式：左方的伞形代表少年的情人，右方的伞形代表她自己——她头上的交叉条子代表悲痛；连接这些交叉条子的线条代表恋爱；半截房子代表空无人居。这一页情书的意思是："自君之逝，独活谁怜。为君之故，泣涕涟涟。"

瑜卡吉尔女子未必比一般女子怎样特别出色些，但在约彻尔生博士（Jochelson）很忠实地传写下来的这一页桦皮情书里头，有比肉欲高些深些玄妙些的东西在。它所表达的，是我们时常会在初民的传奇中遇见的哀思热望。所以，在野蛮人中间正和在我们中间一样，恋爱存在于青春中，于传奇中，于生来富有诗情者的心中。

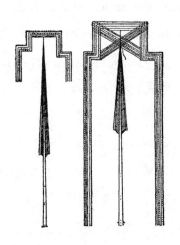

图26　瑜卡吉尔少女的情书

第十四章　家　　族

　　家族是一个普遍的制度。但**我们的**家族不是普遍的。事实上,"我们的家族"指什么呢?今日的"我们的家族"已经不是一百年前甚至五十年前的"我们的家族"了。夫与妻的关系,父母与子女的关系,都已经改变了。有些西方国度里头,国家对付这些关系的态度也跟从前不同了;像离婚这种重大事件,内华达州跟南卡罗来纳州或纽约州便各有各的办法。由此可见,各个人类社会相一致之点,不是把家族生活中的义务与权利作同样的规定,乃是无一不于此有所规定。新几内亚的卡伊人可以遇见什么女子都和她同居,但他对于她不负任何义务;可是他的妻有要求他养活的权利,正如他有要求她给他做事的权利一样。换句话说,性关系之为社会所公认者含有"此关系是延续的"之涵义,虽然它不一定是永久的。夫妻之间也许因小事而离异，但他们不是配合过了立刻就各走各的路的；一个母亲也不会把孩子断了奶就弃之如遗的。这就是家族之普遍性的意义。这以外，变异万端甚至同一社群的标准也因时而异。试就最重要的几种关系来观察。

婚姻是一种契约。条件是因时因地而异的，但同一社会之内大致相同，即使无明文规定，也是大家很明白的。维多利亚时代的偷情的老婆，东非洲的不育的女人，乌干达的不捶制树皮布给他的太太做衣服的男人，都是不称其职的。在大多数西方婚姻中，实用方面的顾虑一点也不比野蛮社会里头少些。王室的婚姻之配成固然是显明的例子，但欧洲中下社会里头的聘礼妆奁以及财产处分也未尝不视之甚重。

普通白人的传统态度可以用富兰克林来做例证。"那个难于管束的青年的热情"屡屡引他去"和下贱女子发生暧昧"。可是既费钱，又不便利，而且危险。所以他就去进攻一个房客的亲戚，"这女子本人倒很不错"。过了些时，富兰克林便扬言，"我希望陪嫁的钱足够偿还我的印刷铺的债务。"钱不来，他就中止进行。可是结婚的念头不能打消，所以他"又在别的地方结交起来"。后来才知道人家瞧不起印刷铺，说不是上等买卖，他不用希望得大妆奁。所以他终于和一个青年时候的相识重温旧好，结果她倒是"一个贤内助，帮我照料店务；我们的日子倒过好了，相互之间，始终恩爱无间"。"我找到这么一个和我一样勤俭的老婆，实在是我的运气。"

在野蛮人里头，家庭和子女的顾虑也往往使那在性欲和性情方面本来格格不入的夫妇之间产生忍耐和同情。和有些人的说法相反，蛮族社会里头的普通丈夫并不虐待他的老婆。工作的分配一般很公平；没有当地社会公认的正当理由，也不会打她。可是，夫妇之间的关系是很曲折的，一大部分在于当事人的性情。传统的礼教尽管坚强，有些人会置之不理。中国的哲学家尽管主张男尊女卑，尽管称之为坤道，可是和别的地方一样，说部里头和通俗画本里头的怕老婆故事仍然屡见而不一见。反观美国，妇女参与选举，有当选州长的资格，在社会上和男子完全平等，然而有时候仍然不免要受丈夫的老拳。而且，与平等不平等无关，有许多人愿意受人溺爱，也有些人渴望受人虐待。

以上都就诸种社会的相同处来看：一般的性心理，变异的范围处处差不多；普遍的尊重稳定的配合之趋势，此种配合隐含一定的权利与义务。但一个社会往往有**它所特有**的规则，对于上述的心理与趋势不无影响,虽然不把它们完全抹去。在亚利桑那州的荷匹人里头,丈夫总归住在老婆家里。无论他的虐狂(sadism)倾向怎样强烈,既然寄食在丈母家里,他就非把他的冲动大大地抑制住不可。倘若他无端要殴打他的太太,娘子军绝不答应他;倘若要离婚,他就得滚蛋。反过来说,倘若女人住在丈夫的亲属中间,她就得自己当心,不能有一句错话一件错事,尤其不能和外人吊膀子。

由此可见,定居的习俗根本地影响夫妻的地位;无论他或她的生性如何,社会有时加以阻挠,有时听其奔放,这其间大有分别。住宿的习俗还会产生其他结果。在美拉尼西亚,成年男子的睡觉、吃饭、做事、游戏,以及举行舞仪,全都是在一个男子总会里头,和妇女们的草屋隔开。这种习俗并不破坏家族,因为两性间相互的义务还是尽了的:父亲有时回家来看看他的太太,母亲则抚育子女,儿子大了便送到男子总会去,女儿大了便料理她出嫁。但在这个制度之下,有些西洋民族所重视的夫妻长相厮守的办法便行不通了。

影响夫妻关系的另一社会情况是男女分工。现代的洗衣妇或工厂女工是自己养活自己的,而且她有投票选举之权。她的日子是否比无所事事的后宫佳丽或有人荫庇的中产阶级的家庭主妇好过些呢？我不知道。但是她对她的丈夫所处的地位却大大的不同了——比较更近似种香蕉的乌干达妇女或制皮革的克洛印第安妇女。

就家庭方面说，多妻制的影响不如一般人想象之甚。一个人的几个妻往往本是姊妹或从表姊妹，很和睦地在一起过活。有时候各有各的房子，所以一个有钱的南非土人，娶上十个八个老婆，倒很像一个小村的村长模样。而且，既然第一个妻往往自动请求丈夫添置几个老婆，她就没有捣麻烦的理由。事实上，她的地位因此而增进，因为她添了几个使女。当然，醋罐头有时也要打翻回把；凡是人类密切接触的场所，无论是功名之场或床笫之间，这种事情总是不免的。但这种吵闹也不怎么严重，不至于比欧洲人拈花惹草所引起的口角严重些：不会破坏社会，也不会破坏那个家族。倒是当诸妻的子女的待遇显分厚薄时，那吃亏的孩子的母亲的怨气还要来得深些。

多妻制虽然不发生一般人所设想的乌烟瘴气的效果，可是夫妻关系的面目不免因此而改变。再说得精密些，多妻制与许多情况有连带关系，这些情况全和现代社会中的相等情况不同。姑举一例，今天的美国人里头有几个人能养活六个老婆？一个祖鲁人娶一打老婆也不妨事，因为她们养活他。但是老婆的价值既为人人所知，他不用想空手娶她过来，所以他要逐渐积蓄钱财去购买，等他买到十个八个的时候，年纪也就不小了，他哪里还能满足她们的性欲，她们自然要和穷苦的少年汉子偷偷摸摸。可是所生孩子既然全属法定丈夫，他又可以向奸夫索取赔偿，在土人看来倒也不错，虽然在我们看来不见甚佳。

我们不可忘记，基督教国家的法律也曾有过一个时期默许纳妾，使妾具有合法的地位。13世纪西班牙的法典就是如此，如《七部律》（*Las Siete Partidas*）中所见。在其他地方，武士道时代的人也极端崇敬武士们的"女朋友"。

没有一个社会里头，孩子一断奶，父母就不管。顺便可以提一句，野蛮社会里头的喂奶期通常很长。我曾经看见一个四岁的那华荷孩子跑来吃他母亲的奶，古特曼牧师（Rev. Hr. Gutmann）也曾在东非洲见到同样的事情。蛮族社会里头的父母非常疼爱他们的孩子，法定的父亲也是如此，他并不计较他们是他养的不是。在我们看来，这个好像很奇怪，这是因为传统的父道观念已经盘踞我们的胸中。野蛮人是常常领养子的,溺爱他们无异于亲生。男子疼爱孩子是很自然的;他眼看他的女人十月怀胎,他始终保护她,一直到那孩子养出来,他自然在他身上感觉特殊兴趣;倘若从小把他带大,感情自然更深。生物学的父子关系简直不是必要,例如非洲黑人,老婆已经跟了别人,养了孩子显然不是他的骨肉,可是他仍然要把他们要回来。

既然这样喜欢孩子,为什么有些部族又有溺婴的风俗呢?理由有好几种,有时候可以说是由于土人智力的低劣,却不好说是由于土人性情的冷酷。例如孪生子,这是有点儿异乎寻常的。在初民心理中,凡是异常的东西,不是大吉便是大凶,不是应该欢迎便是应该畏惧。往往在同一人种里头,两种态度都可以看见。刚果的巴库巴人有孪生子便大庆祝,做父亲的也有面子,从此可以在宫廷中派一名代表。但东非的查加人却把孪生子杀死一个,以防灾难。倘若一胎生了三个,三个都得杀死,他们的母亲从此为人所畏避。这使人回忆起中古时候的可笑的意见,说孪生子一定由于有两个父亲。

其次有祀神的观念。塔希提群岛(Tahiti)有名为阿利奥伊(Areoi)的一个会社,会员生子须立即扼死——否则驱逐出会。可是这并不是无情的虐杀，只是奉献一宗宝贵的祭礼给奥洛神（Oro）——一种牺牲行为。

婴儿杀害之另一原因是出于必不得已。1726年3月28日，丹麦传教士埃格德目击一个格林兰人，因妻子死于产褥，把三天的孩子埋在他的亡妻的坟里，为之惊骇不置。但是这个不幸的人有什么办法呢？格林兰是没有寄养婴儿的地方的。在那个居民稀少的村落里，他无法找到一个女人肯放下自己的孩子来奶他的孩子，而所能取得的食物又无一可以适合初生的婴儿。

还有，像一部分爱斯基摩人的居地那样，粮食非常的少，许多初生婴儿便不得不牺牲了——全是女婴，因为当地供给粮食的责任在男子身上，多留一个男子便是多留一个觅食的人。

凡是容留他活命的孩子，无不疼爱，比一般的白人家庭里头的待遇好些。孩子哭着要求的东西，偏不给他，这在野蛮人心目中是冷酷无情。他们的感情不限于自己的儿女：一个在非洲的传教士，很不容易才拦住那些黑人拿糖果来闹翻他的儿子的肚子。体罚是难得有的，有些部族里头简直从来没有用过。在新几内亚的一个村庄上，有一个欧洲商人殴打他自己的孩子，村里的土人看不过，几乎群起而攻之！拿这种见识来和几十年以前的文明欧洲的见识来比较比较看。狄更斯的《贼史》和《滑稽外史》也许言之过甚，不足为凭，但事实之奇有过于说部者。约翰生博士称赞他的一个老师，因为他打得他好。历代的教育妙理不是已经凝结在"不打不成人，棒头出好人"（Spare the rod, spoil the child）这句成语里了吗？好，不打不成人。武士道盛行的时候，少年的候补武士一不服从就得痛痛快快地挨一顿毒打。后来又过多少年，上中下社会里头的男男女女可有一个不是打出来的？倘若瓦罗亚的玛格利（Marguerite of Valois）的拉丁话说得好，那是她的教师把它打进去的。亨利第四明明白白命令他儿子的保姆鞭打那位王子，因为"世上没有比这个对他更为有益"（Qu'il n'y a rien au monde qui luy face plus de profict que cela）。因之，世子的挨打便详细记录了下来。有如：

  1603年10月9日。8点钟醒。他顽梗不听话，第一次施刑。（他生于1601年9月27日。）
  1604年3月4日。他11点钟便要吃饭。饭开来了，他叫拿走，一刻儿又叫拿来。讨厌，痛加鞭挞。

1610年5月14日,这位挨打的世子即了王位,亲临国会,接见外宾,做了许多国王应做的事。但是他虽然已经贵为法国之王,仍然逃不了夏楚之威。这位9岁少年的感想真有些令人慨然:"倘若他们肯不打我,我宁愿不要这些富贵尊荣。"（J'aimerois mieux qu'cn ne me fist point tant de reverences et tant d'honnour, et qu'on ne me fist point fouetter.）路易十四没有受到这样好的教育;可是在他当王子的时候,也没有饶了他。他自己的长子也被师傅们打成无用之徒。在18世纪后期,谢多勃良（Chateaubriand）,一个高傲的贵族的儿子,不能免于一个习字教师的随便处罚,他会用双拳来督责他写得端整。至于那位老伯爵,本来他一露面他的夫人和公子就都要呆若木鸡的,他哪里会反对这样好的教授法。

教育这个题目,下文还要细谈。现在只要说一句,一大部分教育受之于家庭之外。甚至在我们这里,孩子们也更关心于同伴的夸奖,不在乎父母的赞许。在美国的移民家庭中最容易看出,恫吓也好,贿赂也好,你不用想叫你的令郎令爱学你的话,因为他们**要**跟别的孩子们一样。这个趋势在初民社会里头往往更为显著;少年人常自成一营,不住在父母家里,少女也往往如此。长期的共同生活，使同年辈者的相互影响非常重大，把家庭中的影响减少许多。当一个美拉尼西亚少年加入他父亲的总会的时候，他并不和他的父亲在一起，他在另外一室，阶级低得多的一室；在从前，倘若他闯进阶级较高的一室，他的性命难保。他和他的母亲之间的隔绝更要厉害些，因为从此以后他再也不在她的屋里睡一回觉或吃一顿饭了。这种分隔不一定破坏家族的结合，可是一定要改变它的性质。再设想一个美国的家庭，父亲和儿子，假定从12岁起，天天不在家里吃饭，不在家里睡觉，将是什么样的情势。

即令儿童与家庭之间没有这样的分隔，社会的习惯也会使他们的家族关系带上和我们的家族关系不同的味道。让我们再就荷匹人来看。父亲对于儿女的地位，和我们这里不同，因为他不是一家之主，那个家是属于他的丈母和她的女儿们的。他的家——离了婚的时候他可以回去的那个家，他有权利享受它的荫庇的那个家——属于他的母亲和他的姊妹们。那么，他的儿女既然和他的大姨小姨的儿女在一处长大，自然和那些表兄弟姊妹关系密切些，和其他从表姊妹兄弟疏远些了。他们自然和他们的姨母和母舅往来得多些，而和伯叔父和姑母来往得少些了。已经结了婚的（住到另一人家去了的）母舅往往踱到老家里来和外甥们玩耍，或许教他们许多宗教信仰。男子的祭司之职不传给儿子而传给外甥，也是这个地方的风俗。

在这种情况之下，父亲管束儿女的力量当然为妻的亲属所限制。事实上，有许多部族，并无荷匹人的男从女居的规则，却也把权威放在舅父而不放在父亲的手上。往往一个女儿不得他的同意不得出嫁，聘金的大部也往往归了他的钱袋。同时，不但是职位，连老婆带财货全都归外甥继承，亲生儿子不得染指。

这个风俗往往引起重大的纠纷。在英属哥伦比亚的齐姆欣人（Tsimshian）和新几内亚附近的特洛白里安人里头，同样的冲突都曾经见之于记载。舅父教诲外甥，管束外甥；保护外甥的权利也是他的责任。然而在感情方面他当然更疼他从襁褓中提携出来的孩子，他妻的孩子；无论是他自己养的不是，他总把他们当自己的孩子。逢到他们的利害和他的外甥相反的时候，天性叫他忽略他的责任，叫他偏爱他的妻的儿子。在我们现代的西洋文明里头，"父亲的本能"充分的发展，不受传统的习俗的抑制，这样的情势是不会发生的。在我们和他们之间，家族生活的面目绝不能完全相同了。

　　整个地看来，兄弟之情在野蛮人里头比在我们的社会里强盛些。兄弟共财，互相报仇；他们保护他们的姊妹，她们也给他们做饭吃，做衣穿。姊妹们种地，管家务，也是你帮我，我帮你。可是这个大概的景象里遗漏了一些有关系的事实。当金钱欲和权力欲发达的时候，野蛮人也暴露和文明的白人相同的弱点。例如在非洲，君主专制的制度盛行，骨肉相残的例子之多也就不下于中古欧洲，为争夺王位起见，放逐或杀戮同胞兄弟的事情屡见不一见。

　　在许多部族里头，某种婚姻规则使家族关系根本改观。倘若一个人可以继承哥哥的遗孀，倘若一个女子可以同时或先或后和她的姊妹同嫁一个丈夫，则他们的叔嫂关系和小姨姐夫关系自然和我们这里的意义不同。当然这个意义是一个更广大的意义的一部分：那个更广大的意义是个人在家族中的地位。现代的美国人把求爱和结婚当作纯属个人的事情，当他创建新的家庭的时候，他并不请求兄弟们资助；所以他死了以后，他们也没有占领他们的嫂子的权利。又如，凡一个男子娶妻的聘礼照例取之于他的姊妹们所得的售价的地方，兄弟和姊妹之间也就发生了一种特异的关系。无怪乎西非洲的父母要谆劝儿子别虐待他的姊妹了：她受逼不过，也许会去寻死，那他还有结婚的机会吗？

另有一种风俗的影响更深。美拉尼西亚有一条铁样的规则：兄弟和姊妹打童年起便得隔离。他们不准交谈，也不准有他种往来；往往放在两个地方抚育，用以保证隔离之完全。北美洲也有相似的规则，虽然没有这样严厉。克洛印第安人以为我们这方面的风俗异常无耻。他对于他的姊妹尽保护之责，她给他做软皮鞋，但是他们永远不随便谈心。倘若他走到姐姐的家门口，看见姐姐一人在家，他就三言两语把要说的话说了，立刻抽身走了。无论是美拉尼西亚还是北美洲，兄弟姊妹之间的亲密，不独实际上绝无其事，简直认为不可思议。克洛人和特洛白里安人当然有一种家庭生活，可不是**我们的**家庭生活。

美拉尼西亚人把兄弟与姊妹之间的回避条例，更广泛地适用于丈母与女婿之间。这和我们的女婿恨丈母的笑话在心理上绝不相同。我们的通俗笑谈中丈母避女婿，女婿避丈母，为的是相互的仇恨；野蛮社会里头的互相回避却是由于相互的畏惧。再说，有些地方在儿媳和公公之间也有同样的禁例。或取岳婿式，或取翁媳式，这个风俗的足迹遍及于五大洲。

一个克洛印第安人，哪怕他的丈母近在咫尺，他也不能对她说话；倘若非说不可，他可以请他的太太或别人代为传达。东非洲的查加人禁止女婿和丈母会面，要等养了外孙以后才解禁。倘若路上遇见丈母，他得赶快找个地方躲起来。倘若她出其不意地到了他的门口，他也得赶快躲避。上尼罗的兰哥人更进一步，倘若必须在丈母住着的村子里头经过，先就得打发人去送信给她，让她预先躲藏起来，免得在路上碰见。倘若她要到女婿村子里来避难，必得用抬架抬了去，全身用牛皮蒙好，等女婿把她的住处布置好，离开了那个村子，她才可以把牛皮揭去。有一回，一个女人把她的母亲请了来，事先没有告诉她的丈夫；他回来知道此事，说她不懂礼，痛打一顿，连她的娘家人都说他打得有理，虽然他回家的时候那位老太太早已回去，两个人并没有见面。据说是，倘若犯了这条禁例，丈母、女婿、女儿、外孙里头必有一人要有性命之忧！

往往女婿不得称道岳父母的名字，公公的名字也不准出于媳妇之口，甚至名字里头的单字都要避讳，因此便引起许多绕圈子的说话。如果一个平原印第安女子的名字叫做"黄牛",她的女婿便会称黄为"秋叶之色",牛为"高背之兽"。

但并不是一切姻亲都照此看待。一方面有从畏惧而生的回避,另一方面有毫无忌惮的狎昵。白拉克佛人可以跟他的小姨子说顶污浊的笑话。克洛人见了丈母便回避,舅子在面前的时候,言语行动也得当心;但是可以任意和小姨子胡斗。我曾目击一个中年男子在小姨子身上到处乱摸,他的太太和成年的儿子在一旁看着,恬不为怪。

无论这些风俗出于何种动机,它们所包含的家族生活的观念和我们的大不相同。

初民的家族比我们的松散些吗？离婚既然容易些,家族好像也就容易分散些。还有那严格的男女分工,妇女在社会上的劣等地位,未婚者的公共宿舍制,以及美拉尼西亚式的兄弟姊妹禁例——这些制度和其他一些制度全有分离夫和妻、亲和子、兄弟和姊妹的效果。但是实际上这些风俗无一妨害各分子履行传统的义务。特洛白里安人从来不和他的姊妹见面,但是他种地大半是为了供给她的家庭中的粮食,养活她的儿子。这和美国的父亲必须养活自己的儿女这个规矩是一样的天经地义。范式诚然不同，但是**有**范式在，也就有相当的安定性在。

可是，野蛮人家族的松散乃因家族的性质本来就是个松散的社会单位。换句话说，家族之**模式**是永久的，但任何个别的家族却一定是松散的。因为建立一个家族的惟一办法是结婚，而结婚的两个人里头至少有一个要和他过去的家庭多少剪断一点关系。无论定居的风俗如何，他们原有的两个家族都要因此而有改变。或者是他们小两口儿自立门户，两个家族都有损失；或者是新郎住到岳家去，他的老家便失去一个分子，他的岳家却添了一个无血缘关系的分子；倘新娘住在丈夫的家里，变化也正相似，可见无论如何免不了要有变化。文明社会偏重那新建的家族单位，让妻子继承丈夫的遗产。大多数野蛮社会偏重原有的家族单位，不让妻子继承丈夫的遗产，也不让丈夫继承妻子的，坚决保留他或她和他们出身所自的亲属群的团结关系。在这方面，我们不能说初民家族和文明家族谁比谁松散些或稳定些；在绝对方面说，无论是初民式或文明式，无一能克服那家族本性所具的流动性。

这种流动性往往被人归罪于近代的产业制度，这实在是错误的。让我们再来看看富兰克林的家庭情形，他老先生是生在机器时代以前的。他的父亲约西亚（Josiah）先后娶过两位太太，元配太太养了七个孩子，继娶的太太养了七个；富兰克林记得有一回有十三个兄弟姊妹同桌吃饭，全都结了婚。假定那十二对夫妇各有子女五人，富兰克林至少要有父母二老，诸兄姊妹十二人，嫂嫂姐夫妹婿十二人，侄男女甥男女六十人，再加他自己的妻和她的子女，和他的所有从表兄弟姊妹，谁也不能和这么许多人全都保持亲密的关系。事实上，富兰克林没有办到，那个大家族里头任何人都没办到。甚至那最基本的分子也没有能永远团结在一起，有一位哥哥脱离家庭到海船上当水手去了。富兰克林在他的哥哥詹姆士的印刷店里当学徒，订期九年；他的哥哥打他骂他，和别的学徒完全一般看待，"使我非常不高兴。"富兰克林终于逃走，詹姆士遍访当地（波士顿）的印刷店主，警告他们不得收留那个叛逆。老头子也帮着哥哥说话；富兰克林只得悄悄地溜到纽约和费城去，他的行踪只有一个朋友知道。出去了七个月，他又在波士顿出现，可是没有多耽搁，又回到费城，坐船到英国去，在英国住了一年半才回到费城。"离别波士顿有十年之久，我始去访问一回我的家人亲戚，我未尝不想早去，事实上办不到。"

第十四章 家　族

怎么能说富兰克林所诞生的那个单位是个永久的单位呢？它和我们的家族团结性的理想符合到什么程度呢？逃到海上去的那个哥哥应该算是那个家族的一员吗？倘若应该，根据什么理由？在富兰克林离家远走的十年里头，凭什么来说他仍然是那个家庭里头的人？而且那叫兄弟正式当哥哥店里的学徒的家族关系又算得一种什么**家族**关系？一百五十年以前的生活状况也不见得能比现代的情况把个别的家族维系得更牢固些。要给饭吃的人愈多，分裂得愈早；一家的分子愈复杂，真正的和睦愈难，整批的分离愈不可免。再没有比富兰克林的态度更富有意味的了：哪一位姊妹病了或死了，他总要表示很客气的挂念，一位妹妹嫁了，他只偶然地提到"听说我的妹妹丽第亚新近结了婚"——可玩味的话呀！

第十五章　氏族与国家

父母子女是不能永远团结在一起的，至少是后来的关系不能如早年之亲密。这句话适用于我们今日，适用于两百年或两千年以前的我们的祖宗，也适用于野蛮人。但是有一种较疏的关系**可以**永久维持且包容更多的人。假定约西亚·富兰克林老先生只娶过一位福尔格氏（Folger）太太，再假定他们结婚是按荷匹人的风俗——约西亚和他的连襟们全都住在福尔格老太太家里，他们的子女不会再以父亲的姓为姓。这几个姓不能表示他们是一家人：这几个孩子的父亲姓富兰克林，那几个孩子却有的父亲姓白朗，有的父亲姓斯密司。反之，这些孩子们的母亲都是福尔格一家的姑娘，将来还要把这个家传给她们的女儿们。这样形成了一系的女主人，全是一个女祖宗的后代，凡在这个门里出世和长大的孩子都把这位老太太当作亲属的中心。至于那些男人，谁知道过几年或几月他们便要离了婚滚蛋呢？自然那些男孩子女孩子都不姓父亲的姓而姓母亲的姓了。可是按照荷匹人的女系继嗣法，只有女孩子把福尔格这个姓传给下一辈。

为了好几种理由，这荷匹福尔格家里人的感情和波士顿的富兰克林家里人有些不同。荷匹人不像小约西亚那样往海上一去不返，也不像富兰克林那样在外流浪多年。他虽然住在妻家，他过不了几时就要回老家来看看，摩弄摩弄姊妹们的孩子。一家有一家的共同教仪和神圣的宝囊，离家的男子以此与旧家中人相团结。再还有那个"姓"，在他们那里比在我们这里更富有意义。一个姓福尔格的对其余姓福尔格的有服劳和保护的义务，他也可以希望他们以此相报。他对于疏远的同姓的感情也许不及对亲兄弟的浓厚，但是甚至手足之情也会给文明麻痹了：詹姆士·富兰克林把亲兄弟当普通学徒一样看待，一样殴打。松散的家族之结容易断；家宅、世系、教仪等比较客观些的结却能维系到底。没有一个荷匹人会把顶疏远的同姓当作异姓一般看待，顶疏远的福尔格不失为一个福尔格，绝不等于非福尔格。例如几十个福尔格可以结合起来去施行攻击或防御，异姓之间就不容易办到。

倘若定居之俗和这正相反，结果也相同。倘若家宅为男子所有，各人把老婆娶到这里头来，那么所有生于此宅或此地的孩子们都以男性为亲属中心，祖父、父亲和伯叔、兄弟、儿子和侄子，始终住在富兰克林宅或富兰克林村。共同的姓氏和其他共同的利害便把这些人团结成一个坚固的单位，和荷匹人的女姓单位一样坚固。可是姑娘们必得嫁出去，只有男子把姓传给后代。加州中部的密洼克人（Miwok）和加州南部一些部族的情形就是这样。

这种片面的亲属团体，无论是父系还是母系，都可以称为"氏族"（clans）。实际上，大多数氏族由好几个真实的世系组成。怎样会如此，可以拿荷匹人来研究：有些荷匹氏族只包涵一群从母系嗣的血亲，另有些荷匹氏族却由好几个这样的世系组成。事实的经过是这样：有几个世系的人数少了，感觉有系附在一个较大的群体上的需要，或许也有纯因臭味相投或宗教的利趣相同而把两氏联为一氏的。久而久之，他们便忘记了有几位同姓是另有根源的。本来是名誉的福尔格便被人当作福尔格老太太的真实的后代了。通过这种结义的办法，几百个人可以结为一个血亲团体，其中真正的血亲群只数得上几十个人。

把路人引为亲属，这是一种虚谎，可是这个虚谎产生了重大的后果：同氏姓的人不准结婚。一个破唇氏的克洛人，倘若娶一个破唇女子做老婆，一定要大大地给人笑骂，虽然谁也不能证明他们同出于哪一位祖宗，别人却要说他娶妹妹做老婆。真的，野蛮人对同辈的族人通常就拿兄弟姊妹来称呼。澳洲人比克洛人更严格。倘若一个袋鼠氏男子和另一部族的袋鼠氏女子性交，他就犯了乱伦罪，有杀头的危险。

这样看来，氏族是一个社会的和政治的单位，比家族的范围大些，也比家族稳固些。由于一种法律的虚谎，它可以尽量扩大，为任何家族群所不及。人类社会不是少不了它，因为最简单的文化和最复杂的文化都没有这种组织。它出现于中间阶段，好像是紧密的国家组织的先驱。在美洲，低级的渔猎民族只有家族；高级的渔猎民族和锄耕民族在家族之外兼有氏族；那文化最进步的古秘鲁人和古墨西哥人（正如古代中国人、希腊人和罗马人）至少还保有氏族制的显明的痕迹，但是已经给另一形态的政治组织——国家——掩盖了。

国家是在一定的区域里管束人民的中央权力。在加州南部，氏族和国家合一，因为它领有土地，无论在战时在平时都具有一个独立的政治单位的性质。但是这样的氏族不能无限制地扩张而不侵犯其他同等自主的氏族的领土。当然，它可以征服它们，变为扩大地域的统治阶级，把其他氏族中人贬为平民或奴隶。别的区域的国家就是这样造成的，虽然加州的国家不是如此。

更普通的是两个或多个氏族共同领有一块土地。于是氏族便会和超氏族的国家观念发生冲突。一个破唇氏的克洛人杀了一个啸水氏的人，破唇氏要保护这个凶手，啸水氏却闹着要报仇。遇到这样的尴尬情形，克洛这个部族也许就要崩溃，仍旧分裂为原来的氏族。

可是，要克洛族的十三个氏族全都觉得是个独立国家似的，这个崩溃**才会**发生。实际上，氏族的力量只是掩盖了部族的力量而已，部族的力量只是薄弱些，存在还是存在的。否则破唇氏杀死一个啸水氏会和杀死一个晒延人（Cheyenne）或苏（Sioux）人时的心理相同，愈杀得多愈高兴。杀了一个便会剥一个头皮，鸣一回得意。但杀死一个啸水氏的时候绝无此种心理；从童年起人家便告诉他和同部族的人打架是着耻，更不用说杀人了。所以破唇氏里头一人杀人，举族为之不安。不错，他们出来保护他，不让啸水氏报仇。但是他们觉得应该共同负责任，他们愿意赔款。赔款之后便可以同抽一袋烟，言归于好。乡邻之谊终于防止了部族的分裂。

这个制度有一个缺点，什么事都得让当事者两方面去解决。倘若罪犯这方面不愿意和解，族斗一定会爆发，结果也许要闹到真正分裂。北达科他州的希达茶人（Hidatsa）便进了一步，他们有一个警察团体。不错，他们并不逮捕或处罚那犯人，可是他们也不把和解之事付之于机会：他们装好一袋讲和的烟，递给受损害的这方面抽，一面代他们去收取赔偿，婉婉地劝他们息怒。这就是说，希达茶人有了正式的调解人。他们知道族斗不仅是两个氏族的私事，而是和整个"民族"的生活有关的。因此这个警察团便有了权威，虽然没有裁制之权，至少有调解之权。

甚至一个政权更少的民族，菲律宾的伊孚高人（Ifugao），也有相似的职位。有些人说伊孚高人是真正的无政府主义者，每个村庄（他们没有氏族组织）里头各个家族都好像仇敌似的。然而即令是伊孚高人，也不是完全没有乡邻之谊。外村来的贼，捉住了就杀；本村的偷儿，罚几个钱就完了。这和破唇氏对啸水氏之异乎克洛人对晒延人正复相同。伊孚高人也不把族斗当作两个家族之间的私事。社会要来干预；调解人，虽然毫无权威，总尽力争取和平。

总而言之，无论什么地方，一个人除对亲族的义务外，对乡邻也有一点义务。做近代国家根基的是这种乡谊，我们敢说，国家的胚种和家族制一样，一般也是因为这种乡谊。

甚至在平原印第安人里头，这已经不仅是一个胚种。通常情况下，个人行动很自由，不受什么强迫。但是到了阖族出猎野牛的一季，个人自由便烟消云散，他们的警察团体，在平时虽遇杀人案件也只有劝告之权，可是到了这个时候便取得完全的统治权。任何轻举妄动都可以危及全部族的食物来源；所以非到命令下来谁也不许动手。他们统率全军，像战时内阁一样。谁违背命令，吃一顿棍子不算，财产还要被没收；倘若他反抗，他们有权力杀死他。

换句话说，杀人不算公罪，不认为开罪于国家；它只是私人开罪于私人，算是一种私罪。但违背猎野牛的规则是公罪，国家就要站出来惩治那个罪人。

在平原印第安人里头，这是一种临时的状态，由于饥馑的可怕的威力。可是在非洲大部分地方，这是正常的状态。因为有坚强的永久的中央权力，往往还有一个生杀予夺悉听其便的国王。东南非洲的卡斐人（Kaffir）没有族斗之俗：国王不答应。什么案件都得听地方酋长处置，他是国王的代表。其次，人身损害是得罪于国王的，财产权的争执才属于民事范围。与此相连，裁判要依据证据，诉讼程序也异常繁复。非洲有几个君主国，人口有几百万，都是这样由一个君主和若干大臣的广大的权力来统治。

和那克洛人简陋的政制比较起来，这是何等进步哟！可是，丢开表面看内容，究竟怎样？克洛人跟人打架被打死了，他的亲属得一笔赔款。但卡斐人的身体为国王所有，所以只有他一个人有收取赔款的权利。鄙陋的克洛人除罚款和笞杖以外不知道别种刑罚。在乌干达那个大王国里头，司法进步，刑罚也就精良了：犯人的脚上可以套枷，这往往损伤脚上的筋骨，叫他终身成为跛子。克洛人差不多没有什么法律手续，非洲人却顶爱找证据。但他们所谓证据是叫被告吞一种有毒的豆：他要辩白自己无罪，只要能吞了这颗毒豆不送命。无疑，太平时候的祖鲁兰或乌干达的百姓，被外国强盗杀人越货的机会比平原印第安人那儿少些。可是他享有一种特权，为印第安人所不及：他有一个本土的暴君折磨他。乌干达国内谁也不敢积聚财产，因为国王会借口细故就拿来没收。在别的非洲国家，酋长嫉妒什么人，要干掉他也很容易，只要控告他玩巫术就够了。一般公众，怕巫术怕得要死，总是赞成他的罪名成立的。要他的罪名成立也很容易，只要监视他受毒药试验；罪名成立，他的财产自然归于酋长。在有权力的君主的保护之下过日子，还有别的利益。只要来一个神诏（oracle），国王便会下诏拿几十个人来祭神，他的警察长指挥刽子手执行。"刽子手们押着牺牲者出来，众人必须回避；他们一离王宫，立即动手劫掠。谁要给他们抓住，就要加入牺牲者之列，除非他答应释放之后重重酬报；女子捉住当奴婢，财帛拿到就是他们的。"在西非洲，也往往有几百人一朝被杀，为的是给国王带信给他的列祖列宗。

当然，我们不可设想黑人观察此等事件和我们用同样的目光。既然是人，他们当然不违人情之常，贪生而怕死；但是难得有怨言。很有点像文明国家的征兵入伍，自以为是爱国男儿的义务。"牺牲者束身就死，（自以为）以救国家民族于灾难，口无怨言，亦不挣扎。"黑人的这种浪漫的忠心，被试验过好多回。南非洲的酋长往往叫土人去捉鳄鱼或狮子，他们无不盲目服从。他们是异常疼爱他们的牲畜的，但1857年因国王的一个命令，他们就把成百的牛拿来屠杀。1851年，英国总督悬500头牛的重赏购求国王的首级，但没有一个百姓肯卖他。

同样的忠心也见之于南太平洋。平民的产业和金钱，酋长可以予取予求。战前的德国殖民地官吏想禁止这种恶俗，但人民不愿意改革，他们不是文明国的国民，不愿意逃避所得税。恺撒要的给恺撒，这是神圣的义务，无须用武力维持这个风俗。

坚强组织的政府是进步呢还是退步？一想到中国的土匪，绑票劫车，省市政府对之无可如何，我们就不禁要赞成权力集中。但是让我们在欧洲史上取几个例子来看看。为保护公安起见，路易十四在1667年创建巴黎的警察组织。秘密侦探便开始侵入私人生活，略有嫌疑便关到巴士底大狱里去，毫不经过法律手续。再往回说，国家主义的兴起一般人都说是一件了不得的事情。在中世纪初年，贵族与贵族对峙，正如克洛人的氏族可以和氏族对峙一般。"王命和平"（The king's peace）好像是一大进步。但在实际上还是以暴易暴，从前是贵族虐待平民，此刻是贵族和平民同受一个强有力君主的剥削与杀戮。照早年简朴的《日耳曼法》（Germanic Law），法官是普通人当的，而且因为他们和克洛人一样，把多数过犯不认作触犯国家的公罪而认作损害私人的私罪，所以倘若原告不来告状，法官就不来过问。有人来告状，被告也有当众辩白的机会；除非他自己承认，或者有在场目击者为证，不能定他的罪名。到了中央权力发达起来，一切都改变了。现在的法官是深通罗马法的专家了。他们以国家代理人的资格可以不待受害人告诉就检举，而且不让被告有辩白的机会。这个专业制度的结果是：制造酷刑来逼勒被告的口供，拿野蛮的刑罚来处置细微的过犯。证据之取得仍然和从前一样，以黑人的巫术检验的原则为原则。火烧和肢解的刑罚仍然存在。1750年以后还有处女巫以死刑的案例。在18世纪的英国，小偷偷东西过一先令之值就得绞死。

人类老是在两个交替办法之间翻来覆去。有时候他想要建立秩序，有时候他又渴望自由；把秩序和自由合而为一，似乎在他的力量之外。我们的社会把这个问题解决了吗？可惜呀！连单纯的秩序问题也还没有解决。当然，理论上说，我们已经成就了许多奇迹。在它的疆域之内，国家是绝对的主权者，统治所有的国民。实际上，它的最重要的职务从来没有做好过。证据？请看任何大都市日报的标题。在1750年，伦敦市大为盗匪所困,他们和保护治安的军队沟通。历史学家归咎于街道黑暗和缺少警士等情况。现在我们的街道可算是大放光明了,稍微重要些的城市无不拥有大量的警察;然而纽约和芝加哥的盗案还是层出不穷,匪徒以机关枪自卫,才不怕你的警察。这还是太平时代。警察罢岗的时候,像早几年波士顿的例子,大都市简直像个疯人院。

让我们再回到克洛人的营地里去,上文拿杀人一事来说明他们的法律,其实有点儿冤枉他们,因为在印第安人里头,杀人之类的事情寻常是没有的。没有牢狱,没有法官,也没有具强制力的警察(除部族合猎时),他们居然能很和睦地过活。这是什么道理?

我们必须为高等文明说句公道话,文明人有一个主要的犯罪动机,是野蛮人所没有的。野蛮人里头也有面包问题,但这个问题是众所共有。只要有存粮,绝不让一个人饿死。初民普通不把粮食当作"财产";在他们看起来,白种屠户或商人居然卖肉,实在是高加索人种的铁石心肠。衣服虽然是个人财产,却可以在亲属中自由借用,至于真正贵重的财产如法宝囊等,它们本身的性质就足以担保安全。偷窃这些东西是没有用的,除非你熟悉它的历史,和它连在一起的歌曲,以及它的使用方法，否则偷了来不但无益，而且有害，因为举措稍一错误，必有大灾临头。

但是初民社会里头能够维持常态和平之惟一最大原因还不是迷信，而是舆论。初民最爱面子，最爱的是人家夸奖，最怕的是人前丢脸。当然，世界上处处都有漠视社会的人，一眼瞧不起当地的礼教，但在初民社会里这种人是很少数的例外。哪一种行为是可贵的，哪一种是可鄙的，当然各地不同。美拉尼西亚人梦想升到男子总会的最高级；克洛武士梦想完成可以博得"酋长"尊称的四种武功；晒延女子梦想绣成30件袍子；南非洲人梦想多买几个老婆，多养几个孩子。可鄙的行为，无论诱惑怎么厉害，务必要避免。伊利诺斯州的狐狸印第安人教训他的儿子，别偷东西，别打老婆，他并没把这个世界上的任何刑罚来威吓他，也不和他谈仁义道德。他的重大理由是："别人要议论你，虽然你也许听不到。"

议论有时流而为嘲笑。有一个阿拉斯加的青年报告他的经验："倘若你娶妻不娶本村的姑娘，他们便讥笑你——老是讥笑你，叫你非常不舒服。"在克洛人里头，财奴、莽汉，以及和老婆离了婚又收她回来的男人，都得听嘲笑的歌曲——尤其是那重收覆水的臭丈夫，要算是无耻之尤。倘若一个人有非礼或不义的行为，他的某几个亲属有当众教训他的特权，这比什么都厉害。这个风俗在白拉克佛族里头又小有不同。"倘若是小过，有时只应用正式嘲笑之法。倘若他怙恶不悛，长老们便要认真办理，好好地教训他一下。到了一天晚上，大家都进了他的茅舍，一位长老便高声向邻近一人问：'你可看见某人的行为？'于是诸舍之间便开始交谈起来，把某人的劣迹逐一数说，一面骂，一面笑，刺耳的笑声半夜方休。挨骂人的苦痛是极端厉害的，通常他便逃亡出去，要过好些时才敢回来；在从前，他就相机在战场上拼命杀敌，以雪此耻。"

初民惟恐人家说他是财奴，宁可牺牲他的一半家财；倘若吃醋是犯忌的，他宁可牺牲一个心爱的老婆；倘若拼命是可以获得众人夸奖的，他也愿意拿性命来拼。为什么野蛮人虽无宪法、无牢狱、无警察、无天启之宗教，却并不一天到晚在那里你杀我我杀你，你抢我的老婆，我拐你的妹妹，就是因为这个道理。

第十六章　声望与礼节

人是孔雀。他爱卖弄,爱笑,爱积蓄钱财,可是他也肯做寿头或浪子,倘若那个能给他一个高视阔步的机会。光是权力和实利不够浪漫;权和利,不加上一层声望做炫饰,不足以使人生有滋味。

举个例,英属哥伦比亚沿海的印第安酋长为什么要积聚成千成万的毛毯呢?赶一个大节日把它们送给人,表示这样值钱的礼物他毫不吝惜。这是博得名誉和压倒侪辈的惟一办法。为了同一理由,他把很值钱的船只焚毁,把奴隶杀死——无非表示这种重大损失对于这位大人物不算什么。由此向南的瑜洛克人(Yurok)是一个财迷部族,可是任凭怎样贪,绝不贪到出卖粮食的程度。"这是君子所不为。"倘若有人不顾廉耻,做出这等事情,老派的上等人会鄙夷他,"**他**可以做得,他穷急了。"这些财奴买老婆的时候也不吝惜钱财，总归狠狠心拿出一笔钱来。多出些钱是有体面的，钱出少了不独羞辱自己，连养出来的子女都给人当私生子看待。

美拉尼西亚表示相同的精神。班克斯群岛人高高兴兴地偿付那一级高似一级的入会费，以求在男子总会中逐级高升。因为他在总会里爬得越高，他在社会上的地位也便越好；倘若他居然爬到最高级，他就成了一位酋长。但是好名的心还不肯让他知足。**也许**有人会说他是一个财奴，所以他要时时设筵，屠宰无数的猪，款待众人。自然，他愿意这些猪肉留给他一人独吃——但是倘若这个事情有损他的令名，他宁可一块不尝。

倘若这种自我牺牲可以达到什么实用目的，我们便能用理性来解释这些野蛮人的举动，解释得很好。但是处处地方都找不到实用目的。坡里尼西亚的贵族并无须怕他们的无产阶级，后者自愿受他们磨折。他们是诸神的裔孙，违抗他们不就是获罪于天吗？所以，一个坡里尼西亚贵族所忧惧的不是阶级斗争，而是别的贵族是否要盖过他的面子，是否胡椒酒先敬给别人才敬到自己。**那**是一种侮辱，倘若那个占了面子的人的世系不及他自己的尊贵。

民主政治比较有意识些吗？可惜！世界上没有绝对平等的人。那真能泯没一切个人的社会只存在于社会学家的幻想之中。平原印第安人没有世袭的阶级，然而同部族的各个人无不有求人认识的欲望。唱一只小小的歌曲，在脸上画一个简单的图案，在圣宅里头住一宿，都算是极荣耀的特权。因此，为超越侪辈起见，一个人很愿意拿一匹马或若干毛毯去向别人购买这些"专利权"。平原印第安人又最爱标榜自己的武功。一个克洛人从敌营偷到一匹马，往往拿来送给一位老人，此人便穿营走寨，哼着曲子歌颂他的本领。这个公布于众的工作也不完全让给别人。每逢众人集会，勇士们便开始数说自己的武功。所谓武功，诸部族各有各的规例；一般地说来，无意识的武艺都比有实效的攻打更得人的重视。在克洛人，杀死一个敌人毫无所得，可是倘若他冲上前去，首先触到一个敌人的尸体，尽管是他的同伴杀死的，光荣却归于他。同样，你可以偷来一大群马匹，可是得不到一点声望，但是倘若你冒杀身之险到敌营去放掉一匹拴好的马，那就可以在众人之前出一出风头。克洛人或晒延人无不时时准备做些愚蠢无用的事情以博得众人的夸奖。他们正像那些坐在桶里滚下尼亚格拉瀑布或跳下布鲁克林桥（Brooklyn Bridge）的傻子。在另外一件事情上野蛮人也像我们——爱穿戴。那个脚跟上拖着狼尾巴表示他触到过一个敌人的印第安人，他那顾盼自豪的神气正不在胸前挂着宝星的欧罗巴人之下。我们又可以把他们比作我们美国的许多会社里头的会员，戴着异国风的帽子，挂着中世纪式的剑，或别种古怪徽章，在人前高视阔步。

声望和权力之间有奇异而多变的关系。两者自然相连，但也不是永不分离。在中央加利福尼亚诸部族里头，政治的酋长往往让"萨满"（shaman）——医而兼巫的人——出一头地，那些萨满没有任何正式威权，但在人民里头有很大的势力。在我们美国的城市里，市长也往往只是一个傀儡，为党魁（boss）所操纵。更高些说，像罗斯福这样一个人物，他的声望可以指挥千百万人，他退任以后只是一个普通市民，可是他的权力却比在官任职的人还大。反之，英国的首相也许是大英帝国以内最有权力的一个人，但是除非他在首相资格以外另有他的社会地位（门第），他在官场宴会里一定要让顶卑微的贵族坐上席。同样，在东加岛，在一百年以前，国王菲恼（Finau）是全岛的主人，但坡里尼西亚礼节要他向本族的宗教首领低头，承认他的优越。在中世纪初年，法兰克的墨罗温朝（Merovingian）诸王变成他们的宰相的工具。同样，在近代的刚果境内的巴库巴族里头，国王在理论上是无上的君主，人人都要以最高的敬礼待他。但是实际上政府的权力全在那些贵族手上。

礼节不由声望而生，但声望滋长礼节以为外表上的象征。在欧洲，甚至一个大学教授也能得人一点尊敬。到欧洲去游历的美国学者往往出乎意外地发觉自己是个重要人物，许多年轻的同业在街头巷尾给他让路。平原印第安人把屋子的后部保留给房主和特殊尊贵的客人。在较复杂的社会里头，礼节也繁缛起来，在宫廷生活里达到它的极峰。

路易十六时代法国贵夫人的入觐可以用来做例。最初要开列她的世系入奏，认为充分高贵，方有觐见资格。于是传旨定接见日期——总是个星期日。在入觐者，这是一件大事，早一天就到凡尔赛住下，由引见者陪伴着，先正式拜访侍卫女官，寝宫女官。入觐的时节，她穿上庞大的伞形裙，后面拖着极长的拖裙，是可以装卸的。在房门口她先行第一礼，要依照正当的格式，老早就小心翼翼地练习过多少回。向前走几步行第二礼，将近王后面前行第三礼。然后除下她右手的手套，躬身去捡王后的袍边用嘴去亲，可是王后不让她亲，早就把袍子拉开，退后一步：她已经心领了。王后说几句客气话，点一点头表示接见已毕；那位夫人便向后退走，很巧妙地把她的拖裙推开，行告辞之礼。公爵夫人是不必假吻王后的袍边的：她可以把她的右颊献上去，得王后的轻轻一吻。

甚至法国的君主，也得遵守他自己造出来的礼节。法国国王，无论怎样贪杯，也不得尽情一醉。因为礼节规定，国王的酒杯一干，就得送还厨桌。玛丽安都旺纳最恨大宴，但是一个星期之内她至少要有一回忍受这个苦难。

大人物所遭遇的困难，一般人从来没有完全了解。在1699年，路易十四的弟媳夏罗德王妃（Princess Palatine Elizabeth Charlotte），因为女儿洛林公爵夫人快要分娩，想到洛林去看她一回。虽然她一心要去，结果却没有能去成。因为洛林公爵说，"殿下"（王弟）和"夫人"（王妃）必须待他以选侯（Elector）之礼。意思就是他要坐在太师椅里相见，因为神圣罗马帝国的皇帝特赐他这个权利。路易十四回答道，帝国的规矩和法国的规矩不同：例如，皇帝接见大主教时赏他们坐太师椅，可是大主教没有一个在法国国王面前坐下过。洛林公爵的先人也曾到法宫来过，从来没有要求坐太师椅的。其中有一位是王后的兄弟，也只在矮凳上坐。路易愿意赏他坐高背椅（Chaise à dos），但是太师椅可办不到。王弟提出一种巧妙的妥协方法。为什么不学英国的先例呢？殿下和夫人到英国去觐见，英王假意不肯赏他们坐太师椅，而他们坚持要得到这个面子；后来这个问题很巧妙地解决了，英王陛下自己坐在一个矮凳上接见。现在殿下和夫人也不妨照样办理。但是路易不答应这样屈尊纡贵，于是王妃便见不成她的爱女了。

初民礼节之和阔人为难，也不比这个差什么。当一个萨摩亚酋长可以享受各种各样的特权。他可以任命一个宠爱的女亲做村后。别人对他说话要应用特殊一套动词和名词。他的代言人给他准备饮食，并在一切公众集会中对他致种种敬礼。然而一个年轻人却不爱居这个高位。一位 27 岁的酋长对弥德博士（Dr. Margaret Mead）诉苦："我才当了四年酋长，你看，我的头发已经花白了，虽然在萨摩亚地方白头发来得很慢……但是，无论什么时候，我一举一动都要做得像个老年人。走路要庄重，步伐有定速，不能快一点，也不能慢一点。除在极隆重的仪式里头，不准我跳舞；

又不准我和少年人玩耍。60岁的老人是我的同伴，他们刻刻留心我的说话，怕我说错一个字。我家里有31个人同住。我必得时时为他们打算，给他们找饭吃找衣穿，排解他们的争吵，料理他们的婚嫁。全家之内没一个人敢骂我，甚至用我的小名来叫我都不敢。年纪这样轻就要当酋长，真是叫人难受。"

非洲也是如此。可怜的巴库巴国王永远不准坐在地上或在地上行走。坐起来不坐在皮褥上便坐在奴隶的背上，行路则坐敞轿。他不准先对太后讲话，要等她先开口。他不准在妇女面前吃东西。在正式朝会时，一把特殊形式的剑给他当节杖，他的大趾上还得带上两个环。朝廷上的大臣注意他的一举一动，倘若他违背规则，他们毫不迟疑地嗤之以鼻。在西非洲，贝宁（Benin）是很长一个时期里头的最强的国家，国君为人民所敬，视之若天神。一个16世纪的游历者记载道："贵族见国王，不敢正视，匍匐在地上，正如我们用膝盖跪倒一般，他们用屁股着地而坐，两肘支在膝盖上，两手捧脸，不敢仰视，要等国王有旨，才敢抬头……下朝的时候，他们不敢背转身，只敢恭恭敬敬地一步步向后爬着退出去。"可是这位神圣的国王也不能照自己的意思行事。他不得见他的母亲的面，不得走出宫墙之外，除非在某一特殊节日。

最不足歆羡的或许要推东非洲乌约洛（Unyoro）王子的命运。倘若他死在他的父亲之后，那就算他倒霉，因为国王驾崩的消息一出，诸王子立即大动干戈，得胜者必设法置诸兄诸弟于死地。可是那位新国王也不能过自在日子。他的食品是有严格规定的，他不得一尝蔬菜或羊肉的滋味。早晨和中午，他喝牛奶，晚饭吃牛肉，睡觉之前再喝一杯牛奶。他自己不得碰一碰食物，要由厨子来喂他。睡到半夜，他的诸妃之一就叫他醒来，把他领到另外一间屋子里去；在天亮之前，他又被另一王妃叫醒，搬到第三间屋子里去睡。在早晨，他的王妃用牛油涂抹他全身。一旦患病沉重，或年老力衰，他的王后就捧着一杯毒酒献上来，他非喝了它自尽不可。

拿野蛮人的礼节和我们的礼节比较一番，给我们不少慰勉。我们总算还不错。不识文字也不见得就能保证不做蠢事。

第十七章 教　　育

没有多少年以前，欧洲的教师惯会用皮鞭鞭打7岁孩童，鞭痕终身不灭。在十七八世纪中，小伯爵、小王子，甚至年幼的国王，都被他们的师傅鞭挞。反之，野蛮民族几乎全然处于相反的一极端。在文化程度的简陋和儿童待遇的和善之间几乎成正比例。在马来半岛上，常常可以看见那矮小身材的游猎部族塞芒人（Semang）溺爱他们的儿女，从来不打不骂。塞里格曼博士（Dr. Seligmann）在锡兰岛上看见一个维达族（Vedda）孩子使性，拿起一柄斧子来投向他的父亲，投中他的腿。"这个人显然怄气了，捡起那斧子丢在林莽里，但是他不想责罚那孩子，那孩子反而怒气冲天哭了起来；过了一刻，又拿些食物去哄他不哭。"有人看见一个澳洲人打他的老婆，因为她胆敢打她的孩子。在多年的南美洲旅行中，诺登瑟德子爵只看见一回印第安父母打过孩子：一个倔强的女孩子，在小腿、臀部和背脊上挨了轻轻三下。格林纳尔博士（Dr. George Bird Grinnell）研究平原印第安人几十年，他写道："印第安人从来不鞭挞他们的孩子……有时候，孩子哭闹不休，母亲怄气，也只拉住他一只臂膀揉两下，我从来没有看见父母责罚儿童这样的事情。"

黑人或许比印第安人严厉些：在卡斐人里头，不当心照顾他父亲的牛群的孩子也许要挨打，西非洲人会把胡椒揉进少年偷儿的眼睛。这种情形究竟是例外。关于黑人，也以如下的记载为最能代表："阿肯巴人（Akambas）的性情里头最引人的一个特点是爱儿童，尤其爱幼小的儿童。任什么人看见人虐待儿童就会冲上前去卫护他，甚至那个孩子是谁的他丝毫不知道。"

这种事情在中央亚西亚突厥人里头极为厉害。独子或得宠的儿子是吉尔吉斯家庭里头最有特权的人物。父亲会把三岁的儿子亲热地抱在怀里，怂恿他拿许多不好听的名字来骂他的母亲，教他许多骂人的话。无论我们对于这种教育方法的意见如何，它总不带分毫虐待儿童的气息。文明的程度一高，这个气息就来了。不识文字的克洛人对待蛮不听话的孩子至多只拿水灌他的鼻孔，古代埃及的文士却全靠夏楚来教他的学生写字。这是人类文化的老故事。情形一复杂，人类就瞎摸，乱动，笨干。埃及古文是难学的，把文字和夏楚连成一气自然是使少年人心里确实感觉这种文字的重要之一法。

依照旅行者的一致报告，那些不受鞭挞的蛮族儿童比饱受高加索沙地主义良好教育的白种儿少淘气得多。吉德君（Kidd）论及南非洲的班图人："服从父母差不多是无需教的，因为儿童目击同寨的人个个服从老年人；儿童不知不觉地就受了这种精神陶冶。我记不起曾经看见一个小孩子有意违抗过他的父亲。"每个访问爱斯基摩人的人都对他们儿童的善良惊奇不置。和尔姆船主书上记着："儿童无拘无束地长大。他们的父母说不出怎样疼爱他们，无论他们怎样倔强，从来不责罚他们。尽管这样溺爱，那些小孩却长得性情很好，真是可异……儿女长大以后，对于年老的父母非常敬爱、体谅，常常牺牲自己的利益来孝顺他们。"在蒙大拿州，晒延族的儿童，常常做极粗鲁的竞技，极少口角。关于玻利维亚的奇曼尼人（Chimane），诺登瑟德报告道："儿童们从来不打架。"在亚利桑那州，斯皮尔教授（Prof. Leslie Spier）看见哈发苏巴依族（Havasupai）小孩的好行为颇为惊异。"他们很和顺，不争先,在大人面前很恬静;我相信,他们不大成为父母谈论之资,至少是当他们在面前的时候。孩子们极难得哭泣,哭起来也常常不是因为愤怒或用以达到要求的目的。"

这种惊人的善良性质,大部分仍是一个神秘。一个可能的因子给我们白种人一些慰勉,否则我们真要羞死。野蛮人常常应用一个方法,是我们所不能赞许的——妖怪。什么怪物都行——做母亲的或模仿猫头鹰叫声,以恐吓哭闹不休的顽童,或指点来访的人类学家,说是会拐孩子的怪物。朴卜洛印第安人遇孩子哭闹就叫猫头鹰来啄他的眼,又把他们自己害怕女巫的心理老早就传递给儿童。

在新墨西哥州的组尼(Zuni)地方,甚至有一规定仪式来恫吓顽皮孩子。在当地的某一节日,有一对化装的人,其中一人饰为女子,巡行全村。路遇儿童,便加追逐,且闯入人家。"责骂其家儿童,儿童看见他,恐怖万分,往往大哭。没有受过戒礼的儿童,七八岁以下的,都吓得了不得,甚至年龄较大的儿童也叫他们吓坏。他们教训那些孩子:'你们不得侮慢父母','你们要体恤母亲','地下扫干净了不得弄脏'。对男孩子便叫他们学着照料马匹,对女孩子便叫她们照料小弟小妹，学着烧菜和磨粉。"到了这里，那教育术便突然转为严厉。那个假装的女子拉一个小女孩到手磨边去，假意要把她磨碎，同时她的同伴把头发从假脸上披下来，手拿着尖刀，假意要割那些孩子们的耳朵。有时候这两个鬼脸还假装吃人的样子。倘若有一个孩子不干净，那跟着鬼脸来的小丑们就把他拿住，牵到河边，或者给他洗个脸，或者把他按倒在水里浸他一刻。到后来，家里的大人出来向这些恶客求情，献东西给他们吃，请他们走。

　　野蛮人的教育法里头还有一个弱点是我们必须承认的，虽然在这一点上文明人也和他们在伯仲之间。所有人类的经验都指示我们，形式的训诲必使听者生厌，反而不能达到目的。可是那些愚而好自用的老辈永远不明白这个道理，老是长篇大套地向青年们说教。西非喀麦隆地方的一个判威族黑人每天教训他的儿子这一类的话："听你爸爸的话，因为赶你长大成人娶媳妇的时候，你爸爸代你出钱买那个女子。倘若你的情人送东西来给你吃，别一口气就吞下肚，轻轻地取两三匙，否则那女子会疑心你是个贪吃食的饭桶，从此不爱你……待你的姐姐好些，她骂你两句，你别回骂。千万别打她，因为她嫁人时可以得一笔钱，你要娶媳妇就要靠这笔钱。倘若你打她，她也许要去寻死，你就得不到钱，也就娶不到媳妇，人家都瞧不起你。"

上面这篇演说，从效果方面说，算是很不错，因为显然是拿那个孩子的自身利害来感动他的。在阿兹忒克人的比较高等些的文化里，这种教训自然是更冗长，更不能产生效果。那些阿兹忒克严父往往把可怜的儿子们淹在冗滥的演说词里头。什么青年人必须努力做事呀，什么待人接物要谦恭呀，什么要跟着哪一位亲戚学样呀，什么肉体的欲望要有节制呀，什么穿衣服不能过华丽也不能过寒酸呀，诸如此类，絮絮叨叨，无了无休。少年女子所要领受的话更多。先是父亲的教训，要学好纺织和其他家庭工艺，给父母增光。对待求婚的人要谦和。过后便轮到母亲来教诲：少年女子要贞洁，走路要庄重，不应该涂脂抹粉，那是堕落的先声。

这些训辞虽然大多数都非常可笑，真正重要的一点却也常常提及——一举一动莫不有关名誉。一个老年的温内巴哥人对他的一心要学医的儿子说："（倘若你学而不成）人家要取笑你，赶你叫'名医！名医！'"同样，判威人也会说："别爱惜食物。人家会笑你，你去访问别人，别人也不拿东西款待你。"

但是，在青春期，许多部族不仅作口头教诲，还要叫他们的少男少女们受一点正式的教导和严格的督察，像我们的学校教育似的东西。在好些部族里头，除训练以外别无他事。在圭亚那，青年男女必须经过一度痛苦的仪式才准结婚——让蚂蚁咬。此外，男孩子还得把胸膛和臂膊送给老人们用鸟喙或野猪牙刮划，女孩子还得在天癸初到时挨一顿痛打或禁笑或禁吃肉若干时。

在其他部族里头，除训练以外还有不少事情。在英属哥伦比亚，许斯瓦普（Shuswap）族的男孩子，赶他们的声带一起了变化，立即自个儿跑到野外去绝食，以求得一个幻遇（vision）。在这个时期里头，喝水必须用一根管子，头痒也不能用手指去搔，要用一根特殊的搔头棒。但是除这些莫名其妙的规则以外也还有真实的训练。很多的时间费在射靶和体操上。青春期的少女所受的限制更为严厉，可是她所做的人生事业之预备工作也更确实。她要禁食四天，并且用水管喝水和用棒搔头也要有一年之久。她白天不准出她的草舍之门一步，可是一到黄昏她就得出去漫游山野，在黎明的时候洗澡并向晨之神祈祷。在天大亮之前她必须回到她的隐避之所，因为除她的教师和至亲以外她不准给别人瞧见。倘若她路遇生人，她必须拿松枝编的盾障蔽身体。回到草舍以后，她吃一点早餐便睡，但是她的监护人不让她多睡。在她黑夜出游的时候，她要练习跑路爬山和负重等事。她还得在地下掘壕沟，这是将来掘薯工作的实习。每天早晨她必须砍一挑柴木回来。她的教师还要教她造小筐小席，教她缝纫和刺绣，教她制革。为练习起见，她在松枝上捡取一根根的松针，以求手指的敏捷。

这种事情在澳洲则规模更大。那个地方的少年男子的戒礼（initiation）真是一次盛大的集会。好几个友好的部族合在一起来举行——至少是那几个部族的男性部分，因为女子是不准窥见戒礼的秘密的。那些主持其事的老资格先选择年龄合格的孩子，然后施以戒礼，此后他们便成了负责的部族分子。有些部族要把这些新进的牙齿敲落一个，有些部族要割势皮。整个的仪式历时若干星期，同时施以各种教练。那些少年们天天要去学打猎，但最重要的是宗教的和道德的教训。长老们告诫他们服从老辈，别沾惹已婚的女子，要和朋友们共饮食，而且绝对不能把戒礼的秘密仪式泄漏给女子和未受戒的男孩子知道。他们还告诉他们不应该私吃雄鼯或蜂蜜或其他珍品，那些东西是专供老年人享受的。

在非洲，男女儿童都有学校，可是不行男女同学。他们把男孩子和女孩子很小心地隔开，各受各的教师的监督。在东非洲，尧族（Yao）把8岁到11岁的男孩子和普通人隔离开来，在一所冷僻的房子里住三个月。在那个地方把他们的势皮割了，在他们养伤的时节拿性的关系，对父母及岳父母的职分，和饮食规则等等教训他们。同年龄的少女则每人有一导师，全体之上有一司仪。她们在这个时候获得性的卫生的初步指导，将来天癸初到的时候还要继续受教，那时她们的母亲们又把她们交给从前的导师。同样，怀了孕的女子和养了初生儿的女子都要继续接受教训。他们叫年轻的母亲早些起身，把孩子露露风，给他按摩，用温水给他洗个澡，然后用油在身上摩擦。他们又给她许多辟邪的法宝以除疾病。

在古秘鲁，有另一种职业教育。贵族人家的女孩子被养在古斯各（Cuzco）的"尼庵"里，在那里面学纺织，给国君和他的后妃们织袍子。这是终身的职业，因为她们被认为太阳大神的诸妻，绝对不准和尘世的男子结婚。

旧时新西兰土民也有学校，和青春期及性教育无关。有一种学校是为平民设立的，只在冬天开学，设在一所其大足以容一百人的房屋里。学生除烤蕨薇根以外不准吃别的东西，饮食睡眠都有一定的处所。课程是严格地合于实用的：专讲当地农作物和养鸡捕鱼等事。另有一种专为贵族设立的"圣学"，内容迥不相同，这个学校通常只有贵族的长子可以入学，同期入学者或二十人或三十人，在这里修习三年到五年，那些课程在我们看来是毫无用处的。每年上课四五个月，诵习本族的神话，哲学和符咒。他们白天睡觉，晚上授课，到半夜为止。凡学生必须立誓守秘密，谁要把校内情形泄漏一句给他的爱人或朋友，立即驱逐出校。课程以毛利人的"历史"开端，所谓历史实即关于诸神的传说。历史之后继以法术。凡所传授，必须字字牢记，因为错一个字便会引起大家的灾祸。在毕业以前须受一极严厉的考试，绝非我们的大学毕业考试所能望其项背。应试者先得取一小石掷一大石，倘若石子碎了，他就不及格，要留校再住一期。其次，他必须诵一咒语，要能凭此神咒之力使石头碎裂。倘若通过这一试，便要拿狗和飞鸟来试验。倘若又通过了，他便要受最终最难的一试。主考官指定一个某人，要他诵一毒咒叫他立刻毙命。倘若那个人应声而死，试验便告完毕；应试人只要再经过某种湔袚仪式，便可以体体面面地毕业。这些违乎物理的试验用何种伎俩或合法的虚谎来通过，没有谁知道。

门第稍低的毛利巫师也修习同样课程，但没有这么许多仪式。他们也要学会许多咒语，以供一切可以设想的危急之际应用，也要能够咒死人兽或咒倒树木才可以毕业。

人类生来爱颠倒是非，所以这些灌输神话和教习咒语的学校自然位列那些老老实实的农业学校之上。秉着同样的精神，16世纪欧洲人推尊满嘴拉丁可是满肚迷信的医生而蔑视手段灵活的兼理外科的理发师。

跟平常一样，情形一复杂，人类就没有主意。野蛮人施行正式教育时，立即落入文明人教育法的许多陷阱里去。倘若他纯靠天赋的常识，倒和进步的教育理论相合。

平原印第安人的孩子在很小的年纪便使弓弄箭，八九岁便学着射小鸟或兔子。当他射中第一头鹿的那一天，克洛人便举行盛大的庆祝，他的父族中就有一位族人出来穿营走寨唱着歌曲赞美他。平时同伴中间有射靶比赛，还有假的水牛猎和作战演习。儿童们又组织会社，模仿他们的长辈的举动。大人们以打倒敌人为荣，那些少年便拿水牛、狼、山狮等当敌人。在他们的会社里，他们也模仿成年人的会社的格式，一样的有徽章和职位，所以一旦成人，他们的知识已足够使他们加入正式会社。儿童们常做宿营的游戏，那些女孩子安置营幕，收拾火柴，像她们的母亲们一样。一个营寨必需食物，男孩子们便出去觅食，或独行，或结群，所以也就有了合作的训练。格林纳尔说："他们接近那些鸟兽的时候，常曲折以行，借草丛遮掩身体，那种小心谨慎，正是将来打猎时应有的本领。"

这些都是第一流的职业教育。同样，澳洲的少年也常常跟着父亲去打猎。他一面领略旅行的滋味，无意中就获得了木工的基础知识，学会了使枪的方法，练习了使用飞去来（boomerang）的手法。南非洲的黑人儿童也是这样毫不费劲地便学会了人生的一切责任。南非土人擅长造陷阱，小孩子很早就学会了。他们在田里守护将熟的禾谷，就会利用捕鸟机。他们把一块石板支在地上，留着45度的角，拿些谷粒放在石板下面，碰到这些谷粒就碰上机括，立刻就让石板压下来，把鸟压死。另有一法是拿一根富弹性的长树枝插在地上，上端系一根绳，打一活结。然后拿这一头弯倒，使那个圈套带住在地面的一个机括上。鸟的头一钻进那个圈套,那个机括就松开,那树枝便飞也似的立直,同时圈套紧了起来,那只鸟便挂在空中。吉德君说:"没有一个英国农家儿童才三岁就能造出这样好的捕鸟机。"在南非洲的一部分地方,儿童在河里捉鱼,在水底泅泳以惊鱼入网,有时候也帮着他们的老辈打猎,代他们兜赶。同时,小女孩子们在家里学烹饪,学粉刷墙,学着在头上顶水罐,以及其他家庭生活中的技能。虽然如此,那些男孩子和女孩子绝不至工作过度,可以一面做事一面谈笑。照规矩,训练只是跟着工作不期然而然地加上来,例如当一个男孩子在雨天出外放牛的时候。

这样的教育制度又见之于北西伯利亚。察克奇族的男孩子到了能握刀柄的年纪,父亲就给他一柄样品,他就渐渐学会怎样用刀雕木头和怎样用刀做兵器。到了十岁,男女儿童都得牧放冰鹿群,获得处理这种好动的动物的经验。他的睡眠时间诚然比年纪大些的牧人多些,但是他必须负起这个辛苦工作的一部分。再过几年,他们就把他当正式的牧人看待。他回家的时候,必须有详细的报告——关于冰鹿、牧场、蚊蝇等的一切情形。

我们自己的教育家在近年以来已经放弃了若干又

重行学习了若干。我们也许不至于像维达人或阿肯巴人那样极端，完全摒绝身体上的责罚，但就今日而论，他们一定更对初民的教育方法表同情，而排斥那甚至19世纪的学校里还风行着的犷野的刑罚。他们一定赞许那些野蛮人的特别注重实际生活之训练。甚至那毛利贵族的古怪教育也还情有可原，如果你承认毛利人的前提。**倘若**你对于法术有坚信，诵习咒语当然成了有广大而普及的功用的学问。尤其是他们以游戏与模仿代替故意的和形式的教诲，更显得十分合今日的潮流。有一位瑞士的学者克那本汉斯博士（Knabenhans），他的话说的不错："正惟那些物质文化最贫乏的部族，成就了许多我们认为最新的教育原理。"我们真不妨问一问，什么叫做"进步"？

第十八章　文　　字

　　谐音（puns）是诙谐之下乘，然而是高等文明之始基。一个民族有文字便算是"文明"，而真正的文字起于图画谐音。

　　许多初民部族能刻画物形，可以辨认；甚至二万年前的法兰西和西班牙的艺术家已经能作野牛和野马的忠实画像，使今日的博物学者毫不费事便认得出它们的种属和性别。可是这种画像也可以用来传达心意，具有文字的功用。平原印第安人在他的帐幕上画一个人使矛刺敌，或赶去一群马匹，凡是熟习他们风俗的人就知道这是一种自传性的记录。换句话说，屋主人向大众宣告，**他**就是画里的英雄。又如约彻尔孙博士在北部西伯利亚旅行时有一次遇见的桦树皮上刻的画，那是人家送给他的瑜卡吉尔族向导的信。画着一条河，一条支流；合口处稍稍向上有几条横线代表鱼闸。那位艺术家的行程在河中画一条线来表示。离合流处不远画着一座坟和一个双十字,这代表路上死了一个人,埋在那个地方。更往上流有三个圆锥形的帐幕,表示在那里住宿过——是暂时的小住,因为更上有两只船和四只划子连成一线表示前进。这两个迁徙的人家有一个又在那支流里出现,有两只船和两只划子。"这个表示那个帐幕里头的人属于两个家族,虽然他们共住一个帐幕。船有舵和桨,划子只有双桨。"(图27)。

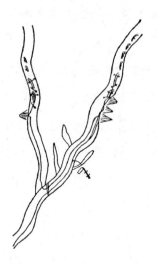

图27 瑜卡吉尔人的一封信

倘若你知道他们的象形制度和当地的情况,你就读得出这一类的书信。但是图画不能表达"上帝就是爱"或"诚实是最佳的政策"这一类语句。图画不能容易而且清楚地表现事变之先后。拿上面那封信做例，读者怎样能知道那些搬家的瑜卡吉尔人先住在大河边后住在支流上呢？其次，甚至是最具体的东西也往往不能用图画来清清楚楚表示。一个圆圈可以表示太阳，也可以表示月亮、一队帐幕、一个铁环、一个圆盾、一个小钱。倘若你画一个新月形来代表月亮，问题又来了，你是泛指月亮呢，还是专指新月或残月？再说，一块干酪烤面包或一个细肉包子又怎能画得叫人一见就认识呢？

然而，除口语或手势以外，凡有达意的企图，几乎无不借助于图画，这对于人类的心灵实在是个不甚恭维的评语。少数民族，如墨西哥的阿兹特克人，略为进步些。至少能写出人名地名——**用谐音法**。倘若一个名字能拆成几个音，每个音可以马马虎虎用画得出的物件来代表，把这几个画连贯起来就成了那个字——这就是我们字谜（rebus）的原理。例如卡门（Carmen）这个名字，可以用一辆汽车（car）和一群人（men）来代表。又如鱼胶（isinglass）这个字可以用三个图来代表——先画一只眼睛（eye＝i），次画一个人张开了口（唱歌 sing），再画一只酒杯（glass）。

有了这个办法，阿兹特克人就不独能表示具体的物件，随便什么意思都能拿**声音**符号来表现了。这不是字母拼音法（alphabetic method），因为阿兹特克人分析声音只到整个的音节为止。但是倘若他们能够给他们语言中所有音节都定下一个标准符号，他们也就可以造成一种系统完备的文字。但是事实上他们没有达到这一步，仍然不能不靠图画。

巴比伦、埃及、中国，比阿兹特克人更进一步，都能够把他们各自的语汇由图画约为文字，但是这三种文字无不以谐音为最重要的原理！伟大的文学以及文学的影响都起源于此，可算是出身微贱了。而且世界上系统完备的文字，无一不能溯源于这三处地方。好像不是一切民族都生来便会使用文字——连那些现在（自命为）当进步之先锋的民族也没有这种天赋。反之，却充分表现了人类的惰性，各个社会辗转假借，遇到绝对必要的地方才加以修改，可以不改总是不改，那种惮于改弦更张的心理简直有点儿病态。甚至上面所说那三个古民族也许相互间有过泛概的影响，虽然这三个系统的细节绝不相同。埃及和巴比伦的文字都是在公元前 4000 年至前 3000 年的时候发展起来的，同时我们知道有其他文化特征曾经在这两个地方流通过。

中国人从前的住处在比现在更西的地方，和巴比伦文明的边站接触。虽然这个还不能证实，一种模糊的使用文字的冲动也许曾经从巴比伦人传给中国人。打个比喻，现在有一个人开始创造一种新的速记法。现在通行的各种速记法，他也许一无所知。但是他大概知道现时有速记的技术，还知道把元音省去不写和把几个字连写成一个字可以加速；这种知识对于他的发明品不会不生影响。同样，公元前2500年顷的中国人也许从西邻采取一种意思，使许多图画具有一个标准的意义，虽然它们的形象尽可不同。同样，他们也许转借谐音这个有趣的意思，这是和简单脑筋一拍就合的。

我们确确实实知道的，是旧大陆所有文字都是从上述三个系统转借而来。在巴比伦，苏末尔人最先在一种纸的代用品上面凿符号，后来改凿为压。他们从古便用芦苇为笔，用软泥为纸。他们最初画出物体的真实轮廓，如鱼之类；至少也用一个有角的头来代表牛。后来这些记号成了楔形，不复像天然的物体。总之，一套约定俗成的符号出来了。可是，像墨西哥一样，他们懂得谐音的办法，就能以音表字——有同一限制：单位是整个的音节，不是比音节更简单的声音。但是这个已经很可以对付，到了公元前2800年时，亚卡人（Akkadians）到了巴比伦，就把这些谐音符号借了过来。虽然他们说的是和苏末尔话完全不相近的一种塞米系的话，他们能够用苏末尔音标把它写出来，正如我们能够勉强用英文字母来写别种语言一样。每逢亚卡语里一个字说起来像一个苏末尔字的时候，就叫那个旧符号担负这个新意义。英语里也有类似的例子，中世纪时代的伦敦人听见国王路叫"Route du Roi"，他们就管这条路叫"Rotten Row"，这在他们耳朵里是有意义的，可是和原来的意义大不相同了。

亚述人（Assyrians）沿用公元前9世纪的亚卡人的文字；而前6世纪出头的波斯人却大大地借重巴比伦文字的后起的一式。

无论埃及的文字是否和巴比伦的各不相谋同时并起，或比巴比伦的发生得更早，总之它比巴比伦更进步，后来竟开创了新的方法——结果证明在后世的文明里头占极重要位置的方法。像阿兹特克人和苏末尔人一样，埃及书记以象形图画开始：像他们一样，他应用谐音法，因而发现**拼音**文字的原理。像苏末尔人一样，他应用这个原理的办法以制定以音节为单位的符号。但是他更进一步把音节再分拆成真正的字母，这种字母他后来有了24个。所有辅音都有了符号，元音则听凭读者去揣摩。

假使埃及人是大胆的改革者，他们现在应该把象形画和音节符号束之高阁。但进步绝没有这样快，所以他们双管齐下，一面写辅音字母，一面还是不放弃那过时的象形字。他们不肯充分信任那崭新的玩意儿，所以用字母拼写一个字以后，还要在背后附一个象形符号——正如我们写了一个 man，再在后面画一个人，庶几不至于误会。

可是，基础已经奠定了，到公元前 1000 年左右，守旧性较弱的腓尼基人从埃及人那里学写字，他们就只借用那一套辅音字母，不取那些象形画或音节符号，什么意思都用 22 个字母来表示。元音还是略而不书。最后，希腊人遇见腓尼基人，从他们手上把字母学了来。在这些字母里头，他们发现有几个符号所代表的声音是希腊话里头没有的。他们并不把它们革掉，却叫它们做那本来阙如的元音字母的工作，这样一来，第一套**完全的**字母才出世。后来罗马人把它略略修改了一下，便成为我们字母表的基础。

中国文字有几点独具的特色。它能够写出完备的词汇；然而它完全不是字母式，甚至不能说是完全的拼音式。像其他较进步的文字一样，它以象形画为根，后来一个个字都程式化了。遇到像"干草热"(hay-fever)或"圣餐变质"(transubstantiation)这样的字,中国人当然也不会比别的民族本领大些,能有写实主义的写法。他们度过这层困难,一部分是用物体的形状来代表抽象的观念:塔形表示"高",一人两足相交表示"交"。(译者案:此六书之指事。)可是他们也不免要应用谐音法,例如,你有什么方法表示"来"的意思,能把"来"字写得不至于被人念做"去"呢?好,"来"音 lai,而 lai 又指"麦";所以画一棵麦又可以指这个字,又可以指那个字。(译者案:此六书之假借。)可是在古代中国文里头,这不是一个好办法,因为容易引起两可的疑义,又因为当时声音相同可供假借的字的数目还少,不够流通。所以文士们又想出一个对付的方法:他们把两个或三个简单的图画连合起来代表由此而生的联想。例如一个女人和一个孩子合起来表示中国人的幸福观念——"好"。同样,两只手画在一处表示"友"。(译者案:此六书之会意。)

但是还有困难:这样恰当的连合字是不容易造的,绝不能成千成万地发明。于是中国人又乞灵于谐音,可是这一次的方法比前次精巧。从前的画谜法有一个缺点:不十分清楚。倘若你拿"村庄"和"大拇指",

用同一符号——"寸"——来代表，读者知道你指哪一个呢？为补救这个缺点起见，中国人现在写两个字——一个字是大拇指的图像，同时代表这个声音；另一个字则加一"木"旁，木是建筑材料，这就表示不是指大拇指，是指有房屋的那个东西。这样一来，声音多少有些相同的一系列的字就能够很轻巧地辨别：例如 fang 这个声音可以指"方块"，也可以指"城坊"、"纺织"、"访问"，乃至"钫"、"枋"。后面这五个字全都含有旧时的方块的象形，这是发音的指南。但城坊的"坊"加"土"，纺织的"纺"加了"纟"即"丝"，其余类推。这个结合法是解决一切困难的一个简便方法，所以中国文字的百分之九十是应用这个方法造的。（译者案：此六书之谐声。）

中国人就这样发展出一个局部拼音的制度。他们不是严格的语音学家，他们把 kung、kiang、kang 当作一个音看待，用一个符号来表示——"工"、"江"、"缸"同从"工"为声。而且，字形固定了以后，千百年没有改变，而发音却渐渐改变了。因此，从前是可以当作声音的真实标记的东西，往往不能确切代表今日的发音。

文字的历史是人类的愚蠢之冷酷注脚。我们平时顶珍视的文学、哲学、科学，十之八九离不开文字。然而自始至终——而且我们简短的叙述还把这个故事丢了一半——人类在胡乱摸索，倔强的骡子似的咬住不合用的方法不肯放，懒懒地等人家干好了才借来用。甚至希腊人，根本要件也还是从人家手上得来的，他们的贡献也是瞎猫碰死耗子似的碰上的。而从图画文字进步到**声音**文字的动力却是人类的谐音为戏的低级诙谐趣味！

第十九章 艺　　术

赤身露体的野蛮人在身上刺花纹，在嘴唇和耳朵上穿孔塞塞子，在脖颈上、臂膊上、脚骨上套些铜环，弄得累赘不堪。干什么？要漂亮啊。他们费许多光阴去镶嵌彩色的宝石，设计种种图案以装饰他们的陶器，或在靴鞋上绣花。盛肉脯的牛皮袋上画着三角形和正方形。篮子上也有花饰。船头或船尾上显示着精细的螺旋形花纹（图17）。有些地方不但实用物件加上装饰，并且有为艺术而创造的艺术，例如西伯利亚的科利亚克人（Koryak）的象牙和木头雕刻，刻成海狮、雪车、力士、鼓手等形象（图31，32）。

可见爱美之心，四海相同。不仅是四海相同，而且是古今一辙。欧洲的青铜时代留下些奇形的七尺长的伸缩喇叭，暗示着那个时代的古人也有些懂音乐。同时代遗留下来的有大型的青铜别针，装饰着繁复而无实用的螺旋形。在比这更早的石器时代，人类便已浪费许多光阴去磨光石斧的两面，而实用的却只有斧的锋刃。甚至在这以前，便已经有了敲琢得很美观的树叶形石刀（图23）；在更早得惊人的一个时期，粗陋的石斧便已让位给更精美的两边均齐的石斧（图3）。真正的彩色画也至少可以追溯到法国南方和西班牙北方的冰鹿猎人——大约距今两万年；有几个山洞里头所保存的壁画大家公认为写实主义的杰作。

总而言之，艺术的嗜好实为人性中的若干根深蒂固代远年湮的因素之一。

迂夫们不能明白这一点。他们坚决主张，美术乃实用之从仆。西班牙诸洞的绝佳的画幅自有其本来目的：那些画家在那里施展"仿致法术"（imitative magic）。近代的朴卜洛印第安人要天下雨便画一大片乌云，外带雨滴，同时挥舞一根木棒以拟雷鸣。那些荒古的画家需要食物，为求出猎有获起见才画出他心目中的兽类的图形。

这个话听听似乎有理，但是无论那些荒古的画家是否怀有法术的目的，这对于**艺术**的起源丝毫无所解释。因为术士并不需要永久的纪录。中古的巫师造一个人像，用刀刺破它或用火把它烧了。野蛮人也是如此。那些远古的猎人,在沙土上画一头野牛,当胸刺一下,不也就够了吗?近代的澳洲人希望某种昆虫繁殖就在沙土上画些虫蛹的形状,他觉得这已经够了。但是古代洞穴中的艺术家犹以此为未足。他们不满意这种随时可以抹去的东西。他们发展出一种异常写实的画风(图28,29,30),而且随作画经验之增加而

图28 古西班牙壁画,在今加斯德伦(Castellon)省。
　　　一猎人追逐两鹿,一鹿未画全。

图29 飞奔的野猪。 西班牙,阿尔太米拉 (Altamira)。

图30 野牛。 西班牙,阿尔太米拉。

改进其技术。在初期,只用一种颜色;后来就红黄棕黑诸色出现于同一画幅之中。**这个**才是我们要求解说的一点,正惟这一点乃法术动机说所不能解说。弄巫术的人尽可以拿大概相似之物供应用,为什么要这样小心谨慎地求解剖学上的正确?为什么不用线条而用颜色?为什么前期的画只有单色而后期的画有多色?

明显的事实是:那些古代的艺术家以技术与美感为指归。他当然也能够把他的艺术和法术的目的相连,但当作艺术而论,它是一个独立存在的东西,不能说它源出法术或任何其他物件。在欧洲,有无数个圣母现身于油画,但油画并不起源于圣母之信仰。

迂执的人又曾给音乐一个实事求是的说明。军乐队不是整齐军队的步伐吗?好,在任何合群的劳作里头音乐都有这种功能,有了整齐的节奏来指挥工作的人,无论是打稻、舂米,或划船,就都可以起落一致。这就是唱歌和击鼓之所由起。这个也似乎有理,可是经不得严正的思考。严正地思考一下,这个议论就站不住。节奏不是音乐的全部。为什么依节奏的**杂音**不能像悦耳之音一样地有效呢?倘若所取仅为节奏,除鼓以外怎样会产生他种乐器呢?再还有那些和任何有益之事无关的歌曲——例如美洲印第安人的无数赌博歌——又有何词以为说呢?

可见艺术这一道非被认为人生的一个基本事实不可,而且,和文化的其他部门一样,在人类以下的生物中你找不到它。黑猩猩不会雕刻和绘画,也不会做诗,它们的呼啸也算不得音乐。但是鸟类呢?百灵和夜莺不也嘤唪悦耳吗?是的,可是它们的音乐不是我们人类所谓音乐。它们诚然有悦耳的鸣声,但是只有人类能把捉多个声音间的**相互关系**,而这是最重要的关键。鹦鹉能学会一个曲调,但是岁岁年年老是唱那一调,不会高一调,也不会低一调,除非是由于偶然。这就是重要之点所在。**凡**人类都有抽象思维的能力,能把多个乐音当作具有一定音程的一系列之诸分子。无论是用次中音来唱或用低音来唱,我们感觉那个旋律还是那个旋律。当南太平洋的土人或美洲的印第安人在留声机片上收音的时候，他们完全听音准（Pitch-pipe）来决定调子的高低；换句话说，**他们能够把整套的声音当作一个单位来变换调子**，这是任何禽兽所不能为。可见音乐也和其他艺术一样，乃人类所独有。

但是人类之所有种族都秉有同等的天赋吗？骤然一听，这好像是一个荒谬的设论。姑置欧洲以外不说，英国的大作曲家在哪里？你能怀疑德国人的音乐天才——他们有巴赫，有莫扎特，有贝多芬，有瓦格纳，有布拉谟兹——高出英国人之上吗？岂仅怀疑，简直能完全证明此言之不实。有两个不同的而能互为佐证的论据。第一，德国的优越是很近的事情。几百年前它也颇为落后——确实在荷兰和意大利之下，甚至赶不上英国。莫扎特生在18世纪，还没有能摆脱意大利的传统。就人种特点的发展说，三五百年绝对没有什么影响。所以，倘若1400年的德国人不擅长音乐而现今擅长了，那么他们在这方面的成就便和遗传无涉。

其次，我们要问，在人种上说，英国人和德国人的差别又如何呢？英国人和德国人都含有诺迭克成分，在英国则与地中海种相杂，在德国则与阿尔卑斯种相杂。因此，如果英人和德人的音乐天赋有不同，那就是由于地中海成分和阿尔卑斯成分之不同。这是按逻辑得来的结论，可是我们越思越想越觉得这个结论的不通。英国人的艺术天赋之薄乃因为他们和古希腊人共有同一人种的成分！在他方面，倘若阿尔卑斯成分使德国人居上风，为什么法国中部和意大利北部不显示德国那样的音乐天才呢？这两处地方的阿尔卑斯色彩至少是和德国南部一样的浓厚啊。

这些谜语之不得解决，只是因为开头就把这个问题看错了。我们要老老实实承认，音乐的才能，虽然在个人是得之于天，在家族是亲子相袭，但不为任何**人种**之天然禀赋：只要承认了这个，一切困难就都迎刃而解。在过去一时期中，德国社会在系统地提倡音乐训练，而英国社会则否。在这一国，天赋才能有自由发展的机会，在那一国，简直找不到什么同情。这是最简单的解释——能切合事实的惟一解释。

希腊的艺术又怎么样呢？也适用同样的解释。早期的希腊绘画和雕刻是呆板而粗率的。公元前8世纪的陶瓶上所绘人物不会比二万年前的西班牙石壁上面的高明。至于鸟兽的图形，简直还赶不上那些初民：马是画的侧面，可是四条腿完全显露。一世纪之后，仍然有躯体是正面而两腿是侧面的人像。一直要到公元前500年左右，希腊人方才会画一个从各方面看来都正确的人像。可是他们还没有能在雕刻方面完全解决这个问题：要雕一个战伤的武士的牵扭不正的形体仍然很困难。可是在短短的一百年之内就产生了希腊艺术的黄金时代，这究竟是怎么回事呢？有人高声大喊，说公元前530年至前430年间雅典人的生殖细胞与公元前530年以前和前430年以后的都有些不同。无疑，就**个人**而论，这种差异是有的，虽然没有人说得出为什么那个时期的天才特别多。可是，要说是雅典人的全体在一百年内一变而再变，不能不说是荒谬之谈。英国人在前一时代产生莎士比亚和那些伊丽莎白时期戏剧家而在后一时期产生蒲柏（Pope）等人，难道也是因为当时英国人的生殖细胞里头一会儿多了一种因子一会儿又少了它的吗？难道他们的**人种**里头还有别的因子必须变换过然后华兹华斯（Wordsworth）和丁尼生（Tennyson）才能出世吗？我们不知道为何文化要这样变动，但是我们确实知道和文化比较起来人种是常而不变；以不变解释常变，这是浅薄无聊的欺骗。

让我们再来看另外一种艺术。欧洲的音乐以和声为基础，其他各地都只有旋律。这是由于人种上的能与不能吗？不然，因为和声学是1300年至1600年间发达起来的，古代的希腊人也还没有这个玩意儿。可是，倘若我们不能用生殖细胞来解释这种根本差别，人种的解释就大可不谈。例如，美洲印第安人的乐器非常简单，只有木笛、芦笛、鼓、摇鼓和一种以刮刀磨刮发声的列齿木棒。非洲黑人的乐器就比这丰富些，他们有角、竖琴、七弦琴、木琴等等。印第安人没有琴而黑人有，难道黑人的生殖细胞里头比印第安人的多一种"弦乐器"的因子吗？还有，锡兰的维达人一种乐器也没有。难道他们的生殖细胞缺少一种音乐的因子吗？只要懂得人种说之具体的意义，自然就认识它的无用。为什么贝多芬出现于德国，我们不知道。这不能用诺迭克遗传来解释，因为就这一点说他更应该出现于瑞典，也可以出现于英国；也不能用阿尔卑斯遗传来解释，因为就这一点说他更应该出现于法国中部。可见他的成就不由于民族的种性，而由于**个人**的天赋。但是，贝多芬之所以能迈越前修也不完全由于他的天才之高。"贝多芬比海顿和莫扎特多占一点便宜，当时的管弦诸器的乐手们的能力和技术已经大大地进步了。"这是最近于实际的解释。伟大的天才具有他人所不具有的背景。他**个人**的能力和他当时**文化**的技术，这两个因子造成一个贝多芬，缺了一个都不成。

初民在艺术上也曾有过什么有价值的建树吗？——有过照**我们的**标准也当得上一个"美"字的东西吗？有的，而且在许多部门里头都有。但是，和在工艺方面一样，初民大抵有一种狭窄的专业主义，长于此者往往拙于彼。古法兰西的画家虽然走兽画得很好，人物就全然不行，也不懂得整幅的组织。反之，和他们同时代的东西班牙的画家便擅长画日常生活，留下许多动人的画幅，如射者发矢之图、猎人逐鹿之图（图28）、诸女环绕裸体男子跳舞之图。可是，虽然这些艺术家能着眼于新题材，他们却全然不注意写实。人物画的虽多，在解剖学上看来，无一不是怪物——没有眼睛没有鼻子的侧影，挂着两条异常长或异常壮的腿。然而他们的画里充满着活泼泼的生气。所以，这两个先史时代的画派的分别乃是所怀理想的分别。两派各自发展各自的原理，你不顾我，我不顾你。

倘若用现代的标准来批判，法兰西那一派壁画艺术是卓越的，在写实方面尽可以和现代的动物画并驾齐驱。奔轶绝尘的野兽也能很正确地画出，而欧洲的画家却在照相术通行以前一向都把奔马的姿势画错了。这些荒古的写实主义者还不会耕田，也不会做陶器。但是在艺术方面他们却远迈许多更文明的民族。公元前5000年的埃及人在一般的生活上比他们进步得多，但是他们画的猎狮图和那些古代壁画比较起来简直幼稚得可怜。加德内女士（Miss Gardner）在她那本《古今艺术》（*Art Through the Ages*）里说得好："我们所以能绘画，乃因有希腊人的遗教。"那些先史时代的壁画家，没有受到希腊人的教诲，却学会了佳妙的绘画。

正如古法兰西的居民之善画，那不识文字不知耕种甚至几百年前还不知畜鹿的科利亚克人也出人意表地擅长雕刻。早期的希腊雕刻家从埃及人学会雕刻，遵守他们的程式，雕成的人像全是正面的，僵直的，两臂垂直，左足向前。前人把迈伦（Myron）有名的"掷铁饼者"雕像当作雕刻上的一大革命，确有道理。可是，那些无师自通的西伯利亚人却把这迷难古人千百年的问题解决了。他们的鼓手像（图31，32）和角力者像的屈曲的肢体，以及法师像脸上的狂喜的光辉，都是雕刻之技的绝顶造诣。约彻尔孙博士击节叹赏，说："背部的曲线，背部和腰部的紧张的肌肉，无不一一曲达，具有解剖学上的正确性和写实主义的逼真性。"

图 31　鼓手像　（西伯利亚土人雕刻）

图 32　鼓手；钻木者　（西伯利亚土人雕刻）

甚至在音乐上，野蛮人也有所表现，不如初见之贫乏。当然，时至今日，他们和我们中间的距离是很大了。可是让我们退回几个世纪去，情形便大异。我们18世纪初年的祖宗的乐队（管乐和弦乐）也就简陋得很。至少在量的方面不比东非洲的黑人强多少，他们也有喇叭、角、鼓、笛、木琴（图33）、竖琴、曼多林！那乌干达曼多林现在已经废了，从前却常常用来奏歌曲歌颂国王的光荣，至于竖琴则用来伴奏情歌或酒歌。国王和酋长都畜养着笛子手，伴着鼓手奏进行曲。鼓则用以宣告生与死，战争与胜利；有一位国王备鼓至93种之多——各有各的名称！笛和木琴都有两部合奏，那些酋长所养的军乐队也往往有八支或十支角，各自吹出不同的声音。就一般的非洲人说，独唱往往和合唱相更迭，从这里面产生一种复音的音乐。欧洲中古时代的情形也就与此仿佛，那时候欧洲人还

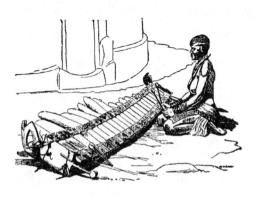

图33　黑人奏木琴

没有和声的观念。在原理方面,土人只比白人落后几世纪。可是在另一方面野蛮人却驾白人而上之,比白人复杂。美洲人一面唱歌一面击鼓,却各有各的节奏;你试试看,准办不到。西非洲的黑人也会一面唱歌一面以鼓多面伴奏,每一面鼓有一种节奏,同时有人鼓掌,却又是另一节奏,有训练的白种音乐家莫不称奇不置,觉得难以索解。

在绘画、雕刻、音乐等方面,初民确有了很好的始基,虽然他在工具方面、材料方面、科学知识方面都不及文明人。在文学方面,野蛮人和文明人的凭借本来就相等。无论哪一种初民语言,所含词汇都足以表达使用这种语言者的全盘经验。所以任何简陋的民族都有在诗文方面建树成绩的机会。

初民是没有文字的,我们却谈论他们的"文学",这不显得矛盾吗?可是我们要知道,荷马的诗写在纸上不见得比唱在口里更好些。所以那些南太平洋岛民,非洲黑人和美洲红人口口相传的故事也尽可以比之《星期六晚邮报》(*The Saturday Evening Post*)里所载小说而无愧色。在全体的结构和个别的插话上都很像我们的童话,或则叙说食人的巨人骚扰地面,后有英雄出世,或以巧计,或恃神勇,终于把怪物扫除;或则描摹绝色美女，以美骄人，凡来求婚者俱遭白眼，却终于受到应受的谴罚；神鬼们援助贫苦而奋发的儿童，使他终能飞黄腾达；文弱而狡黠的野兔战胜愚笨的河马；惯以巧计害人的人却踏入自己的陷阱，闹了个请君入瓮。

有时候你会觉得他们缺乏创见。不独每个部族各有常用的主题，同一主题又往往在相距颇远的地方重复出现。甚至细节亦有雷同。威斯康辛印第安人有一洪水神话，述一海狸没入水中求得土地，没有能达水底便中途死了。麝鼠继之，从水底捞得少许泥土，由此重造大地。这个故事传播甚广，东抵大西洋岸，西达太平洋岸，其间甚少变化。有些地方说那成功的动物不是麝鼠而是乌龟，另外有些地方说是虾蟆，但各处的传说里都有几度尝试，先失败而后成功，成功者所得泥土也总归是一小撮。有变化的只是一些无关紧要的细节。

这样的东西实在很单调。然而文明人的小说又怎样呢？不也是一套套老调吗？无穷期的三角恋爱，责任与欲望的冲突，恋爱着的青年对于愤怒的父亲的讪笑——有几篇小说能超脱这些窠臼？露骨地数说一下，人生的基本事实真是有限得很的，无怪乎写实主义者

非拿它做主题不可了。倘若命运——或神——钟爱寒士,他就会飞黄腾达,他的生平也就给实际上含辛茹苦的人许多安慰。强有力的笨伯的确常常输给荏弱而智巧的对手,饕餮与登徒子的确会成为众人嘲笑的目标,儿童背叛父母,老婆跟人逃走。这些都是任何正规的人类社会中天天发生的事故,怎么会不在小说中三番四次地出现呢?

　　事实上,野蛮人的故事不独反映实际的人生,也给幻想有自由发抒的机会。复次,任何特殊的插话诚然会传播四海,但任何民间传说之汇集无不有其独创之点,为他处所无。有的非常突梯滑稽,有的非常乔丽辉煌。北美土人有一个故事,一个猎人把脚削尖去刺他的同伴。另一故事中不贞的妻被丈夫砍了头颅,那头颅依然能鞣革,并就地旋转着追逐她的子女。有些部族的传说中的智囊每逢智虑穷竭便问计于粪矢。在亚利桑那,天上的诸神以云为衣,以日光为带;坡里尼西亚的爱人常常骑虹登月。

　　野蛮人也会作长篇叙事,可以拿夏威夷人的《拉依埃卡瓦依传》(*Laieikawai*)为证。这个故事的篇幅和我们的长篇小说不相上下。有姓有名的人物有40个,并且和陀思妥耶夫斯基的小说中的人物相似,时隐时现，聪明的读者最好是给他们列一张表。结构自然是散漫的。只是一段一段的事迹随意地联结起来，重要的角色也会神龙似的见首不见尾。可是欧洲文学中也不乏此例。菲尔丁（Fielding）是写实主义者，他也会叫驿车的乘客当车过某女之门时历述此女之伤心往事，连情书都一字不漏地一封封背出来！萨克雷（Thackeray）的"列位看官"和艾略特（Eliot）的道德立场的议论，也都已成为人所共知的特色。德国和斯堪的那维亚的小说家也往往以抒情的章句来代替叙事。总而言之，谨严的结构是出世颇晚的东西，就是现今亦复不数数觏。这个问题确有些难于索解，令人回忆人类的政治方面的努力：他能得到安宁**或者**自由，但无力兼获二者。做小说的人，无论文明或野蛮，能把简单的故事叙述得娓娓动听，可是野心稍一扩大，立刻就糟糕一团。所以我们最好别十分责备那些夏威夷人。

野蛮人的散文很接近诗歌。以下是一位克洛族的战士在烟草礼里头诵说的词句：

> 他们出去行劫。我也在里头。他们向敌人冲击，他们杀死了几个敌人，我夺得一支枪。于是

我转回家乡。我一路回来,看见你们种的烟草长得很茂盛,周围的野樱也很茂盛。行行重行行。到了我们的营地,营中无一病人。你们都在这里平安地收获烟草。

当克洛人拿白牛皮祭太阳的时候,他也有一套多少有些定式的言词,其中颇有节奏:

父亲的宗人啊,我给你做好一件袍子,拿来献给你。你得保佑我。愿我的戚族和我平安地活到来年。愿我的子女加多。我的儿子们出去打仗,愿他们能多得马匹。我的儿子出去打仗时,愿他涂黑了脸(战胜)回来。我出去行猎时,愿风吹我面,野牛迎我而来。愿今夏百谷繁茂,樱实累累。愿冬无邪寒,不罹疾病。愿我能见来夏的新草,愿我能见阔大的草叶。愿我能见草叶凋零,愿我能见雪花飞舞。愿我能见新春,愿我和家人都能平安度此一载。

以下为苏必利尔湖滨的幻见者(visionary)自述经验之词:

我梦见万物——梦见世间的一切；梦见海水太阳与星辰，梦见天空诸景象。我梦见天上的神灵，神灵召我告语，告我将来之遭遇。星辰上的诸仙——祝福于我，天上的仙人祝福于我；诸仙携我御风而行，悬行大地之上，示我天宫诸景，示我以梦中所见的天宫。

真正的初民诗歌是唱着的，仅仅玩赏词句绝不足以尽其妙。更有进者，言词所蕴之美亦非我辈所能把捉。他们的语言和我们的语言相差太远了，哪怕是最精细的翻译也不及原文远甚。然而凭着直译的字句，佐以原文的对证，我们也就可以窥见一些内蕴之情与表现之美，其本质和我们自己的诗歌初无二致。

瑜卡吉尔少年有如下的情歌：

她的皮肤白如雪，
她的眉毛黑如墨，
她的头发软如丝，
她的光辉如皎日，
我要急急去相就，
和她永久不分离。

少女的感情也有如下之发抒：

> 我们的帐幕分离时，
> 我凝视他的后影。
> 他高大如山梣，
> 他的头发掩盖两肩
> 如松鼠的黑尾。
> 他的影子望不见，
> 我走进帐幕来偃卧。
> 啊！春天是怎样的长？
> 可是黄昏终于来到，
> 在帐幕的缝隙
> 我窥见我爱走来；
> 他走了进来
> 对我凝眸，
> 我的心融化了
> 如太阳底下的雪一样。

下面一曲的情绪便全然两样，这是一个格林兰的爱斯基摩女子采莓子时唱的：

> 我在山头采莓子，
> 我的心中大伤悲。
> 日照山头，
> 我心伤悲。
> 我心伤悲，
> 远见海水——
> 海水恬静何美好，
> 所欢持桨方就道——
> 我采莓子于山头，
> 我的心中大伤悲。

坡里尼西亚人的社会比格林兰人复杂，他们的诗风也受影响。凡贵族都以门第自豪，他所豢养的歌人也就把恩主的世系背得烂熟。"背诵酋长们的世系使他们感情上得到极大的满足。"所以夏威夷人见了《旧约》上的世系表如鱼得水，背得烂熟，说是圣书中最美的篇章。当歌人的必须把他恩主的世系记得一字不错，因为错了一个字也许就要送了他的命。无怪乎坡里尼西亚人会有绝顶的记诵功夫了。曾经有人把夏威夷岛和瓦胡岛的同一首长歌记录下来，618行里头竟没有一行相异。

长篇的世系表定下一个模式，其他可列举的事物也就成为众人所好。夏威夷有一个故事，其中故事的成分很少，大部分是一位青年旅行家所见地名表。在诗歌中这种地名表更形重要。我们不觉得这种东西怎样美妙，可是当地土人觉得妙不可言。

　　坡里尼西亚既有专业的歌人，诗歌的技术也便复杂起来。诗法甚繁，文字也以华饰相尚，喻辞也多得了不得。比武的贵族被喻为雄鸡：他们头上的羽冠和他们战船上的红色的桨就比如雄鸡羽毛的动作。这三样不全是红颜色，并且一上一下地动着吗？

> 夏威夷是斗鸡场，雄鸡们在场中争斗。
> 酋长在斗——深红色的雄鸡半夜里也醒来作战；
> 这个青年斗得很勇敢——罗埃奥，刻奥阿之子。
> 他磨砺他的距，他奋喙以啄；
> 他扒搔战场——这个希罗——威奥拉摩沙地。
> 他是肥硕的雄鸡。这位酋长是完全的，
> 在烟屋里头取暖。直到烘干的羽毛沙沙作响，
> 颜色时时变幻，犹如五彩的船桨，犹如磨光

的伽希里之堆,

　　他奋距向前搏击时那羽毛只顾一起一落。

以下为夏威夷人公认为佳作之另一例。这是《拉依埃卡瓦依传》里头被弃的姊妹们的哀吟:

　　我们的哥哥,我们的主,
　　神圣的哥哥,
　　至高的,至亲的!
　　你在哪里,唉,哪里?
　　你和我们,(从前)这里跑到那里,
　　你,远行者,
　　我们,从行的人,
　　沿山崖,傍水湾,游泳着,
　　在威哈牢洗过澡,
　　威路阿地方的威哈牢;
　　我们现在无人爱了,
　　你现在不爱我们了,
　　不爱你的同伴,她们跟你渡过海洋,
　　渡过大的浪,小的浪,

渡过长的浪，短的浪，

渡过长背脊的海浪，

她们跟你在陆地跑，

穿过林莽，

经过黑夜，神圣的可怖的夜，

唉，回来！

唉，回来，可怜我们！

听听我的哀求，

我，你顶小的小妹妹。

你为何要丢弃，

丢弃我们

在这种荒野？

你在我们前面开过路，

我们跟在你的后面，

人家都知道我们是你的小妹妹，

你啊，你就息了你的怒气吧，

抛了你的冷酷的心，

给你的小东西们一个吻，

愿你路上平安。

这当然比爱斯基摩人的诗繁复得多。可是以诗而论，是否比那爱斯基摩采莓女子的诗好些呢？这首诗里头有许多技巧是爱斯基摩人所不知。复句来得更细密，对句也未尝无意味。但是矫饰之处令人不快。另外有些诗篇专门罗列些地名，又在谐音字方面弄些狡狯，坡里尼西亚人惊为瑰宝，在不是幼习此体的人却往往只觉得讨厌，他们也许觉得还是格林兰人那种纯朴的诗风较为可取。可是这也和先史时代的法兰西画派和西班牙画派一样，是一个趣味与理想的问题。这里也是目的不同的两个艺术派别，他们的产物是不能用同一尺度比量的。

索马里兰以及附近一带的非洲土人也有职业的歌人——到处行吟娱客。所以也和南太平洋那里一样，技术便繁复起来，也许是受了阿拉伯人的影响。下列是他们的佳句的一斑：

> 你若是胡椒，我便是芥末。
> 你若是一根针，我便是一把刀。
> 没有血的梭枪算不得梭枪！
> 没有接吻的恋爱算不得恋爱！

> 上帝造了蟒毒，也就造了解药。

上帝造了恋爱，也就造了忍耐。

这里确有真实的技术。可是徒事藻饰而内容空虚的毛病也就接踵而至。这些才子不肯以协韵自足，醉心于字面上的狡狯，迷恋着无意义的铿锵。

这一个特色也许来自于阿拉伯人，阿拉伯诗人是最重视这些把戏的。他们做诗有许多规定的格律，名手会在一首诗里押一个韵押到 90 个字。他们又造出一种固定的诗体，名为"伽息体"（Gaside）。此体以爱人之哀诉开端，突然转而吟咏歌人的骆驼，又转而抒写山川景物，往往插一段勇士比武，而殿以赞美恩主或其部族之颂词。这种诗体真是做作得厉害——犹如我们伊丽莎白时代的商籁大套（Sonnet cycles）。那个时代的英国诗人也没有择题之自由。他必须先赞美他的（实际的或空想的）情人之绝色，转而慨叹天下美色之易衰，而引诗歌之不朽相比照，继复申诉相思之苦……凡作商籁体者谁也不敢不守这预定的程式。

艺术内容之增益也和粮食、工艺发明或文化之任何其他方面一样，是往往出于偶然的。装饰图案之发生往往不由设计而出于自然，先不为艺人所知，后来被他们发现了，才有意模仿它们。举个例，平原印第安人的妇女往往在牛皮袋的边上画出一块长方形，在里面画一个两等边三角形，涂以颜料。这么一来，剩下来的空地自然便成了一个 K 字形。那三角形是有意画的，这 K 字形是无意中出现的，可是一样的显明触目，所以后来也成了另一常用的图案。再进一步，拿这种内含三角形的长方条子两条对称地合在一处，当中便自然显出一个滴漏形，于是又添出一个独立的图案。这样就增加了两种新的图形，都是得之于无意的（图 37）。

编织工有时也产生意外的花式。倘若一经穿一纬以编篮，结果不但编成一只篮子，同时也就造成一种棋盘格图形（图 34）。倘若经条和纬条的颜色深浅些，图形便更加明显，可以移用在陶器上或别的地方。倘若用的斜纹织法——一经穿数纬——就会造成些对角线，连合起来便可造成斜方形或他种图形（图 35）。有些编织物是用绞织法编成的，就造成极常见的 Guilloche 图案（图 34）。

诗歌里面的特点如协韵之类也会这样于无意中得之。拿坡里尼西亚语这样的语言来看，音类少而多元音，两行诗以相似的元音收尾是极容易碰到的。例如：

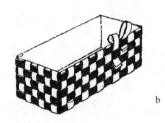

图 34　a. 绞织法造成的 Guilloche
　　　　b. 棋盘格图形

图 35　斜纹织造成对角线与斜方形

Taki taha ngaohi haane mea

Ka tau folau ki he puko lea.

(各人收拾他自己的物件吧,

我们就要坐船到说话的 puko 树那里去。)

只要那些歌人偶然注意到这句尾的谐音,他就会故意地应用起来。

拿近代的事情来做例子，油画术是怎样偷偷地溜进来的，谁也说不出究竟在何年何月。据说维拉斯刻司（Velazquez，1599—1660）是用油做画料的第一人，但是在1440年以前凡爱克兄弟（Van Eycks）已经在荷兰使用这种画术，可是他们也不是创始的人。远在他们之先，画家便有用油的，他们用蛋白调颜料作画，然后加涂一层油以增色泽。渐渐地油色便从附加品升为作画的主体。同样，管弦乐队开头也只是一种唱歌的伴奏，末后却附庸蔚为大国，驾唱歌而上之了。18世纪初年作曲家的使用器乐和使用声乐初无二致。交响乐最初只当歌剧的序曲用。那些乐谱最初只为弦乐而作，间或加上喇叭独奏助助劲。别种乐器逐渐加入，可是好久好久作曲家把乐器这一部分乐谱看得随便得很。这也难怪他们，那些听众一心只在歌曲上，在开场的器乐单奏的时候，寒暄的寒暄，私语的私语，作曲家又何必卖力呢？所以他们只机械地依着提琴索拿他的作风作谱，不去努力发挥各个乐器的特长。他们没有预料到角的特别性质：这是无意中发现的，因为没有人能依着提琴的谱来吹角。慢慢地他们才认识了各个乐器的音色，于是就"从冷淡与随便之混乱产物中诞生了全然新鲜而且极端细密的一支艺术"。

初民艺术也有杰作。科利亚克雕刻家比早期希腊雕刻家还要进步，爱斯基摩人的抒情诗也不比别的民族的有愧色，先陶器时代的动物画更是和现代的动物画一样逼真。野蛮人艺术之所以比不上我们，不是在质的方面有何优劣可分，乃是因为它的范围较窄数量较乏而已。野蛮人在这方面的吃亏也和在饮食、工艺、科学诸方面的吃亏一样。长袖善舞，多财善贾，这是一定不易的道理。在加利福尼亚的印第安人，只有编织这一种工艺能产生美术母题(motif)。有了几十种工艺的地方，新奇的玩意儿出现的机会自然要多得多。一个比一个，也许谁也不比谁强，可是以数量而论这一边却远在那一边之上了。

而况文化之全体都影响于艺术之进展，蛮族的艺术家自然更赶不上他的文明民族的兄弟了。先陶器时代的西班牙画家不知有人体解剖学；米开朗基罗却深通此学。又如以音乐而论，倘若没有近代物理学的发达，使近代的精密乐器成为可能，我们到哪里去找我们的鼎鼎大名的作曲家去？

而且不仅是科学知识的问题。能否审知前人的艺术成绩，这也是很有关系的。法兰西的壁画家没有能从西班牙壁画家在布局方面的成就上得到什么教益。

希腊人的趣味也还狭隘。我们继承了他们纯洁无疵的理想，而继续有所增益。在技术和主题方面开辟一些新的途径，也许没有很大的价值，但是至少能指示出新的发展可能。没有人敢说17世纪荷兰的日常景物画家是早年的意大利诸大师的敌手，可是他们的确弹开了一种旧时所无的新调。我们有文字书简，有博物院和美术馆，这就有了保存文学和美术以遗后人的方法。野蛮人是没有这些东西的。他不知道已经成就的有些什么，可以办到的有些什么。他没有得到观光于一切时代和一切地方的机会。我们的艺术家从希腊人和埃及人学乖，从中国人和印度人学乖，甚至从初民们学乖。技术和理想都现现成成地摆在那里。野蛮人却只能从少数邻人拾取一些零碎。无怪乎他们艺术制作的范围非常狭窄了。真正地说起来，不是蛮族艺术家和我们的艺术家比赛，乃是人类很渺小的一部分和人类的全体比赛，结果如斯，自不足怪。

倘若不大规模地取法于过去和现在，哪一位近代的诗人、画家、雕刻家、音乐家会有这样的成就？倘若没有希腊、罗马、意大利、法兰西的文学，英国文学又将成为何等模样？拿莎士比亚来说吧，这是最好的一个案例，正因为他受的教育不甚完备。他虽然不能多读古典文学的原文,他的朋友有许多能够,再还有许多翻译家可供利用。因此他就能够借用普劳塔斯(Plautus)的剧本的结构,又能补缀旧时的编年史——其中多半已为比他更早的剧作家所利用。甚至他所做的商籁体诗也不是随着他自己的高兴吟咏的,他也未能免俗似的谨守当时通行的章法。

讲到商籁体,还可以再说两句话。英国人开始做商籁体诗是在亨利第八朝。是英国人发明的吗?不是。意大利人在1300年以前就使用这种诗体,威特(Wyatt)和塞来(Surrey)二人不过把它引入英国而已。当时有些作家谨守原来的模式。另外有些作家就像那些西伯利亚人一样,从骑马的民族学来骑鹿之法,却发现他们坐骑不能骑在背部中央,却要骑在前腿之上(见第十二章)。这一派诗家,连莎士比亚在内,就把意大利式的协韵法改造一番,使它和英国人更为性情相投。可是以全体而论,这种诗体还是从外国来的。设若没有外来的刺激,莎士比亚绝不会做商籁体,英国文学也将失去一种重要诗体。

此外还有一个因素——人口。在英国人发商籁狂的时候,仅仅1590到1600这十年之中付印的商籁诗就有2000首以上。没有一个坡里尼西亚或印第安部族会这样多产。这儿，量和质确有关系。有了成百的诗人努力著作，自然会有两三人高出众人之上，在技术和意境方面有所发展。

文艺复兴时代的绘画也是如此。几十个画家涵育于相同的传习之中，就着相同的题目努力，绝不会大家都甘心做前人的奴隶。达·芬奇画《最后的晚餐》时，把餐桌画得和画幅平行。所有人物都画在一条线上：他特别注目于水平线。别的画家就尝试别的途径。廷托勒托（Tintoretto）就把桌子斜放了；提亚坡罗（Tiepolo）仍然让桌子横放，却分几个门徒在桌子的这一面，基督仍然坐在里边那一面。这样一来，看画人的目光就不得不从画的前方投向后方的基督，自然起一种深邃之感。

这种往往出于无意的试验，初民里面也可以遇见。所有平原印第安部族都有在牛皮袋上画三角形和长方形的风气。这个风气只在本区中发生一回，后来才传播到各地，这是不成问题的。然而各个部族的画风却都具有不少个性（图36，37）。怀俄明州（Wyoming）的阿拉巴荷族（Arapaho）把这些图案排列成狭长的格子，蒙大拿州的克洛族的格子便比较宽些。勺勺尼人在中间画一方架，大多数别的部族都不喜欢这个格式。

图36 a. 克洛族牛皮袋之装饰图案 （勺勺尼式）
　　　b. 希达茶族牛皮袋之装饰图案

图37 a. 克洛族牛皮袋之装饰图案
　　　b. K字形及滴漏形饰案之起源

希达茶族和达科他族特别喜欢同一图案的双格排列法（图36）。当初各部族的装饰风格自然有一个始创的人。但是，其他情况不管，单以人数而论，平原印第安人里头的牛皮装饰者的数目绝不及意大利画家的十分之一，所以意大利绘画里头独创的新式也就多得多了。

艺术——爱美的本能，溯源远及石器时代。可是，年岁虽大，青春之气始终不失。实用主义者常常要叫艺术为他事服役。托尔斯泰给道学气质迷住的时候，大斥屠格涅夫的作品——只有《猎人日记》是例外，因为这本书有功于农奴解放运动。由今观之，俄国的农奴问题是多么古老啊，像在三代以上似的！易卜生的作品也是如此。《娜拉》初上舞台的时候，欧洲的激进思想者谁不把它奉为社会的福音？现在，妇女们已经获得许多在易卜生当日谁也不敢梦想到的权利了，这个剧本连最极端的女权主义者也不足以引动了。但是他的心理剧如《博克曼》（*John Gabriel Borkman*），诗剧如《皮尔·金特》（*Peer Gynt*）和《白兰德》（*Brand*），他的除对美之神以外不负任何使命的抒情诗，仍然可以叫我们迷醉。有道理的主义和运动，我们无时无地不有。有些已经成功，反而觉得讨厌起来，如女权运动。有些已经失败，因为自始就令人厌恶。无论成功失败，都已成为陈述，而艺术却万古长春。

第二十章　宗　　教

黑猩猩没有宗教，一切初民部族全有宗教。但那是什么样子的宗教啊！东非洲的黑人顶礼一只羚羊角尖，塞满了泥和草；北美洲的印第安人把鸟和鼬皮和鸟羽之类打成包裹，向它膜拜。有一回一个平原印第安人拿"世界上顶伟大的东西"给我看。他掏出一个包裹，把绳子解开，郑重其事地揭开一层又一层的包皮，末后露出——一卷鸟羽。

这好像是大大的一个滑稽而扫兴的事情，但其实并不顶滑稽。这些鸟羽本身诚然没有什么价值，但它们的主人有一回在"幻遇"中认识了它们，而那一回的幻遇却是他的毕生大事。他那一回看见的那位神灵的身上披着这种鸟羽，还叫他打仗时也披上这种鸟羽：如果他依了神的话，他绝不会被杀，也不会受伤。他就依了这个嘱咐，果然没有受伤。无怪乎他要宝贵这些鸟羽了。他无法随时召请他的神灵,但至少能把这一卷东西藏在身边,作为奇遇的纪念。黑人的羚羊角也是这样。他并不把羚羊角当羚羊角来顶礼。倘若那羚羊角能够辟邪降福,医治创伤,那是因为有神住在里头。羚羊角之所以有令人敬畏的性质,源出于此。野蛮人视为神圣的东西,不是那呆板的物件,却是那黏着在物件上的**超自然力量**。这个力量也许属于一个神或精灵,也许只是一个无人格的力量,但受人礼拜的却正是这个力量,不是那死的物件。甚至黑人雕刻一个木偶,这也不能立即成为神偶,要把力量送进去。没有这个力量,它也许可以当作一件美术品,但不能当作一个宗教的对象。

人生是一个大谜。你竭智尽力去打猎,空着两手回来;那个懒骨头饭桶阿三却满载而归。同你一起打仗的伙伴一个个打死了,**你**却逃出一条命。老张可以算得身强力壮,大前天忽然呜呼哀哉。老李真有他的,为什么每回藏钩归他赢?为什么他的老婆会养双伴儿?那猫头鹰天天晚上在屋后叫,不知主的是什么兆头?这些事无一不奇异,有些还有点儿神怪。超自然的力量在那里作怪;宇宙中到处有这种力量,不管用什么方法,你顶好能抓到一点这种力量,倘若你要太太平平地过活,要在社会上得相当地位,要在赌场中得利,要防止你的太太养双伴儿。这是个含有无数未知数的方程式,要你来解答:你觉得这个事情不好办?可是抱歉得很,足下的死生祸福就要看您能不能找到正确的答案。所以,既已置身两间之内,你就得轻轻地移步。倘若你依着历古圣贤定下的路径走,你就可以得到幸福——只要第 1678872 号力量不捣乱。究竟该走**哪些路**,要看你生在哪一个社会。让我们找几个来看看。

东非洲的查加人敬神有明显的范式。一个人生病、出行,或遇种种疑难,他就找他祖宗的亡灵。亡灵不是查加人惟一的超自然力量的贮藏所,但是是最重要的贮藏所。你要用它,你就得祭祀它们,因为魂魄虽然比肉体清虚些,却不是**纯粹**的精灵,也不是不成问题可以永生的。它要吃东西,吃了东西才可以活命,倘若你忘记了祭它,它会和你吵架。前天晚上你没有听见营外有狮子吼吗?老赵多时不到他祖宗的坟上去上祭了,所以他的祖宗叫野兽来给他送个信。他顶好赶这两天宰一头牛,平一平鬼魂的怒气。

在平原印第安人看来,崇拜祖先不是求福之道,当然,鬼是会作祟的,但是那举足重轻的神力是另有寄托的。太阳是个大神,该向他祈祷,间或也可以祭祀他一次。但是最重要的是那些幻遇时显灵的无数神道。倘若你要到敌营去偷马，倘若你生病求愈，倘若你想当酋长，正当办法是找个僻静地方，独自跑去，禁食，祈祷，并（为表示你的诚意起见）把手指斫去一节。或许有超自然的神物会怜悯你，把你收为义子，应允你的要求。这是有志于非常事业的人必须采用的标准方法。凡是名誉高于同辈幸福大于同辈的人，必定曾经和哪一个超自然的力量会过面，受过他的恩宠。当然，这种奇遇不是人人可以有的，但至少个个克洛人可以按照通行办法尝试一下。禁食，祈祷，斫去自己的肉和骨头，也许有个神仙会来保佑你。

　　西伯利亚不是这样。在西伯利亚，这样的对神道哓哓不休好像有点儿胆大妄为。幻遇不是可以**求**的，神道要你时自然来找你，既找到你，不管愿意不愿意，你非接受"萨满"一职**不可**——萨满者合先知、祭司、医师而为一，以小鼓一面为最重要的徽帜。第一次受到神的召命时，忽然周身疲惫并且发抖。他开始大打呵欠，高声谵语，战栗如遇骤寒。眼睛直翻，跳跃成圈，好像发狂；末后倒在地上，浑身抽搐，像羊痫风。他失去一切感觉，手拿烧红的铁，口吞尖针，都不受伤。到后来便拿起小鼓，开始敲打。从此以后，神道便附在他身上,以他为唇舌。

显而易见,一个人一定本来具有这样的倾向,才可以受到神的知遇。照一切记载看来,西伯利亚的萨满在心理上都是变态的。波哥拉博士(Dr. Bogoras)说:"察克奇人(Chukchi)里头的萨满照例是异常容易受刺激的,几乎是歇斯底里的,其中有好多是半疯的。"里面有一个遇有极小的挑动便会勃然大怒,有一个永远不能坐定,有几个的脸上常常有神经性的抽搐,有几个是阴阳人。约彻尔孙博士在1901年目击了瑜卡吉尔人里头的萨满仪式。那位萨满召请他的神灵,"尖叫,嗯哨,咬牙,脸上抽筋,见者无不战栗。大概说来,他的仪式像一阵狂病或酒疯。"他的鼓声一起,已经足以使他发狂。他的老婆拿一块燃烧着的桦树皮给他,他便吞了下去。"不能以言语形容的尖叫,周身抽搐,大跳,小跳,继续两三点钟之久。我是一个旁观者,尚且疲惫不堪,精神恍惚,这天晚上一点事也没有能做。"一般的西伯利亚人和他的周遭的神力来往,就靠这些病态心理的媒介人。

但超自然的力量有许多是无人格的,不能不由另一途径来接近,南非洲的黑人叩问休咎不需要萨满行术。他拿骨头的骰子来掷,其中自有解说。另外地方的野蛮人，要什么就模仿什么，依照一定的仪式，他所要的事情就发生了。在新几内亚，倘若你要雨，你不去向鬼魂祷告。你只要拿一只杯子，把水倒满，然后拿小石子投进去，等水涨了出来，雨就来了。倘若雨下得太大，你只要把那个水杯放在火上去烧干。怀着相同的心理，我们的亚利桑那州的印第安人拿一根小木棒在空中挥舞，使发声嗡嗡如雷；在一根有凹刻的木棒上摩擦，模拟青蛙的鸣声，因为青蛙是离不开水的；又在他们的地下教堂中的墙壁上画些乌云和雨点。这全不是玩耍。这些举动全是很认真的，简直可说是很虔敬的。甚至那卜者掷的骰子也是神圣的。他称它们为他的圣经，绝不肯卖一副给白种传教师。它们是他在宇宙中认为神圣之物的一部分。

　　有些行动有法术性，有些言词也有法术性。在新西兰，上文已经说过（第十七章），一个贵族的教育的主要部分就是学习人生一切可能机缘中应用的咒语。倘若在播种的时节他的咒语念得不错，他的收成也就十足。倘若他要变了心的情人回心转意，倘若他要他的仇人气绝身亡，也都只要念一套适当的咒语。但是倘若念错一字半句，那他就活该！神话里头有一位天神，因为他的父亲忘记了洗礼的咒语中的一句，哪怕他是天神，也不得不死，宇宙间的神秘的势力，你是切不可跟它们开玩笑的。这无异于不倒出清水而倒出浓硫酸；比这更糟——因为硫酸只是闯祸而已，不叫你觉得自己是个可怜的作孽的人。

数目也有关系，克洛人排队到礼堂去，永远不会一走便走去的。领队的人故作前进之势，三前三却，第四次才走出去。一路上停顿四次，每次唱歌四曲。东非洲查加人也以四为贵。他们向太阳或月亮祈祷时，一定向它们吐四口唾沫，向亡灵致祭时也要四献。饮宴之时，咀嚼四次方才入口。每年的四月是最吉祥的一个月。另外一个吉祥数目是十：所以播种或盖房子都在月圆后第十天开始。反之，七是一个凶数。凡是奇数都不祥，身体的左边也不祥。使左手的人不得从军；走道的时候左脚的脚趾绊了一下，是给你一个警告，最好还是回家去。

有许多物件里头也含有或善或恶的神秘的力量。在查加人看来，唾液是一种万应灵丹，一种普遍的消毒剂，可以防御一切灾难。查加人向新生儿吐唾沫，算是祝福；路上遇见死蛇，或是牛奶泼翻了，都吐口唾沫，算是辟邪；在上祭的山羊的皮上也吐唾沫。西非洲的伊科易（Ekoi）人拿白粉土涂在小孩子身上以求幸福，又相信某种黑色物质有起死回生的妙用。反之，妇女天癸是任何大胆的野蛮人见了都要吓坏的。有一个路易斯安那州的印第安人，无心吃了他的老婆月经在身时做的饭。后来知道了，立刻肚子里作起怪来，终于全数呕了出来。在威斯康辛州，温内巴哥人（Winnebago）甚至到现在还是"不肯在基督教徒家里吃东西，深恐那食物是月经在身的女人做的，吃了它就要失去他们的力量"。沾上了一点天癸，神圣的物件就失去神力——"鬼神遇见天癸也要送命。"克洛人也有同样的思想，帐幕里头如有法宝囊，绝不让天癸在身的妇女居留在里面：把她们赶出去，等月经干净了方才可以回来。在从前，绝不让她挨近一个受伤的人或戎装待发的武士。在加拿大西北，倘若出去打猎，遇见月经在身的妇女打路上穿过，一定空无所获，这是天经地义。

无论是鬼魂，是守护神，是占卜骰子，是秘密咒语，是神圣的数目或物件，莫不有一种力量寄寓其中，可以为祸为福，左右人的命运。各有各的活动范围，往往各不相谋。间或有一位蛮族哲学家把它们组合成一个系统，但是他至多只能窥见统一性的一斑，即使有一位仁慈的造物主命令一切鬼神佑助向他敬烟的温内巴哥人,可是有什么用呢?天癸的势力真可怕,鬼神也受不了。太阳是伟大的,克洛人向他祈祷。但是那位克洛人的战争法宝得之于一位幻遇中显灵的神秘的水牛,对他个人来说,那位水牛就比太阳更重要;倘若他祈求长寿,他得向一块奇形怪状的岩石祷告,太阳无能为力;再说,无论他举行什么仪式,他必得做四回,太阳也不能叫他做三回或五回。查加人或也相信一位大神,但仍然是皈依死鬼的时候多,可是,人生真是一个大谜,绝不是光凭敬事鬼魂这张方子就可以解决的。有"恶眼",有行使模拟法术的巫觋,有辟邪的咒语和符箓。初民宗教绝不是简单的东西。

在组织完备的蛮夷国家里头,宗教之繁复出人意表。例如东非洲的巴干达人,他们崇奉祖先的鬼魂,但是此外每个氏族还各有各的神道,还有全国共同敬奉的保国佑君的神道。每个神道有他自己的庙宇、祭司、礼式和一个"神介",神道会忽然附在他的身上说话。还不止这些。到处都有恶魔的势力隐伏,要有千百种符箓来辟除。"每个人家各有若干符箓,倘若一个人没有多少种符箓在身边,他绝不放心,他将时时感觉自身和家族的危险。"农民身上佩带使酋长息怒的符箓;行路的人佩带辟野兽防疾病的符箓;妇女的腰中佩带防止不育的符箓；战士身上佩带几种避兵器的符箓，还佩带几种令敌人丧胆的符箓。国王遣兵出征时，放六个特殊的羚羊角在他的大军里头——每一羚羊角有一神道寄寓其中，有一神介守护，常常秉奉神意为将军运筹决算。这种符箓或法宝由专门一种人制造，不是那些祭司，也不是那些神介，是一些法师。他们诊治疾病，驱逐邪鬼，出卖药物和符箓。他们也掷羊骨骰子来占卜疾病或出行的吉凶。掷骰子只是占卜之一法。有些法师拿九根木棒投在水壶里，看它们并成几群，群数奇则主凶，群数偶则主吉。还有术士杀鸡以卜，看鸡血喷出几次，或者看肠间油脂的形状。巴干达人又杀牲及人以祭神，重修神庙的祝典常常延续许多天，犯罪与否也用毒药试验来决定。稍微重要些的行事无不有一定的仪式。一个人出行时要打老婆身上跳过去，回家时又要打她身上跳过来；她养了一个孩子，孩子取个名字，都得打老婆身上跳过；甚至众人打鱼回来，在分鱼之先也得跳过老婆。还有许多时机需要来这一套。

这种信仰与仪式的杂拌实在比文明宗教复杂得多。为什么要说它低劣些呢？答语好像很明白。我们在哲学方面瞧不起它，**因为**它是一个杂拌，不是一个融和的系统；在伦理方面瞧不起它，**因为**那些超自然的力量的行动全不顾及道德原理；在科学方面瞧不起它，因为它蔑视我们的因果观念。但实际上的差异并不像表面上这样大，大地震来了，毁灭几百几千性命，我们不归咎于魔鬼，我们说，造物之意不可测度。我们的词句和野蛮人的诚然两样些，但是一究真意，我们正是说：宇宙里头的超自然势力，照我们的道德观念来看，是非道德的（amoral，和不道德的 immoral 有别）。科学家对于自然现象有所不知的时候，他们就高谈起偶然来。偶然二字听听是比鬼啦神啦好听些，可是论实际还不是同样不足以说明？至于统一性，我们的关于超自然势力的一切思想和行动是不是全都必然地合乎逻辑地出于一个至善至强的造物主的信仰呢？

当然，天启宗教（revealed religion）的信徒永远不会肯把初民宗教和他自己的宗教平等看待的。理由很明显：在这样的比较之中，野蛮人的出发点就对他不利，因为和他竞赛的不但是文明，是文明加造物主。倘若拿他的信仰和古希腊罗马人的信仰来比较，他就不一定输到哪里去。当那位晒延族的武士旋风出去打仗的时候，不错，他平时所敬信的任何大神都退隐了，只有那赐他战争法宝的神鹰在他的心头。然而上一次打仗的时候，旋风不是丝毫没有受伤吗？他的盔甲处处都打碎了，只有头上那一块鹰皮没有动：危急存亡之际的生命力就在**那儿**。旋风的崇奉神鹰，不为无理。再让我们看荷马的奥德修斯。当他在河里泅水的时候，他不祷告宙斯（Zeus）大神，却祷告**那条河的河神**。在那一刻，那个小神比奥林匹斯山上的一切大神都重要。在性命攸关的时节，希腊人和晒延人同样把哲学丢在九霄云外。

　　讲到伦理的标准，古希腊的诸神是不敢恭维的，可也不脱他们应有的本色。有人要问：至少他们的思想家和道德家不是曾经发布过较纯净的神道理想吗？诚然，但是印第安人和黑人也都有哲学家呀。美洲神话里头的出色英雄的行事往往像个既贪且淫肆无忌惮的小丑，偷同伴的东西吃，甚至化装去和自己的女儿胡闹，这是无怪我们要鄙夷的。但这只是他性格的一面，还有另外一面。以某一秘密会社的护法而论，以各种工艺的发明者而论，以祈祷时的对象而论，他的人格很纯洁，虽然有点儿模糊。就好像是两个各别的人物混合为一，也还不是混合在印第安人的意识里头，而是混合在他的名词里头。他用同一名字来**称呼**两个神，但是他心里感觉他们不一样。当他说有趣故事的时候，心里想的是那个胡闹的东西；当他祷告的时候，他想的是一位正直聪明的神道。当然他不免把两个误成一个，但至少高贵的神之观念是有的。

这种神之观念非洲也有。西海岸的攸韦人（Ewe）行使法术，敬奉那些司旱灾、疾病、死亡的地祇。但是他们也相信一个住在老远的天上的神。他厌恶世人的为非作歹，隐居到天上，因此不见重于世俗。然而他间或还可以得到白羊作祭礼。攸韦人里的一个支派荷人（Ho）敬奉较虔。他们每天早晨沥水于地，祷告道："马武苏柴（Mawu Sodza），棕榈酒的所有者，肉的所有者，把我今天的粮食赐给我，保佑我今天能活命。"这里所表现的神性可算没有丝毫劣迹，马武只赐人福利，不降灾患，而且有至大的威力，无人可以撼动。

在非洲东部，查加人有相似的概念。伊路发（Iruva），天和太阳的神，平时不大受他们敬奉，让那些鬼魂统治他们的日常生活。然而他是最初的人类的创造者，查加人的故事里头一致地颂扬他的仁慈。他们祝福时必引伊路发之名，遇大难也向他祷告，甚至还杀牲祭他，倘若照例祭祀的那些鬼神无能为力。

同样，西伯利亚的瑜卡吉尔人，尽管有精灵主义的降神会，尽管山有山神，林有林神，水火也各有主神，一样也有一个名为篷（Pon）的至高的神之模糊观念；他们的太阳神的性质比较明确些，是"一个仁慈的神，被压迫者的保护者，正义与道德的监护者"。他痛恶人间的流血，责罚乱伦的犯人。

但是，倘若日常生活中充满着鬼魂，巫术以及各种各样的超自然势力的信仰，那个间或一现的最高神之信仰又有多大意义呢？不错，倘若文明人都相信并且真实地相信那普通假定他们相信着的教义，那些野蛮人的模糊观念的确就相形见绌、卑卑不足道了。但在近代白种人里头，理论是一件事，实际又是一件事，正如一个加拿大印第安人对我说的话，"白种人什么事都干得出。"让我们看具体的例子。

1927年克洛兹比牧师（Rev. John R. Crosby）报告，"在极端唯物主义的匹兹堡（Pittsburg）附近60英里之内，和最严厉的福音派（Evangelical）基督教并排着"，巫术正在盛行。他在宾夕法尼亚州的印第安那郡发现一个南俄的通特拉克派（Thondrakians）的居留地，那一派教徒把基督教的教条和法术信仰结合在一起。他们说，羊痫风是由于恶魔附体；分娩的妇女们身上，有善神和恶神在竞雄争长。驼子、黑人以及没有孩子的寡妇，这些人都长着恶眼。白皮牛和白皮鸡都能致福；一块蜜蜡在太阳底下化开的，可以治肿毒；有病的眼睛应该放在鹰头煮的汤里头洗涤；不育的妇女应该找一个有七个活着的子女的母亲，请她当着一位女巫的面调制蜂蜜鸡蛋牛奶汤，喝了这个汤就可以生育。"我曾经看见一个人叫他的患着鼻出血的儿子把血洒在玉蜀黍地上，说是可以使谷子丰收。"巫术是通行的。被人触怒的通特拉克派教徒把他的仇人的鞋或鞋跟偷来，可以叫他成为跛子。他把烧红的煤块塞在那只鞋里，或者把它浸在热水里，同时把他自己的鞋脱了。到了第七天，他便把偷来的那只鞋送给巫师，她代他保管。这个技术可以施之于身体的各部，手续略有不同。"这个风俗好像非常盛行，大概也确有效验，因为那个巫师的屋子很像一个估衣铺……"要致仇人的死命，只要拿他的头发、指甲或皮肤来处置。

这个团体里头的以巫术为业的巫师名玛丽·康戚克（Marie Kountzik），她的屋里到处堆着药草和法宝。黑猫、乌鸦、山羊是她的伴侣。当地的人相信"她的父亲和丈夫就是撒旦本人，倘若不是他本人，至少是他的徒党之一"。在夜里，谁都不敢打她的房子附近走过；一听说她和她的党羽要开常会，"还敢走出家门一步的算是一个勇敢的通特拉克人。"那些女巫在晚上化为黑色禽兽之形，日出又现人身。她们使用一种用人肉熬油制成的蜡烛，"这个烛光使未入门的人睁大了两眼也看不见她们的会议。"克洛兹比博士发现一个孱弱的七岁的孩子憔悴待毙，因为他行取名礼那天没有邀请康戚克与会，康戚克用巫术来报仇。她不请而自来，把那孩子的帽子拿去，宣告他将枯萎而死。"那孩子的父母自然不相信医药之力或养护之力足以抵抗那位巫师的诅咒，于是听凭那个孩子自己去长大，把他关在一间几乎封锁得密不通风的屋子里，因为怕有恶鬼邪神来害他。"

南俄罗斯人当然只是些无知识不道德的外国人。但是沿路易斯安那州的诸涧港，在意卑利亚教区（Iberia Parish）里头，有黑种的、法国种的、英格兰种的和苏格兰种的混合居民。好，一听见猫头鹰的叫声便吓得发抖并把鞋翻过来放在窗口或在被单上打一个结的，却不仅仅是那些黑人。就在最近几年里头，有一个白种的孩子生疱疹，他的父母——很麻烦了一阵——找到一只黑猫，截断它的尾巴，用那个血在他们孩子的胸口上画了一个十字。另一例，"一个患白喉垂毙的孩子，他的父母专为他的缘故杀死一只猫，剖开它的胸膛，趁它身上没有冷，拿来贴在那孩子的咽喉外面，一直放在那里好几点钟。"那个地方的黑人得了牙痛或喘气的毛病，就去找一位背时的医生，那些邻居白人得了这些病也会去找这位黑华佗——有时候一面在受同种的医师的诊疗。

甚至在较体面的一州如伊利诺伊，系出名门（英格兰种）的村人也相信口袋里头装一个土豆可以治风湿，相信在左肩之上见新月异常不祥，相信阴天结婚的人一生都多忧患。在安太厘阿（Ontario），同样体面的世系好像也和同样荒唐的信念打成一片。在八十年以前，牛仍然会中了巫术不肯出奶，要在两角和额角画十字才可以解除。过去没有多少年，要寻觅溺死的人的尸首仍然要拿面包往水里丢，因为它将在尸首所在的地点打漩儿或沉没。这些高贵的益格鲁加拿大人相信第七个儿子的第七个儿子能预言祸福吉凶，能治疑难杂症。他们治目炎用唾液或牛粪；在 1918 年写书的窝君（F. W. Waugh）还提到一位巫而兼医的妇女，他的祖老太爷得了剧烈的消化不良症，曾经请她疗治过。

你说这是无知愚民的迷信？可是只在两世纪以前，顶优秀的人也相信御手按摩可以治瘰疬。幼小的约翰生曾经被人抱到安女王（Queen Annc）跟前去治瘰疬；在差不多同时，那博学的解剖学家底奥尼斯（Dionis），法国王后的御医官,写了如下的文句:"许多经国王按摩过的人都说从此痊愈了,所以我劝患这个病的人先尝试这样容易的一种精神治疗,且慢去投奔外科医生。"在登极礼之后,在某几个节日之先,御医官和其他内科外科医师和理发师检查拥来求治的群众,把轻症送回,只留下那些重症。这些人跪成两排,两手合十。国王带了从人出来,走到各个病人面前,用手指在他的脸上画一个十字,一面说,"国王在按摩你,上帝令你痊愈。"(Le roi te touche. Dieu te guérit)路易十三登极礼那天治疗 800 个患瘰疬的人。路易十四在一个升天节日治 1800 个。他和他的嗣位者在登极礼后,一个按摩 2000 个,一个按摩 2400 个。

这个风俗虽然古怪,还无大害。由相信巫术而生的风俗就不能说是无害了。三四百年以前,西欧还没有受到东南蛮夷的践踏,居民的诺迭克血统比现在纯洁得多,巫术是合法成立的当局们的通行信仰——那些当局,当然古今一例,是各国的最纯粹的诺迭克人。我们听说,西非洲的一个酋长斥责他的亲生女儿用邪术弄瞎他的眼睛,我们为之拧舌。英国的国王詹姆斯一世从斯堪的那维亚回国,途中遇大风暴,那位国王相信是一个苏格兰塾师法安博士(Dr. Fian)把猫丢在海里掀起惊涛骇浪故意和他陛下为难的。他亲自审讯，吩咐上刑罚："用钳把他的指甲拉脱，在那指甲根底下用针刺进去，'到全部没入为止。'"就是这一位国王，他不满意伊丽莎白时代所行的巫术惩治条例。照那个条例，只有被诉为以巫术杀人者才处死刑。按照詹姆斯一世的意思，条例修改了，凡是使用巫术者，不论用意何在，一概处死刑。杀人之罪是不容易证实的。光凭街谈巷议便判断某人某人和魔鬼往来，这是再容易不过的事。詹姆斯一世在位杀了37个巫师，这里面有17人倘若在伊丽莎白手上就不至于送命。人类的天赋的必然进步之倾向真是坚强啊！

这儿摆在我们面前的可不是无知愚民的迷信了。詹姆斯是一个学者。在他登极之先，他曾经著书研究魔鬼问题，在那里面定下侦察女巫判别证据的根本原则。女巫的身体上有恶魔留下来的标记，女巫堕水不沉，因为纯洁的水不肯接受那推翻圣水的洗礼的恶人。詹姆斯听到维叶（Johann Weyer）的"万恶的谬论"而勃然大怒，那位德国医生在1563年宣告"女巫"是可怜的疯妇，没有伤害他人的力量。詹姆斯在他的书上写道："他说这个话，明明白白自露马脚，表示他自己是这个行业里头的人。"当时的知识阶级莫不赞同他的结论。海德堡大学博学的以拉都教授（Thomas Erastus）早在詹姆斯之先就骂他的宽容为怀的同僚维叶为巫道中人。在1653年，有一位剑桥大学的哲学家亨利·摩尔（Henry More）印行一本《无神论之针砭》。他引据巫术故事做有神之明证。他相信女巫们的夜间会议，他复述一个巫师的轶事，"他骑着一只黑猪飞过瑟尔福（Shelford）尖塔，被塔顶的风向针把裤子撕破。"这位学者著书的时候正是科学复兴的世纪。这有什么可怪，迟至1717年英国一件巫术案里头的被告还被那些义愤填膺的民众逼着受游泳试验哩——记好，是1717年，牛顿的大著《自然哲学之数学原理》出版后三十年。还算好，法庭把她们释放了。

大陆方面的官吏还没有这样进步。让我们看看瑞士苏克（Zug）地方一次女巫案的始末。

1737年8月9日，一个17岁的女子喀德邻·喀尔巴哈（Katharina Kalbacher）投到苏克法庭，作如下的自首：她在三岁时归了一个名普芳德（Joseph Pfand）的人抚养。有一天，这个人到教堂里去做礼拜，他的老婆叫这个女孩子把手割破跟她去。她把流出来的血盛在酒杯里，于是恶魔就出现了，浑身漆黑，头上长角，强逼她发誓与上帝和诸圣徒决绝。于是大家赤身露体骑着棒杖到女巫们的聚会之所。这种会议常常举行，有时在白天，有时在深夜。这些女巫常人看不见，每人都有她自己的熟魔鬼，他教她怎样伤人害畜。喀德邻打四岁上就入了门。从此以后她就常常化为猫、狗、鼠、黑鸽、猫头鹰等形象，前前后后把一所尼庵里头的牛害死50头，鸡鱼之类不算。她又打尼姑们的锁得很牢固的铁箱钥匙孔钻进去，偷了她们两百个金钱。喀德邻还自首，受了恶魔的指使，她和别的女巫们在苏西城（Sursee）引起了一场大火：恶魔又拿许多头发、毒药、石子、死人骨头等分给她们，叫她们向空中抛掷，使卢森（Lucerne）、闵斯德（Munster）、苏西、苏克等地方冰雹为灾。她告诉了六七个从犯的姓名——全是些靠走贩为生的穷女人。西非洲的法律必定要叫她们受毒药试验；在文明进步的中欧，她们就享受一点酷刑。里面有几个受不了刑罚，供认犯罪，有几个承认了以后又翻供。

喀德利·吉里（Kathri Gilli）始终不肯供认，于是就受到了非洲都没有听见过的待遇。1737年8月23日，检察官劝她从实供认，以救灵魂。问她认识这些竹杖吗？（据说是她骑坐的）她不认识，好，看刑。她招认和恶魔立过约吗？她不招认，好，拿有钉的铁领套住她的脖颈，把她吊起来。这个刑罚还是不中用；于是拿热水倒在她身上烫她。她哭得很凄惨，但不承认有罪。好久好久才把她放下地。8月26日，问官又劝她招认，免受刑罚煎熬。她还是指着上帝自白无辜，立刻就被他们把双目扎住，两手捆好，放到拉肢机（rack）上去。问她跟恶魔往来有几年了？她一面哀号，一面祈求诸圣来援救，因为她不知道这些事情。于是把她挂在一根套在房梁上的绳索的一头，底下挂一块大石头，用辘轳把她扯在空中。法官叫她招认实话，免得再受苦。她说，她被他们造成一个殉道者，她不知道什么。于是换第二级，把石头加重。她高呼耶稣、玛利亚和列圣之名，她说"圣明的老爷们（Die Hochweise Obrigkeit）"误听诬告的话。再加一级——换上200斤重的石头——这个顽梗的女人还是不招，经过一点半钟才把她放了下来。8月29日，以圣父圣子圣灵的名义，用三根嫩树枝抽她；过了两天，又拿铁领和200斤石头款待她；9月3日，又打了300鞭。

其后中止审问；大约有一个月工夫，喀德利平安过去——关在一个狗洞似的囚房里，高不容立直，长不容睡平。同时又添加一层罪状。喀德利所用的贩卖袋里头发现一袋子白粉和一盒油膏。照告发人（喀德邻）说，那白粉是害牛和落冰雹的药，那油膏是涂抹竹杖骑往女巫会去的。那坦率的被告却希望问官相信那白粉是雀麦粉，那油膏只是牛油！这样简单的解释能叫他们相信吗？那些法官算是还好，叫拿狗来试验。法吏报告，狗吃了那些东西也不坏，喀德邻就插嘴说，那粉本来有毒，但上帝不忍叫无辜的畜生受毒。这个疯女人的话颇为法官所赏识，喀德利自请以身试毒，法官不许。为免得法庭上一问一答的单调起见，又拿她来上刑具。1738年1月23日，最后一次审讯。喀德利仍然自申清白，但是她的体力已经不济，在法堂上审问时昏倒在地上。过了几天，人家发现她死在囚室里。和她一同被告的，有几个被烧红的火钳刺烫，后来用火烧死。依法庭的命令，骨灰埋在绞人架底下，"以免行人沾着恶气"。那个告发人的待遇较佳："喀德邻虽作恶多端，姑念来庭自首，应予特恩，准用粪车押赴刑场斩决。"

　　法官们是凭着良心办的。处死几个穷苦的走贩女人是无利可图的。他们不是爱酷虐而酷虐的凶神，他们屡次三番劝犯人招承免受刑罚，他们的学问无疑是在同时代一般人之上。但是他们的上帝观念并没有能叫他们不相信撒旦的势力，他们也看不出女巫骑竹杖半夜飞行、杀人害畜、呼风降雹这些思想里头有什么荒唐之处。四十年后，在1782年，瑞士葛拉路斯（Glarus）地方斩了一个侍女——康德、休谟、歌德，百科全书派诸人的同时代者——因为用巫术迷害主人家的孩子。

正如查加人相信有一个仁义的造物主，同时又相信有索祭的鬼魂；正如西伯利亚人相信篷神和太阳神，同时不忘记有几十个能为祸为福的鬼神；16、17、18世纪的欧洲人也是基督教派的一神论者兼魔鬼和邪术的信徒。那位生在荷兰后来在维也纳大学当了二十多年医学教授的大学者得·赫恩（De Haen，1704—1776）还迫害女巫。无论是基督教，是科学，谁也没有把野蛮的迷信破除。

我们现在已经脱离了这个境界了吗？女巫案诚然已为过去的陈迹，可是已经一去不复返了吗？不要太自信啊。每逢群众激怒到极点的时候，法律的形式和理想就丢在九霄云外。如草市大街的暴动（Haymarket Riots）①，如德雷福之案（Dreyfus Case）②，如十年

---

① 指1886年芝加哥城的劳动者大会与军警的冲突。——译者
② 德雷福是一个秉有犹太血统的法国军官，1894年被人诬告卖国，判决死刑。因左拉等人的努力得取消判决而重审。延至1906年始宣告无罪。——译者

前的世界大战，无一不是如此。只要邪术的**信仰**还在，有利的环境仍然会在女巫迫害之上加以法律的批准。五年之前不就有一个法国教士被诬为以妖术迷害本村村民而受私刑吗？我们尽管能开电灯，能开汽车，但是那叫两万年以前的法兰西的冰鹿人心惊肉跳的超自然势力依然在我们这里飘荡。可有谁到旅馆里去开13号房间？纽约城里头哪一所房子不是12楼之上紧接"14"楼？在今日的美国之内不还有祈雨的术士吗？不还有许多朋友敲木头以保佳运吗？

有人要问，我们不该计及科学的进步吗？一切超自然的信仰，无论是"迷信"还是"宗教"，不是见了科学的面就要步步后退了吗？这个意思很巧妙，但却幼稚。科学诚然成就了一些伟大的改变，但是它没有能改变人生的基本事实。它没有能"征服自然"，如我们所自夸；它服从了自然，对于实际情况适应得比从前好些，避免了一些可以避免的困难。它没有能除绝祸害。有时候它除去一些旧困难却引起了一些新困难。农业改良了，人口增加了，可是我们对于将来的粮食问题又寝馈不安了。卫生状况改良了，寿命因而延长，但要行前列腺手术的男子加多了，患癌症的女子也加多了。我们的工程师诚然有惊人的成就，但密西西比河的大堤要决口还是决口。地震、飓风，以及类似的大骚动都使我们自觉，宇宙还没有进入我们的掌握。倘若我们成了天神，我们自然不再注意所谓超自然。就现在而论，往往我们最需要科学来帮助的时候，它就掉头不顾。

人类感觉他在大宇宙中的荏弱无能时，就要皈依超自然。这个可怜的东西，他不想做上帝，他只想在生存竞争中能够苟延残喘，只希望吃了多少辛苦能换得最低限度的乐利。他在两万年以前不能不有宗教，他在两万年之后还是要有宗教。

同时，人类学家在亟亟研究宗教现象。他们进步得很快；他们已经明白，非洲的黑人不是顶礼一根光光的木棒，是顶礼那木棒背后的某种力量。再过一万年，他们又将明白，巴威利亚的农民也不是一个单纯的木偶崇拜者。或许到了公元后两万年的时候，他们的见解将为一般受过教育的人所共有。

第二十一章　医药与卫生

船将沉，鼠先逃；人将死，虱先跑——这是格林兰人的理论。所以身上没有虱子的格林兰人心里异常不安。要好的朋友们没事的时候，互相在头上捉虱子，"然后端端正正放在虱主的两齿之间"，这多么有趣！在野蛮人里头，这是极通行的消遣良法。黑龙江流域的土人觉得表示夫妻的恩爱或朋友的交情没有比这更好的办法。阿尔泰山及南部西伯利亚的突厥人也酷好此道。他们身上的皮衣长满了虱子，那些巧手土人整天价搜扒着，捉到了便往嘴里送，嘴唇啧啧不止。拉德罗夫（Dr. Radloff）博士曾经亲自数过，他的向导在一分钟之内捉到89枚。无怪乎初民部族的民间故事中常常要提到这种风俗了。

这一类的事情不限于这一端。在上尼罗河域，盆碗器皿全用牛溲来洗涤；在阿尔泰山一带，则用顶脏的羊皮碎块。西伯利亚的突厥人永远不把牛奶桶洗干净，因为他们相信这么一来小牛就要送命，母牛也就不出奶。阿尔泰突厥妇女往往拿起食物锅里头的勺子来搔背，毫不以为意。我自己也曾看见过一个荷匹女子，刚才拿一把小扫帚刷头发，马上又拿它扫玉米粉。爱斯基摩妇女天天洗头发，常常洗澡，可是不用水——用溺。阿尔泰山的居民正相反，从来不洗一回澡。他们的皮肤上积下厚厚的一层龌龊，他们的衬衫变成油透了的破布，要破到不成话才脱掉。格林兰人在屋子外边登坑，野狗是他们的清道夫，可是狗的大便却铺满在屋子里。听了也要呕，是不是？

但是另外有些初民部族却值得赞美。西部平原区的晒延人每天在河里洗澡，甚至大冷天要破冰而入也不间断。在东非洲的巴干达人里头，甚至不济的农民也有一段芦苇篱隔开他自己和他太太的浴室。在南美洲查科地方，奇科圭诺人每天爬起来就洗一回澡，一天里头要洗好几回。他们这个部族有一部分住在干燥的地方，到了旱季就无法如愿，可是至少每天早晨要痛痛快快洗一回。至于坡里尼西亚人，他们的清洁是远近驰名的。科克船长在1769年关于塔希提人作如下的记载："除饭前饭后漱口洗手不算，不论男女每天都得洗三回澡——起身后、中午、就寝前。衣服也异常干净，所以哪怕在多人群居的地方，绝不会闻到臭气，除酷热以外也没有任何不便。"无疑，这些坡里尼西亚人是无比地高出同时代的文明的白种人之上，欧洲人的清洁运动有过不少盛衰起伏，在18世纪中委实是离高潮线很远。

打上古说起，希腊人确然是不错。在荷马的史诗里头，旅客投宿，第一件事是洗澡；有一个古气的瓶画里画着妇女们洗淋浴，斯巴达人洗蒸汽浴。公共浴室或备木桶或备水池，常常和健身房设在一处。他们没有肥皂，但有灰水、碱、浮石可用，浴后以油涂身。讲到肥皂，也有一段有趣的历史。有好几种草灰能产出很好的石碱泡。东方人民现在还用来洗围巾，古代的希腊人和罗马人也同样拿来使用。荷匹族的妇女寄嗣给人家的时候，他们也拿当地的一种肥皂草泡沫来给她洗头。但是荷匹人以及古希腊罗马人都不用肥皂作每天洗澡之用。普林尼（Pliny）说高卢人始用山羊油和灰碱制肥皂，可是高卢人以及仿效他们的罗马人都只拿它当美发膏看待。生于第二世纪的伽林（Galen）才在书上说，洗澡和洗衣服用肥皂。

初期的罗马人是些乡愚，但是至少他们在台伯河

（Tiber）里游泳，至少每天要在厨房旁边一条狭弄里洗手洗脚。通常是九天洗一回痛快澡。罗马城发达起来，台伯河水就越过越不干净，但是罗马人建造好些水沟，把水引到城门外头特建的水池里来。希腊的风气成了罗马人的标准，罗马城里不久就有了大规模的公共浴室。他们称之为"Thermae"，里头分温水部、热水部、游泳池、蒸汽室、健身房、图书室、美术室。在帝国时代，每天去一回浴室是普通市民的标准，有闲阶级的人士是每天要去个四五回的。这些浴室晚间也开放，灯光灿烂，犹如白昼。

中世纪初年可就不是如此了。不错，基督教并不反对洗澡这件事——只要它是为清洁与健康起见，不是为取乐。但是以苦行为怀的人自然要定下崇高的标准。有一位神甫主张：有病的人不妨常常洗澡，无病的人——尤其是年轻的人——只好难得洗一回，当修道士的人更应该受限制，一年只准两回，圣诞节和复活节。圣本笃派修士（Benedictines）每逢星期六沐发一次。

可是十字军东征以后，东方的风气又传入欧洲。中世纪的巨大的公共浴室于是勃兴，成了风行一时的东西。现代的富翁往往捐资兴学，当时富翁的善举是捐资建造浴室。现在的斯堪的那维亚人和德国人给小账称为"酒钱",当时却称为"浴钱"。为亡故的亲属的便利起见,还有所谓"灵魂浴室"。甚至债主把债户送进监牢,还要给他每月洗一回澡。

在十字军以前欧洲人洗澡都用木盆,这时却时行蒸汽浴。浴室烧热以后,管浴室的人吹角为号,或命从人沿街叫喊。有时候在星期六组织游行队去引致工人入浴。洗澡的方法大体和芬兰人、俄国人以及许多北美印第安部族相似:把石块烧到发红,投入水中,或以水浇泼,由此产生蒸汽。顾客各取柔枝一条,自鞭皮肤,出汗既透,乃以冷水浇身。现在的斯堪的那维亚农民和平原印第安人则于此际跃入小溪或雪地。可是蒸浴之法虽极通行,其他方式也不全废。例如在巴黎城里,有些顾客只洗一个蒸汽浴,有些顾客却多出些浴资在蒸浴之后再洗一回热水浴。

中世纪欧洲的浴室,也和古罗马的浴室一样,具有多种功能。第一,管浴室的都是理发匠,所以洗澡之后继以剃头刮脸实在是再自然不过的事情。可是当时的理发匠大率兼做外科医生,对于这方面的买卖自然也不肯放松。正如现在的理发师有时要引诱顾客作奢侈的洗头或摩脸一样,当时的理发匠也会竭力劝说他们的顾客，说世上更无他法比拔罐（cupping）和放血（bleeding）更能增进快乐的。其次，浴室既是有闲阶级消磨光阴的所在，自然就成了他们的聚会场所，颇有几分像后世的咖啡馆。在浴室里既然可以会朋友谈天，谁还高兴在自己家里洗澡？在浴室里头，有新闻可听，有骰子可掷，还有啤酒可以和酒友对饮。所以浴室就变成俱乐部，洗澡一事倒成了可有可无了。在丹麦，劫船的水鬼们所事既毕，得酒一桶，自然是带到公共浴室里去轰饮一阵。丹王基利斯当第四有一回带领侍卫官员临幸卑尔根地方的浴室。他先以射箭消遣，后来下了一盘棋，于是摆驾回宫。在日耳曼诸邦，歌人们又把浴室当作练习歌术的研究所。

很自然地，这种浴室变成了夜总会。那些理发匠雇用美貌的女子给客人按摩；男子和女子往往只隔一层最薄的板壁，往往还同坐一盆。宣教师们开始发生疑问了：这种浴室是浴室的性质多呢还是妓院的性质多？

这种浴室的倒塌就在眼前了。虔敬的教徒斥之为罪恶之源，又加之以传染病的恐惧。当15世纪之末，梅毒开始侵入欧洲，医生们自然劝人莫入公共浴室，有时候官厅也勒令它们停闭。此外还有一个经济的原因。浴室里所需大量木柴越过越少了,于是洗澡的价目也随之高涨起来,到后来普通市民就不敢问津了。

到了"三十年战争"时代,洗澡已经不成为日耳曼人的通行风俗,要再过一百多年才重行有人出来提倡。1832年还有一位德国作家说,他遇见过一生没有洗过一回澡的人。法国人也不比他们的东邻高明些。巴黎人绝迹蒸浴室以后,索性压根儿不洗澡。1640年顷出版的一本《仪礼备览》里头劝人间或洗一回澡,每天洗洗手,**差不多**每天洗洗脸(il faut aussi se faire laver le visage presque aussi souvent)。迟至1782年,同样性质的一本书上郑重地定下这么一条规则:"为清洁起见,每天早晨用一块白竹布擦擦脸……这比用水洗脸好些,因为用水洗的脸冬天容易受寒,夏天禁不起太阳晒。"

这样看来,科克船长自然要赞叹坡里尼西亚人的卫生习惯了。他们比路易十四还要进步,路易十四洗手的时候只叫从仆倒一点香水在手上就算了。他们比马加勒特那瓦(Marguerite of Navarre)还要进步,这位素以雅洁见称的王后在她和情人的对话里写道:"请看这一双美丽的手,我虽七日以来未加洗涤,敢说还比你的好看。"

不但坡里尼西亚人远胜近代欧洲人,就是那鄙陋的爱斯基摩人也不比他们差。在中世纪末年,上流社会的人常常警告他们的儿童,别用右手捏鼻子擤鼻涕,在那个不用食叉的时代右手是常常抓肉吃的。擤鼻涕应该用左手。1530年时,伊拉斯莫斯(Erasmus)劝人用一块手帕,可是也承认用两个手指是无伤大雅的,只要鼻涕落地以后立即用脚擦去。一世纪之后,用一个手指还是可以的。上流的欧洲人是否吃虱子,文献无征,难于考定,但除这一点以外,他们和野蛮人实在是哥哥弟弟。1393年,有一位法国的著作家教他的女性读者为丈夫去蚤的六种方法,1539年出版的一篇论文里头贡献种种去蚤、去虱、去臭虫的药方。卢浮宫里佳节既临华灯四列的时候,王公贵妇纷至沓来,熏香盛饰,眩目醉心,可是皮肤上莫不罩上一层尘秽。他们用手指吃东西,油脂全揩在食巾上,每上一道菜就得换一块食巾。据说亨利第四身上发臭,犹如腐尸(il puoit comme une charogne)。从伊拉斯莫斯的书上看来,我们可以推知,1530年时,许多西欧人士用便溺擦牙齿。18世纪的贵妇们的高髻里大批地制造虱子。诺迭克种、阿尔卑斯种、地中海种的人民对付污水排泄何等费劲,这已经在上文一章中说过了。

在欧洲最漂亮的都会，1750 至 1800 年间看护病人的惯例如何，倘若不因有最可靠的证据，我们真是难于置信。奥皇约瑟第二游历巴黎的时候，考察了当地最大的一个医院。他在同一张床上发现一个病人、一个死尸、一个正要断气的人，不禁骇异不置。十余年后，路易十六叫法兰西学院考察此事，委任了一个委员会，拉瓦锡（Lavoisier）、拉普拉斯（Laplace）、库隆（Coulomb）等人都在里头。他们的报告是很有分寸的，可是已经证实奥皇的观察还有余。活人和死人躺在一处，有时候六个病人挤在一张床上。医院里没有特备的手术室。在那个没有通行麻醉剂的时代，病人见了开刀的准备和别的受术者的哭叫之声，神经上的震动是可想而知的。甚至传染病人，也没有隔离的设备。出天花的女子和生热病的同住一室。这个病人身上的被单揭下来就盖在那个病人身上。疥疮之类自然就从这个病人传给那个病人，甚至看护妇和医生身上也传染到。委员会宣称："市立医院是传播此病于巴黎全城的不竭的源泉。"

　　慈善医院比市立医院办理较善，可是在 1786 年以前病房里也还没有火炉，病人冻坏了鼻子或耳朵是极普通的事情。冻坏了有什么，还不是割掉就完了。

这又是都市生活所遇困难之一。建设公共的病院，这个意思原是可贵的。但是人类还没有对付居民过密问题的能力。正和西伯利亚的一部分察克奇人由渔猎改为游牧以后，发明一种完全背乎行帐原理的行帐一样，城居的欧洲人也给城居生活的难题难倒了，他造出一种完全失去医院的意义的医院出来。推为法国的巨擘的那个医院竟有22%的死亡率，并且变成一个传染病的中心。这样看来，我们的曾祖辈也只能算是野蛮人，"卫生"这个东西乃是出世才满五十年的婴孩。

野蛮人知道在脑袋上使劲打一下是有害身体的，但通常不把病和死当作自然现象。一个人的生病是因为他违犯了吃牛舌头的禁例，或者是因为他祖宗的坟墓多时不去祭扫了，或者是因为有魔鬼钻进了他的肚子。也许是因为有一个仇人拿到了他的指甲，头发或穿过的破衣破衫，发了毒誓把它丢在水里了。也许是因为有"病菌"侵入：有炭屑、毛发、石块、蜗牛、小虫等物钻进了他的身体，在里面作祟。再不然就是他的魂魄被人拐走了。斯泰因能教授（Prof. Karl von den Steinen）有一回无意之间告诉一个巴西土人说，个个人都不免一死。这使那个印第安人大吃一惊，觉得这是完全新奇而不可思议的一种说法。在他看，这无异于说:"一个人是早晚要给人刺死或遭遇他种杀身之祸的。"

有这种理论,就有根据这种理论的实施。治病这件事就成了宗教之一部而非科学之一部。小毛病是有许多家常的治疗法的,但任何严重的疾病都是术士、祭司、法师们的事情。拿查加人来做东非洲黑人的代表。他们一生病,第一件事情是去请一位卜士来。这个病是由于巫术的呢,还是由于鬼神的?倘若是病起于鬼神,还要问是新鬼呢还是老一辈的鬼?是父族的呢还是母族的?经过了这一番诊断,就宰一只山羊来祭那个作祟的亡灵。那宰羊的人还要更迭地在病人和羊身上拍打,这是把毛病移转到羊身上去的办法。

在西伯利亚,生病的人是因为他的灵魂叫鬼神抓去了,所以医生的职务是去把它找回来。他敢于尝试吗?他敢,因为他有神道帮他的忙,在阴间指点路径。他治病的时候先敲起一种小鼓,把他的熟神道召集进来。或者召请他的祖宗,这也很简单,只要深深地吸几口气。他穿上一件特别的衣服,做成鸟羽模样,这就可以使他自在飞行。衣服上面画着许多圆点,代表日月星辰,照他在阴间走路。有了这一套设备,他就可以对付恶魔。于是敲起他的鼓,慢慢地自己催眠进入一种出神的状态，昏厥在地上。赶他醒转来，他说出许多神乎其神的事迹。他到了阴间，追逐他的病人的灵魂。他看见它被它的亡故的祖宗包围着，他就大着胆子挑战："我是来取回那个灵魂的。"他们不肯把它交出来，他就不能不用武了；幸而好，有神道帮忙，把它夺了过来。为储藏严密起见，他把那个魂灵一口吸了进去，两手把耳朵孔掩住，不让它逃脱。剩下来的事情便很简单了，只要把它送进病人的身体，嘱咐他的神道们好好地看守。

谱热峡（Puget Sound）边的萨里希人（Salish）有相同的观念，他们的医生施术颇为奇诡，犹如扮戏一般。病人之所以病，乃因有鬼攫取他的魂灵，带到了西方的幽冥世界去了。要去救它回来，一个医生的力量无济于事，要请就得请上八个。他们聚会在一所房子里，带着他们的神圣的木板和竿子，面向西方。每人唱一只神曲。他们在那里沿着那些鬼走的路走去，一直到了一条水流很急的河边。扮戏扮到这里，每人得在一条很细的竿子上走索似的走一趟，这算是过桥。谁要失足落地，那算是他该晦气。过了一会儿他们又遇见第二条河，他们坐着幻想的小船渡过去。这就望见幽冥世界了。可是那些恶鬼不肯好好地把那病人的魂灵交出来，结果是一场恶战。戏做到这里，便有一些儿童来扮演那些恶鬼，拿一支支燃着的箭向屋顶射去。终于是医师们胜利了，把那偷去的魂灵夺了过来，且战且走地由原路回来。到了那个时候，他们的脸全都转向东方，一面唱着返魂的曲子。那病人一听到这个歌声，爬起来便跳舞。大功已经告成，医师们没有什么别的，只等收取酬资。可是倘若病人闻歌不起，那是因为他们夺错了别人的魂，分文不得索取。

新墨西哥州的科奇提人（Cochti）也演戏似的治病。疾病起于巫术。巫师做了一个病人的偶像，把仙人掌的刺插进他的耳朵和肚皮，他们把石子或蛇塞进他的身体，并且为求万全起见连他的心也给偷掉了。病人亲耳听见他们在他的屋子外头猫头鹰似的号叫，野狼似的爬来爬去，因为他们是会随意变化形状的。要对付这些恶人，须得有整批的医师。他们先用鹰的羽扫除病人身内的外物。第二步便得向那些恶巫挑战，由几位医师出去打他们。这是很危险的事情，因为恶巫们气力很大，把他们摔倒地上，弄得满身泥土。喊杀之声不绝于耳，到后来医师们气急败坏地奔回来，头发也披散了，满头的泥尘。他们的首领手上捧着病人的偶像，一路撕掳，撕到后来便发现一颗玉米。这就是恶巫们偷去的心,立刻把它塞在病人口里。然后他再在病人身上用力吮吸,把恶巫们弄进来的外物——蚂蚁啦,蛇啦,等等——全给它吸出来,诊疗便告完毕。那些恶巫们是谁呢?还不就是由几位医师化装充当;他们故意改掉本来的嗓子,穿上些破烂衣服,头上戴上玉米壳形的帽子,这就和他们的同僚们打了起来。

威斯康辛州的印第安人也有相同的习俗。美诺米尼族(Menomini)的医师们造一所小舍住了,在里头祷告,唱歌,摇鼗鼓,用以召请神道。病人和他的亲友待在门外,听着他在里头欢迎它们,询问它们。这样,他就找着了毛病的根源。有时候它们应允给他帮忙。这以后他就吹起一只木头的哨子,逼着那失落了的魂魄钻进哨子来。他立刻把哨子的两头塞住,不让那魂魄逃走。然后把这个木管拴在病人的胸前,四天之内准可痊愈:他的魂灵已经返回原处了。可是另外还有一种害病的原因:也许是有巫师在那里作怪,把好些古怪东西祭进病人的身子。那就比较费事些,做医师的要从他的家伙里挑两个骨头管子吞下去,在病人身上发痛的地方吹气,用一根骨头管子啄木鸟似的在那里拍着打着,这就可以把在病人身上作怪的东西给吸出来。那些东西也许很有劲，把他冲倒，可是他一点儿不怕，一口气把那个管子吞下去，立刻又把前后所吞骨头和仇人祭在病人身上的东西全都呕了出来。他可以拿出些毛羽、苍蝇、小虫儿、田鸡、指甲等等东西出来给旁观的人看，就是这些东西在病人肚里作怪。这就完了事。美洲的大部分，澳洲，还有好些别的地方，都顶爱用这个方法治病。它的原理是：外物侵入病人的身体，医师把它拿出来，这就是他的本领的真凭实据。

野蛮人怎么会听信这种骗人的玩意儿？对于这种透明的骗局他都会上当，不是十足的笨伯吗？答案很简单。病人常常**的确**会霍然而愈。有时是因为他身体强壮，有时是因为他的病，真病倒是真病，却是一种心理性的病。他常常怕中了人家的巫术，吓得害起病来。那医师既然拿出了一块炭屑或石子，就壮了他的胆，病也就退了。倘若病人死了呢？那是因为和他作对的超自然势力太厉害了，医师们降伏不下。**我们的**大夫也有治不好的病人。他们的借口是科学还没充分进步：他抵抗不住**自然**。这和蛮族医师的解释确有不同，可是在病人和他的家属这方面，**为什么他要死是**没有多大关系的。超自然也罢，自然也罢，总归是医术不高明，没有能尽职。

可是野蛮人也不是完全没有以经验为根基的有效治疗法。北美洲、夏威夷群岛、东部和南部非洲等处都有叫病人洗蒸汽浴的办法。这往往是一种宗教的仪式，可是其意义不限于宗教。即令不是有意的，至少是无意的，它使病人痛痛快快出一身汗，往往就此把病治好。另外一种普通医术是按摩。克洛人用按摩治胃病。我看见一个老人用一根头上特大如织补针头似的棒按摩一个少年的小肚子。野蛮人也常常用多种草汁治肿胀、痢泻、便秘等毛病。这些家庭药品里头一大半没有经过科学的试验，可是这里头一定有许多是确实有效验的。请问，我们的金鸡纳霜是打哪儿得来的？是从南美洲土人那里学来的。1638年，有一位秘鲁总督夫人得了一种间歇性的热病，她的西班牙医生治不了，于是有人引荐这味土产的药。她拿来试服，居然毛病好了。她的医生便把这味药带到西班牙。当时颇受一番反对，可是终于成了第一种特效药。而且它推翻了当时通行的各种病源理论（见本章末）。在同一世纪中吐根（ipecacuanha）也从巴西传到欧洲。再还有我们这里用的麻醉剂，也是起源于秘鲁的高根树叶的（见第八章）。

就是野蛮人的外科医术也未可轻视。处处地方都杀猪宰羊，这个教给他们动物解剖学的基本知识。亚利桑那州的哈发苏巴依印第安人会接折断的胳臂，用绷带扎好，用薄板夹起，紧缚在身旁。还有些部族擅长锯开头颅，如古秘鲁人和先史时代的欧洲人；我们不知道他们锯开颅骨做什么，可是他们锯的真干净。近代的美拉尼西亚人也是如此。照鲁山教授（Prof. von Lushan）的报告，他们十回有九回成功。反之，1786年路易十四委任考察市立医院的委员会却报告道，在那个医院里行这个手术的没有一个不送命。

可是西方文明的内科医学想来该是不可限量地胜过野蛮人的内科医学了？就今日而论，确是如此，可也不见得怎样可以夸口，至于过去的历史，更是不甚冠冕。古往今来的文士常常拿医生们做嘲讽的目标，彼得拉克、莫里哀、萧伯纳等人都狠狠地挖苦他们，大概的确有可以挖苦之道。让我们看看事实。

西方的科学肇兴于希腊，希波革拉底（Hippcrates，公元前460—前377年）实为古代医学界的泰山北斗。他的确是个聪明人，因为他不推荐多种药品，他事事以观察与经验为主，对于事实肯下功夫研究。可是，就他的解剖学生理学和病理学来讲，这位希腊文化黄金时代的最伟大的希腊医家实在比初民高明不了多少。他不知道有卵巢，他不知道睾丸和精液有关。依从前代哲学家的说法，他说子宫是有两翼的：右翼育男，左翼育女。他相信人体是由四种液体组成的——血、痰（phlegm）、黄胆汁、黑胆汁。四汁调和，人体康乐。倘有一汁过盛——尤以痰或黄胆汁为甚——疾病随之。脑为分泌痰质的腺。心为"气"（pneuma）所居，气的功用在调和四原汁。

一百年后，亚里士多德对于脑的观念还是毫无进步。他说脑的主要功能是清凉由心脏所生的热！精液里头含蓄着人体的初胚，母体只是供给它发育所需的原料，此外没有什么作用。又过了四个世纪，格林（Galen, 129—200？）才对于神经系统有较正确的观念，对于血液的循环也似乎窥见一点端倪。可是他的包罗万象的药物全书仍然登录着愚昧的药品如人粪和狗粪，他的一般的生理学和病理学也不比苏系印第安或夏威夷的祭司或瑜卡吉尔的法师高明多少。西伯利亚人说人有三魂，一魂居头，一魂居心，第三魂周布全身。格林的学说里的生命原素——气——也是三重的：在脑，在心，在肝。照瑜卡吉尔人的说法，失魂则病；最普通的是因为恶魔侵入身体，头上那个魂便逃了出去。格林不谈神说鬼,可是自有他的一番无意识的理论。他给医学下一定义,说是研究健康、疾病,以及介乎其间的中立状态的学问,他说凡人都天生有病的倾向,因为组成人体的四质绝不会平均发展,其中定有过与不及的毛病。他说疾病出于人身固体部分与液体部分的变化。他相信各种药物的作用都由于它的特盛的气质。凡药或热,或凉,或润,或燥;同是热药或凉药,又有强弱之分;也有些药是兼秉两种气质的。这一套道理自然比瑜卡吉尔人的复杂得多,离真理可一样的远。然而在罗马帝国和中世纪里头,它差不多是金科玉律。

当然,在科学最背晦的时代也未尝没有良医和良药。一个人绝不会因为学医便失掉他的常识和机灵。就特殊的案例说,直觉、观察和逻辑往往会奏神效。但是在这一点上,野蛮人也不比欧洲人差。从前塔希提岛上有一个本地医生名提乌拉依(Tiurai),治病有着手成春之妙,这是有现在生存的可靠的欧洲人目睹其事的。无论你怎样辩护,作为一种**科学**而论,中世纪的医学是异常幼稚的。有些地方可以窥见进步的萌芽。阿拉伯人珍重保持希腊人的遗业,传之后人。有几方面他们还自己增加许多贡献。在眼科方面他们超过了希腊人；报达的拉策斯（Rhazes，850—923）写了一篇颇有价值的关于天花和麻疹的论文。但是他们也在医学里头夹杂些星象学。阿维森那（Avicenna，980—1037）编的《阿拉伯医学汇编》仍然死守格林的人体四质与药物四性之说，害人不浅。彼得拉克说得好，医生们会摆三段论法，可是治不好病。经院学派的废话，夹些星象学，又加以巫术信仰。甚至还有明明白白的骗局。微拉诺发（Arnaldus de Villanova，1234？—1311）在中世纪医学史里头是鼎鼎大名的人物，这是他给他的门徒的教诲："倘若你完全不能懂得你病人的毛病，你应该很自信似的告诉他他的肝脏有了故障。倘若他说他的痛苦在头上或身上别的部分，你应该放大胆子说病源在肝。注意，你必得用'故障'（opilatio）这个字，因为病人不知道什么叫做'故障'，而重要之点就是要他不知道。"总而言之，拿十五六世纪的医学界情形来看，我们只有惊讶。

克洛印第安人相信世间万事万物俱以四为归。四百年以前，欧洲有一位著名的医生阿古利巴（Kornelius Agrippa，1486—1535）也著论崇7。上帝创造世界不是七天造成的吗？亚当和夏娃不是在乐园里住了7个钟头吗？《圣经》上不是又有七福之说吗？无怪乎人类的一生都脱不开7这个神秘的数目了。婴儿初生,育与不育系乎第7点钟,7个月长牙齿,21个月始能说话,7岁脱乳齿,14岁发育,21岁成熟,35岁停止发育,49岁而极盛,70岁而终。

就是这一位医生——法国国王法兰西斯一世的恩俸享有者,他的母后路易斯的御医——他又教导我们关于日月星辰和人身的关系。太阳管脑、心、大腿、右耳;水星管手、脚、舌头、神经;土星管血、血管、背、鼻孔;金星管口、肾、生殖器;月亮全身都管到,脑、胃、肺是它的专司。同时代的另一医学家注重黄道十二宫的影响:双子宫管胳臂和肩膀;狮子宫管心、肝、背;室女宫管肠;天蝎宫管内生殖器;人马宫管外生殖器;余亦各有所司。行医的人必须注意天象。举个例,倘若月亮在双子宫而胳臂受伤,那就非常危险;月亮在双子宫时也没人敢放血。医学专家意见一致地用天象来解释瘟疫。路易十三的御医,巴黎植物园的建立者布洛斯(Cui de la Brosse)在1623年著一本专书来论述此事。和他齐名的立殊理大主教的医官息多亚(Citoys)也一样地说得明白:"瘟疫由于星象之变,尤其是土星和火星同在双子或室女等人物宫(别于狮子等虫兽宫而言)中相遇的时候。日食月食也是容易引起瘟疫的。"

自命为医界正宗的人如此如此。他们瞧不起药铺掌柜和外科医生,更不用说那些走江湖的卖药郎中了。毋庸讳言,那些人的确闹得太不成话。1676年,莱比锡(Leipzig)会议禁止走方郎中带着小丑卖药,那些小丑恣意笑谑,猥亵鄙野,实在不像基督教徒的举动。可是一世纪之后,仍然有一位德国著作家说,他曾目睹一个走方郎中带着一个小丑献技,一面发卖他的秘药。这位大夫衣冠齐整地登坛,脚上蹬马靴,身上穿深红色制服,头上戴三角帽,顶上还插几根红的鸟羽。身边站着他的从人,穿着小丑的衣服,手上拿一根木条,故意误会他主人的命令,引动众人哄笑。那位大夫打开他的药箱,一一解说他药品的功效和价目,那小丑不断地插科打诨,他的主人常常拿鞭子抽他。谁要买一味药就用手巾把钱包好,抛在坛上。小丑把手巾打开,把药放进去,然后掷还原主,附带一两句笑话。药已卖了不少,他们便准备结束,那大夫先走一趟索,然后玩几套戏法。

这个派头虽然有伤大雅,可是实质上讲,那走方郎中并不比正式医生坏。他教人手上带一个戒指可以治痛风。为什么不呢?那个身处鲁文(Louvain)大学深通当世学问的大医学家赫尔梦特（Johann Baptista Van Helmont，1577—1644）也说戴戒指可以治痔疮；还相信用活虾蟆做腰带可以治水肿，并且还**目睹**一个患水肿症的农民是用蛇衣做腰带治好了的。（Vidi rusticum hydropicum sanatum, Alligata anguium senecta per ventrem et renes。）他又说治肋膜炎的神药是牡鹿或牯牛的阴茎研成的粉，公羊的血也可用——可是得把它两角并两只后腿拴牢了吊起来阉割取血。

不错，赫尔梦特只是一个医学理论家，怪诞之论容或可恕。沙拉（Moise Charas）老先生可不能和他一例相看，他是巴黎、荷兰、西班牙等地的名医，法国科学院的会员，植物园的教授。他的《药物全书》（*Pharmacopoeia*，1691）甚得法宫诸位御医的赞赏。巴黎医学会会长和诸会员誉之为既尽含先代医术之精英，更广罗并世科学之成绩。好吧，依这本名著的说法，木虱和蚯蚓可以治痛风，孔雀粪可以治癫痫，蚂蚁油可以治耳聋。继沙拉而起者有勒麦吕（Nicolas Lemery），他也获各方权威的佳评，他的重要著作顶少的印了五版，多的印到二十几版。他的《药物全书》里头有治坐骨神经痛，神经麻痹和他种神经病的一种油，制油之法："取初生狗两只，切碎，和以活蚯蚓一磅，置盂中煮 12 小时，至狗肉及蚯蚓并烂熟为度。"同一著者的《药物词典》里详列各种石头的药性。梭鱼头里的小石子可以治膀胱结石并清血；鲈鱼头里的石子研成粉末可作轻泻剂。他还很精密似的对青钢玉的药性加以判别，否认它有强心消毒的功用，可是承认研得很细时可以治痢疾和出血。

当时的医学学生的研究题目也和他们老师们的研究成绩旗鼓相当。下面是从巴黎医学生的博士论文题目里头选出来的，各附以论文提出的年代：

  1589 空气是否较饮食更为必需？

  1622 清水是否较酒有益？

  1639 害相思病的女子应否放血？

  1643 每月醉酒一次是否有益？（An singulis mensibus repitita semel ebrietas salubris?）

  1648 女子貌美者是否多产？

  1669 女子是否较男子淫荡？（Est ne femina viro salacior?）

  1720 是否女子秉性愈淫者子息愈繁？（An quo salacior mulier eo fecundior?）

无怪乎莫里哀等人对于这个行业里头的人要大不恭敬了！

在中世纪，甚至中世纪以后，医学博士们组织成一种同业公会，他们自己原来也只是些无知的学究，却要尽力压迫那些非正牌骗子出身的卖药郎中。巴黎医学会对付那些药草商和蔬果商的淫威，比罗马教会的虐待异端还要厉害些。那个时候医生们都把放血当作治天花、麻疹及一般预防疾病的良法，巴丁大夫（Dr. Gui Potin）在1659年自夸他给一个有名的律师放血十七回才把一场极重的肺炎治好。"倘若他给什么江湖医生来治，他早就哀哉尚飨了。"可是医生们的重要竞争者，真正的眼中钉，还不是江湖医生，却是那些外科医生和理发师。这些贱人们一抬头，医生们便斥骂不绝。因为那些大夫们是大学毕业生，会写拉丁文的上流人，**瞧不起一切劳手动脚的行业**。在18世纪以前，他们不肯折节给人治花柳病；手不触产妇；宁让病人死不肯失身份亲手给他放血。这些事情是外科医生的事情。在17世纪，巴黎医学会每年至少要解剖两具尸体，可是并非那些博学的博士们亲自动手。**他们端坐在椅子里，让卑贱的匠人——外科医生或理发师——操刀而割。然而医学会却恶狗当路似的垄断尸体解剖，倘有外科医生弄到一具尸体想解剖时，他们便要拼死来禁止。

从这些一心只为自己的利益打算的愚人那里，你不用希望有进步。进步来自那卑贱的理发匠之门。1532年，巴黎城里来了名叫巴累（Ambroise Paré）的穷孩子。他投奔一个理发匠去当学徒，学着刮脸、梳发、治创口，一切理发匠应有的本领全都学会了。接着在一所医院里混了几年，后来就成了一位合格的理发师兼外科医生，自己开了一家店铺，照他同业的规矩拿三个脸盆挂在门口做招牌。后来法国和外国打仗，他当了一名军医，并且很有胆子，肯用眼睛用心思。在那个时候，枪炮的伤都认为有毒，要用滚油把它烫去。有一回阵仗之后恰巧缺油，所以好些伤兵只能不经过滚油这一层手续就用普通方法来治。巴累很代他们着急，急得不能睡着，可是奇怪！他们比用滚油烫过的好得多。又是一个大发现得之于无意之中。

巴累（1517—1590）被誉为"古今最伟大的外科天才之一"，他开刀的技术真高，他在外科医术的各方面都有贡献。他和一般的改革家不同，非常谦和。可是这也不能叫医学博士们不来迫害他。学者应该用拉丁文，他怎么敢用法文著书？他是外科医生，怎么敢讨论起寒热来？这不是侵越了内外分科的界线了吗？巴黎医学会说是他们的权利蒙受了损害，到法院里去告他。幸而巴累的才能已经受知于贵族社会，并且得到了国王的恩宠，当了御用外科医生。可是仍然要国王老先生亲自下诏才把讼案注销。

解剖学之有维萨留斯（Andreas Vesalius，1514—1564?），也像外科之有巴累。这位比利时人是第一个打倒格林的人，他用实际的解剖来证明格林的知识大半以动物为基础，和人体解剖大不相符。这自然引起医学界的激烈反对，他旧日的业师，巴黎大学的名教授杜步亚（Dubois）把他的名字改为"Vesanus"（狂人）。在英国，在生理学方面推翻格林的第一人哈维（William Harvey，1578—1657）的命运也不见得好些。他费了十七年的工夫才把他的《血液循环论》完成（1628），马上也就得了一个恶谥——"Circulator"（循环者，又作走方郎中解）。那笃守旧说的巴黎医学会排斥他的理论，他的医业也减退了大半。

在德奥等国，医学界之愚顽也不下于英法。巴拉塞尔士（Paracelsus）在1529年想印刷几篇关于梅毒的论文。努连堡的市政会议已经核发了准印证，莱比锡的医学会却禁止他出版。到了18世纪，情形还是没有改善。耶纳（Jenner，1749—1823）介绍种痘法，遇到顽强的反抗，这是意料中事。可是出乎意料的是不容他发表意见：他的《种痘之理由及效果论》被《哲学学报》（*Philosophical Transactions*）的编辑斥而不录。

到了19世纪，"科学"一词已经成了口头禅，事情应该两样了吧？不然，有匈牙利产科改革者塞麦尔维斯（Ignaz Philipp Semmelweis，1818—1865）的可悲遭遇为证。他年轻时候在维也纳产科医院当助手，见患产褥热而死者之多深为骇异。在1846那一年，第一院死460人，第二院死105人。当时的头等权威的产科学者对于产褥热的原因持有种种古怪论调。有人说是和丹毒（Erysipelas）有关，有人把它当乳热症（Milk-fever）。他们往往把产妇疾病的流行归因于天时的变化，据说有时有隐秘的气候变化横被数郡，常人感觉不到，而产妇感应甚快。

在那个时候，奥国的医师每天都要检验很多尸体，然后赶去诊疗病人。塞麦尔维斯忽然触动灵机，莫非是医生们的手在尸体上带了病菌到产妇身上，无意中**自己做了疾病的原因**？他就嘱咐他底下的助手们先把手消毒了再去接生，效果神奇而一致。死亡率立刻从

8%降落到1.28%。

塞麦尔维斯做了许多统计，结果证明依了他的方法办的那个病院比用老法子的那个病院的死亡率低得多多。他取笑那些说产妇之死是死于空气不流通、起床过早、居处人太多、天时不正等议论。他证明没有赶到医院而中途生产的产妇，虽然情况不利，却不生产褥热。他指出在女子产科学校里头比在医学校里头的产妇死亡率少得多。当然产科女医是无需检验尸体的！可是讲逻辑也不行，做统计也不行。考查此事的委员会已经任命了，但那些医阀不让他们开会。塞麦尔维斯的助手位置给取消了，国内国外的名教授异口同声地骂他，终于被赶进疯人院。

有些历史学家喜欢描写教会阻止进步，描写得悲惨惊人。可是迫害塞麦尔维斯的却不是教会。老是对这位大胆的改革家抱着怀疑的态度，到醒悟过来想要帮他的忙时已经赶不上的，是那鼎鼎大名的威尔和夫（Virchow）。误会他、说他的谎、造他的谣言的，是符次堡大学的斯坎仲尼（Scanzoni of Würzburg），格丁根大学的锡波尔德（von Siebold of Göttingen）以及其他著名的教授。

照此看来，难道当医生的全是捣鬼的骗子，无情的恶鬼吗？这又不然。他们大多数都很老实，很仁慈。可是我们得知道，合千百人于一业，无论是医生、是艺术家、是卖文章的人，其中的普通分子绝不是一个智慧上的壮士或道义上的英雄。塞麦尔维斯有忏悔的勇气，敢宣言在他发现错误以前他必定已经害了无数妇女的性命。可是我们不能指望一般的大夫都能这么坦白，他要谋生，要养活老婆儿女，尤其重要的是要保住他的面子。再就智力方面讲，唱唱天时影响孕妇的老调是容易的，要找出产褥热的真原因却难得多。有人出来指明那个真原因了，那可怜的大夫怎么能知道这不是"聪明，可是靠不住"的怪思想呢？在心理上，他所处的地位完全和一个批评家面对一种新的艺术品一样。拿瓦格纳的音乐来说，你怎么能一望便知它是货真价实，不是徒有其表呢？在这二者之间只有一种实用方面的差别。倘若你说《斩龙遇仙曲》是下里巴人之音，没有谁蒙受实际上的多大损害。反之，倘若你听了塞麦尔维斯的话而嗤之以鼻，照旧解剖了尸体不洗手就去接生，你就给阎王当了勾魂使者。可是我们能因为有这种分别而责备医生独重吗？不幸得很，老天并不按照人们职务的缓急轻重而分配他们的聪明才智。

从顶低的估价，以全体而论，医生们并不比一般人坏些，也不比野蛮人里头的法师们坏些。克洛族的医生，拿什么方法给人治病，也就指望那个方法可以治好他自己的病。巴丁大夫在1661年给一位同僚治病，是放血二十二次治好的，过后自己得了重伤风，也放血放了七次。

"好也罢，坏也罢，这是我的职业，"这句话表示着敏锐而可悲的团体意识，其真挚殊不减志士爱国之忧。一个研究心理分析的人怎么胆敢给人治精神病？一个化学家（如巴士特［Pasteur］）怎么敢讨论到疾病的来源？这种态度久而久之甚至能孕育出一种殉道精神。金鸡纳霜已经风行了，柏林的斯塔尔（Stahl, 1660—1734）还是不肯抛弃他的寒热病理论。他说，寒热是天生的一种特别治疗法，不可妨害它。他宣言宁死不服此药无疑，他是心口如一。有些人醉心于自己的理论，真愿以生命为殉。可悲者是他们要别人也拿性命来陪送。

总而言之，医学的发展也和文化的其他方面一样：瀚海浩无垠，绿洲少且稀。有些时期，正宗的医学简直是胡说乱道；有时候最伟大的医学家也会时而有极正确的判断，时而和野蛮人一样地无能。维也纳的赫恩博士（Dr. Haen，1704—1796）是首创在病室中用寒暑表的人，可是竭力辩说巫术之实有其事，并且虐害女巫。

医学上的真正进步，也和其他方面一样，往往是不期而遇的，有如巴累的取消滚油烫伤口。进步由于转借，规模顶大的转借。医生们不但从秘鲁土人那里借来高根和金鸡纳霜；他们又从纯粹科学方面获得不少助益。倘若没有爱克司光线，没有显微镜，没有照相术，没有血清疗法，没有化学分析，试问现代的医学又将何似？可是我们必须记住：这些好东西里头，一大半是近百年的产物。试想，在赫尔姆霍斯（Helmholtz）发明网膜镜（Ophthal-moscope）以前，眼科毛病如何诊治！然而网膜镜的发明迟至1851年。和赫尔姆霍斯同时的一位外科医生告诉他，他绝不用那个镜子，因为那炫耀的光芒有害于病眼，这十足表示人类的特性。另一位同业愿意承认那网膜镜对于目力不济的医生也许有帮助，可是他自己的目力很好，无需乎此。

让我们记好，我们离目的地还远着呢。我们的大夫们对之束手无策的固不止癌症一种。西班牙人的那句古话现在依然适用："伤风不请大夫，那得一个月才好；请大夫，得三十天。"

第二十二章 科　　学

初民也有科学吗？只要想起本书里头提起过的几种信仰，谁都会怀疑。说是唱歌唱一遍和唱四遍大有分别，把水注满杯子天就会下雨，唱一只法曲去打猎就可以满载而归，路上遇见月经在身的女子就一无所获，有理性的人会这么想吗？再听到野蛮人关于世界和人类起源的解释，那更是愚昧可怜。叫创世主差遣禽兽到海底去抓一把泥土，让他拿来制造我们的大地，这是多么幼稚的思想！讲到初民的天文思想，克洛印第安人告诉我们，从前有一位女郎和六个兄弟逃出恶魔的手掌，决意变成永存的东西。辩论了一番之后，他们升到天空，成了大熊星座（北斗七星）。爱斯基摩人的天文学也是同类性质。从前月亮和他的妹子太阳同住在一个屋子里，天天晚上他在黑暗之中和她同睡。后来太阳生了好奇心，要知道她的爱人究竟是谁。她用烟灰涂在手上,睡觉的时候擦在她的情人的两肩。早晨,灯点上了,她才发现她的哥哥乱伦。她发怒把她的奶割下一个抛给她的哥哥,说:"你既然这么喜欢我,你就把我吃了吧!"于是她拿一根头上生苔的木棒蘸了些油,点着了,冲出门,升到天空。月亮拿起一根同样的木棒去追她,可是他的灯头的青苔燃完了,只剩一点余烬。所以月亮的光辉始终赶不上太阳。

格林兰科学大率如此。两个老婆婆在天空抢一块海豹皮,把皮竭力摩擦,就起了雷声。雪不是别的,就是死人流的血;雨呢,是天空一只盆子里的水。最初创造的地是很平坦的,没有河海,可是上帝不爱那时的居民,他就把地给裂成许多块。大水冲了出来,人都冲到裂缝里去,变成阴间的鬼——阔脸,没鼻子。地又重行造过,最初完全给冰掩盖着,慢慢地才融化了。于是有两个人从天上落了下来,他们的子孙便成了今日的居民。

这些思想诚然孩子气。但是爱斯基摩人也有可以称赞的本领。他们认识的星座比美国的普通城市居民认识的多得多,他们也知道以新月分年。他们注意牵牛星第一回在晨曦中露面。从这颗星的出现和太阳的位置上,他们能够说出最短的日子(冬至)已到。尤其是他们的地理观念,倘若不是因为有许多白人游历者的证明,简直说来无人肯信。爱斯基摩人在一个地域旅行过一次,终身不忘。多年之后他还可以说出,什么地方有一角鲸,什么地方有熊或海豹或海鸥。和尔姆船长在1883—1885年画了一个从北纬66度到68.5度的东格林兰海岸图。他那时还没有亲自探测过那一带地方,画地图完全以土人的叙说和图画为根据。过后在1899—1900年,阿姆德鲁船长(Captain Amdrup)到了那个地方,照和尔姆说起来,"那个地图十之八九与实际相符,令人惊异……有几处地方和几个岛屿的位置定得非常正确,它们所在的纬度或与地图上画的完全相同,或相距极近"。格林兰人自己也在木头上刻地图,不独画出一地的疆界,连地势高下都标识得清清楚楚(图38)。

图 38 爱斯基摩人的地图

近来他们又学会在纸上画图。"在这件事情上,爱斯基摩人表示很高的正确性,为许多早年及近岁的旅行家所证明……"霍尔船长(Captain Hall)曾经印刷过一张地图,是一个完全没有受过教育的爱斯基摩人根据他的一千一百英里的旅程画的。哥尔顿(Francis Galton)拿来和这个区域的海军部地图比较,作如下之判语:"其后数年中我见过许多旅行者画的路程图,那个时候的科学探测比现在幼稚得多,我可以很有把握地说,无论是白人或有色人种,是文明人或野蛮人,在亚洲或非洲或澳洲,我不知道有哪个旅行家不带着测量的器械,纯靠本人的目光和记忆,可以画出广大而又正确之地图能与此图相比者。"

斯培克教授告诉我们,东北加拿大的印第安人也表现出同样的地理天才。他们能记牢各处山川形势,政府派遣的测量人员常常利用他们的本领。"印第安人在桦树皮上用刀尖或炭条或铅笔画图,画出一处处湖泊、河流,河流间的陆运道的大小远近,挥写自如,确有把握",其他地势一概忽视,因为他们打猎或旅行都只用水道,其他地势对于他们毫无实用。

在这方面,密克罗尼西亚人也值得提及。他们往往被风浪或海流漂送到很远的地方,喀罗林群岛人有漂流到台湾的。可是马沙尔群岛人也试作地图以助航行——拿些叶柄绑成架子,以弯曲的梗子代表海流,以螺壳代表珊瑚岛。

各处的野蛮人都有种种知识,堪为科学之基础。他认识他那个地方的植物、动物、矿石,认得清清楚楚,为我们普通人所不及,只有博物学者才可以相敌。挑出任何一方面,只要是那个地方的土人关切着的,你将看见他们的语汇之丰富而吃惊。他在语言方面既分辨得如此细密,就可以证明他观察事实之正确。中央亚细亚的游牧民族吉尔吉斯人叫马有多种名称:纯白的叫 kysyl,口旁及两胁无毛地方作黑色的叫 kök,头部、臀后部、鬃毛及马尾作浅棕色的叫 kysy kök,倘若这几处地方带上一层深灰色便叫 kara kök。棕马而白腹者名 schbdir,鬃毛及马尾作黑色者名 ker。白马而周身有大黑斑者名 ala,有小斑者名 schybar。我们会预期他们对于种马、骟马、牝马、小马等各有特殊名称,可是吉尔吉斯人绝不如此简单。初生小马叫 kulun,两岁的叫 tai,三岁的叫 kunun,四岁的叫 donon。牝马没有生育过的叫 baital,已经生过小马的叫 biä。倘若夏季没有生小马,就叫 kyssyr biä;倘生育已绝,就叫 tu biä。举一隅以三隅反,加上鞍辔羁勒等物以及与宰马、骑马、牧马、取奶等事相关的字眼，那总数真是可惊。种玉米的荷匹人的玉米语汇，打野牛的平原印第安人的野牛语汇，无不与此相同。这些民族各自以一定的方式适应自然，对于和他们有重要关系的事物作精密的观察。他们应用着的心理作用正自和我们的相同：他们观察，分类，演绎，作实际的应用。同一种人民，刚才闹的极荒谬的思想，一刻儿变成了逻辑能手。在这一点上，他们不但和文明民族里头的普通人相似，也和大科学家相似。

可是这些都是实用方面的事情，他们能超出了这个界限而不立即荒谬起来吗？是的，野蛮人有时也露出颇带几分学院气息的智慧方面的研究趣味。让我们倾听那在查加人里头传教的谷特曼牧师（Rev. Hr. Gutmann）的话："时间是黄昏后，山风刮在铅皮屋顶上直响，我听见我的年轻的教民们争辩不休，间以喧笑。忽然门口有剥啄之声。我说，'请进。'我的从人走了进来，看着我，微露烦恼的模样笑着。我问他有什么事，他说，'主人，我们在那里打赌，请你来判决。'这没有什么稀奇，他们常常打赌：关于这个或那个外国字的意义，关于《圣经》里头的人名地名，还有桑给巴尔岛（Zanziber）是属德国管还是属英国管，人能不能在水里睡一夜，某种玩耍要得要不得，一个人敢不敢黑夜里在荒坟堆中走路,诸如此类的问题。可是我的从人把今天打赌的问题一说,我不禁惊异起来了。他说,'我们正在讨论数目是否有一个极限,是否我们尽管数下去会遇到一个数目,再不能往下数,只能倒过来往回数。'这是他们跳出他们狭隘的算术经验的范围而踏进'无穷'的第一步。"

这也许不过是抽象思想的一点儿微光。可是古墨西哥的马亚人却不止于此:他们确实发明了一个代表零的数字和一种以位置为主的记数法。你觉得这没有什么了不得吗?请你寻究一下西方文明中这些好东西的历史。希腊人没有零的符号,也不用位置法记数。因此,很简单的算术,给他们演算起来就麻烦得不堪。怀特海德说得好:"让希腊的数学家知道了因强迫教育之故西欧的全数人民无论贫富贵贱都会演算极大数目的除法,恐怕现今世界上再没有什么比这个更能叫他吃惊了。"罗马人稍有进步,但发明我们现有的数字系统的却是印度人,而把它传进欧洲的却是中世纪的阿拉伯人。这个抽象思想中最伟大的功业之一,为希腊人及一千年前的相当纯粹的诺迭克人所未能成就者,却给一个中美洲的民族成就了。欧洲人要直接从阿拉伯人而间接从印度人转借,这才赶上了那个红种土人。

在科学方面也和在文明的其他方面一样，是无所谓"天之骄子"的。我们诚然有许多东西得之于希腊人，可是希腊人也毫无拘束地向埃及和巴比伦转借。埃及人的几何学是纯凭经验的粗货，可是它是希腊数学的基础。退利斯（Thales, C., 公元前600年）很乐意能交接尼罗河域的祭司因而获益。德谟颉利图（Democritus, C., 公元前420年）自夸多才的时候，也说："依照一定的条件而作线，谁也不能胜过我，连埃及人里头那些所谓作线专家也胜不了区区。"在天文学方面，巴比伦人可谓杰出。在公元前700年以前他们已经懂得日晷的原理，立垂直之竿，视其投影以计时刻，后来亚诺芝曼德（Anaximander，公元前547年）把这个方法传进希腊。希腊的黄道十二宫也是从巴比伦传来的。大多数星宿的希腊文名字都是从巴比伦原名翻译过来的。大约在公元前800年光景，希腊学术离它的黄金时代还远得很，巴比伦的钦天监已经能预告月食的日期。

其次，希腊科学诚然是伟大，可是也有它的弱点。他们的贵族主义倾向叫他们瞧不起**应用**科学的人，认为这种人只是工匠。而且有许多奴隶给他们忙衣食住，因此就没有什么刺激诱发他们在机械方面有所发明。

不错，阿基米得（Archimedes，公元前287—前212年）不独计算出圆周率因以建立理论力学，他也曾设计多种战具以助叙拉古城（Syracuse）抵抗罗马人的攻击。可是照普鲁塔克（Plutarch）的《名人传》上说，他瞧不起这种实利方面的应用，"不愿在这方面有只字片纸遗留后世"，他专心在"那和日常生活的粗俗需要无关的纯粹思考方面"。

这种态度一定妨害科学的进步，甚至**纯粹**科学也受妨害。赫尔姆霍斯也许要算是19世纪德国最伟大的科学家，他郑重地告诉我们，物理学者必须带三分机匠性质。他自己常常要用什么器械便自己动手做，为的是要明白实际上有什么困难。器械上差以毫厘，我们的知识就谬以千里。在这种地方，物理学者也许束手无策：只有那熟悉材料性质的工匠才能解决问题。倘若他成功，科学研究的结果也就正确；倘若他失败，那研究结果也许就毫无价值。赫尔姆霍斯问道："倘若没有实用机械学的不断的且灵巧的助力，我们的物理学和天文学将何似？我们的天体观念和气象观念又将何似？我们的望远镜、电报、电灯又将何在？我们的航海学和测量学又将何如？"

在这方面，罗马人能补希腊人所不及。他们的实用建筑与工程确实在人类的功业中填补了一个缺陷。他们在这方面的工作为后人所不能望其项背者殆近千年。中世纪的摩尔人和西班牙人只能心服诚悦地行走罗马帝国造下来的大道。我们现代文明的工业方面也确实有若干出于罗马。

甚至在理论方面，希腊人也有他们的弱点。他们那种麻烦透顶的记数法使算术和代数学不得和几何学并驾齐驱。在这方面，幸而有印度人。印度人的功绩不仅是送给我们一套数字。亚历山大东征，使印度得与地中海世界交通。印度人由西方获得教益，又转而有所贡献，例如负数之观念。阿拉伯人虽则创造力稍差，可是拿希腊人的遗产和印度人的贡献并合到一处却是他们的功劳。他们在西班牙发展出一个文化，比10世纪时任何地方所成就的都要高些。他们的代数学著作在欧洲的多数地方用做标准的教科书，直到中世纪终了才被废置。我们用来称这一门数学的名字——Algebra——就是阿拉伯文。我们天文学上有许多名词也是借用他们的，如 Zenith（天顶）和 Nadir（天底）之类。

显而易见，我们现代的科学实在是一件百衲衣，埃及、巴比伦、希腊、罗马、印度、阿拉伯，什么地方的布条子都有。

科学是文化的一部分。它不是单独飘浮在纯粹理性的以太里头的东西。工匠和农人,养牛羊的和当领袖的,他们的若智若愚的二重心理也是研究科学的人所常具。科学史里头不乏明证。

有时候,那不讲理性的特色也许长久下去并无多大关碍。例如科学界也有所谓风气,常常变化,和穿衣梳头之有时装一样。六十年前的口头禅是进化。进化的概念给人无分别地应用于太阳底下的一切东西——生物、天文、历史、社会。特殊是在动物学和植物学方面,顶时髦的事情就是研究物种的世系,比而列之,自原始生物以迄人类。忽然风气变了,大家集中注意于遗传。现在还有生物学者在探究动物的谱系吗?稍知自爱的生物学者莫不望望然去之。何必理会那些老朽,何必管他们的低级趣味?然而这些新派人物并非不信进化,他们相信,和老辈一样的相信。然则为什么不让人研究进化的步骤呢?问这句话等于问我们的太太小姐们为什么不再穿伞形裙,为什么不再在她们脸上贴膏药。不干啦就是不干啦,您别问为什么。您以为生物学者会老是这样只管遗传不管别的事情吗?绝不会。除非我们未来生物学者的父母的生殖细胞里发生了什么新的因子，使他们的子孙能异于过去和现在的人类，否则我们仍然可以预言，再过一百年生物学者又将致力于完全新异的问题，对于现今捧着遗传二字呶呶不休者又将鄙夷不顾。

同一时代的科学家会没道理地统一他们的兴趣，同时也会没道理地分歧他们的眼光。这是因为他们的气质不同。有些是先知，有些是怀疑家，有些是艺术家，还有些人是择业有误，最好是去当车夫或讼师。有些科学家时有非常创见，可是大半生光阴浪费在无用的空想之中。有些人永远不会荒谬，也永远不会超出于高等常识之上。另外有些人却是既颖悟而又清明。还有些科学家非常谨慎，非到他最后的怀疑已经冰释以后不肯公布他的思想。牛顿的大著几乎无出版之机会。达尔文辛苦研究多年，可是他的《物种起源》倘若不是因为某种与他本人无关的事件一定不会在1859年出版。巴斯特"居常默默，要等他的工作已经成熟才肯公表。平时绝口不提，连在实验室里也不提到，他的助手只看见他的试验的外形，一点也不知道那些试验的意义"。

和这些例子极端相反的是像去世不久的解剖学家和人类学家克拉契（Hermann Klaatsch，1863—1916）

等人的态度。他的脑子里不断有新思想在那里喧扰，他也就来不及似的赶着把它们付印，往往毫不去试验它们的价值。例如他在澳洲旅行时爱上了澳洲土人，他就努力证明他们是白种人的近支——"比马来人或蒙古人跟我们亲些"，也比非洲黑人更值得我们的同情。他甚至相信他们的语言和白人的语言相近。昆斯兰土人称肝为 jepar，克拉契立即想起希腊文的 hepar。诸如此类的相似点，数目并不多，克拉契却认为已经足够证实他的议论。跟这个典型的人相处，私人关系非常重要。克拉契有一个朋友名豪塞（Otto Hauser），是个古董商，现在已完全证明他是不学无术，克拉契却推尊他为石器文化的最高权威。又如法国的冰鹿时代留下大量的马骨，和许多剥制甚精的石刀一并堆积在悬崖脚下，显明的解释是：这些两万年以前的先民把野马赶下危岩，正如平原印第安人的赶野牛。但是克拉契觉得这个解释"太平淡无奇"；他要叫这些猎人变成骑马横戈的壮士。他明知连巴比伦在公元前 2300 年以前也不知道有驯马，但是何必理会这区区一万五千年的先后。甚至在他专门研究的比较解剖学的范围之内，他也只看见问题之一面而忽略其他方面。他偏爱澳洲土人，因为他恰巧和他们见过面。同样，在进化的研究上他也偏重由四肢方面得来的证据，因为他恰巧在四肢方面作过专门研究。因而他说人类不出于猿类而出于灵长类中比猿类低下得多的一种动物。从血液试验和比较解剖学方面得来的一般证据他全然置之不理。

然则这些科学界的浪漫主义者岂非学术进步的一大损失吗？这又不然。牛顿和达尔文的小心谨慎只要略略过分一点，他们一定永远不发表他们的著作——物理学和生物学将大受损失。再还有尼安特头骨之例。1856年，德国地方出土一个异常扁平的头盖骨，额塌而眉间起脊甚著。显然是人类的头颅，可是和任何现代人种都不像。莫非代表一种前此所不知的人种，Homo属的另一新种吧？德国科学界的怀疑大家威尔和夫（Rudolf Virchow）否认这个假设，他说只是一个因病变形的头骨。许多学者都震于他的大名，依从他的说法。幸而有赫克尔（Ernst Haeckel）等狂热的进化论宣传者，他们坚决主张这个头骨代表人类的一个新种，较为初期的一个种。其后五十年中尼安特型颅骨出土者渐多。到了现在，再没有人会假设这出现于欧洲各地的几十个颅骨个个都是因病而变形了。再没有人怀疑欧洲从前有一种和我们不同的人类居住过的了。热心家终究胜利了。为学之道,须策万全,这句话没有保证。我们固然不可轻信,也不可轻于不信。倘若你太信任新奇见解,自然将要常常做些捕风捉影的事。可是,反过来说,倘若你对于新说一概置之不理,你将失却发明的灵机,阻滞学术的进步。人生无懦夫容身的营垒,科学的进步往往由于有气质径庭者的无理由的冲突。

科学是生活的副产物。对付日常生活的时候,打猎和掘薯的时候,敲剥石器和烧制陶器的时候,野蛮人集聚了许多知识,那就是我们的生物学、矿物学、物理学、化学、工艺学的基础。天文学,像高等文化中的其他许多方面一样,是打侧门偷偷地溜进来的。那些巴比伦祭司们凝视天空的动机是什么?他们想要知道星宿及于人生的影响。他们的天文学植根于占星术;他们从星宿的位置上推测未来的事变。他们特别注意一个人诞生的那个刹那的天体景象,从这个上预言他一生的成败祸福。在巴比伦科学中,古希腊人特别重视的也就是这方面!

在科学中,也和在文化的其他部分中一样,不少事情有赖于侥幸。16世纪末年,荷兰地方发明了望远镜,完全出于偶然;究竟是怎样发明的,有好几个说法。照一种说法，一个制造镜片的工匠的孩子拿两块镜片玩耍，忽然发觉远处教堂的尖塔看得很近。他的父亲就把这两种镜片组合起来，**当作玩具**出售。1609年，伽利略在威尼斯听见此事，回到巴都亚（Padua）以后，他就自己造一具望远镜，后来又加以改良。倘若没有从荷兰传来的报告，他或许永远想不到这个意思。既听见有此一物，他凭着他的光学知识就能够重复发明此物。**如果**有这样一种器械，一定是一个凸镜**配合**一个凹镜，因为单用凸镜则印象模糊，单用凹镜又不能放大。可是这个东西到了伽利略的手里就不是玩具了：它成了探测天空的工具，在天文学上划开了一个新时代。

举一个更近的例子，使眼疾治疗法上起革命的发明当首推赫尔姆霍斯的眼科镜。他怎么想出这个检视活动网膜的器具的，有这位大科学家的亲笔记载着。他不称之为发明而称之为发现：一个巧遇的机会恰恰呈现于一位知道怎么利用它的熟练工人之前。事实如下：赫尔姆霍斯渴望研究物理学，可是没有力量，不得已而学医。这不幸的开端末后却证明是极大的幸运，因为研究医学的时候他才知道医学界急迫地需要着他后来发明的那么一种器械。这显然还是不够：在他之先至少已经有过一位生理学家几乎发现此器而终于失败了。为什么？因为他没有能掌握这个问题的**物理学**的一面。赫尔姆霍斯天性好此，光学的原理知之甚悉。他看到了医生的问题，他能驾驭物理学者的技术。他**解决**了这个问题。赫尔姆霍斯居然会学医，1851年的时候有这么一个兼通医学和物理学的人，哪个人会有赫尔姆霍斯这般见识来综合两种学问以为用——这不能不说是一个幸运的机遇。就原理说，这种事件不是独一无偶。由于同样的幸运，有一个聪明的西伯利亚人想到骑鹿之法。那冰鹿是早已驯服了的，已经用来驾雪车，同时又有那大胆的外国人骑在马背上。为什么不像他们使马那样使鹿呢？可是倘若不看见那些外国人，这个意思也许永远不会有人想到。

科学家也和女佣、公债经纪人以及医生们一样，是住在大街上的。"要跟大众一致"，再没有比真理的信徒更努力的了。他的老师传给他的知识，他的同业一致接受的知识，是神圣的。任何怀疑，任何新思想，都有离经叛道的嫌疑。倘若你说原子并非实有其物，说疾病不由于细菌，说移民的子孙的头形和他们祖宗的不一样，给某先生听见了不知道要说什么！一想到自己的名字要给同业列入罪籍，真有点儿不寒而栗。

能量不灭，这在今日已经成了物理学的常识了。能量只能转换，一种形态（如电）的一定分量可以变为他种形态（如热）的一定分量，如此而已，可是这是很近才有的一点知识，最初公表于世的时候科学家们绝对没有大喜若狂。迈尔（J. R. Mayer）写了一篇关于这个题目的论文，送给德国最有名的物理学杂志的编辑坡根多夫（Poggendorf），坡根多夫不肯发表，后来（1842年）刊布在莱比锡（Liebig）的《化学与药物学年报》上。坡根多夫还有所借口：迈尔是研究医学的，不熟习物理学上的一切观念和术语，所以论文里头未免有大错而特错的地方。可是这个借口不适用于赫尔姆霍斯。他的《力不灭论》（1847年）在技术的正确这一点上是无瑕可击的；然而最初所受的待遇也和迈尔的论文相同。

伽利略在天文学上作大发现的时候，巴都亚大学的首席哲学教授不肯从望远镜里看月亮和行星，甚至辩论新发现的星辰无存在之可能。他的论据如下："动物头上有七窍，空气由此入躯干以照耀之，温暖之，滋养之。这小宇宙的七窍是什么？两眼、两耳、两鼻孔、一口。所以大宇宙里头也有两颗吉星、两颗凶星、两个光明体（日月），和一颗中立无特性的水星。自然中还有其他同类例子，如七种金属等等，难于尽举，从此可以推知行星之数亦必为七（译者案：当时以日月为行星）。其次，木星的卫星为肉眼所不能见，所以在地球上没有什么影响，所以没有用处，所以不存在。还有，犹太人和别的古代民族，以及现代的欧洲人，都采用七日一周制，而以七行星之名名之。倘若我们把行星的数目增加起来，这个美丽的星期制立刻就要崩溃了。"

其实呢，18世纪的瑞士法官既然可以像西非洲黑人一样听取巫术的证据，为什么17世纪的学者不可以发克洛印第安人一般的议论呢？希腊大数学家毕达哥拉斯精究数术之玄奥，宣言十为最全之数。可是宇宙中只有九个可见的星辰：所以他的学派中人就造出一个"对地"（counter earth）来凑足十个。区区两千年是不足以使伽利略的反对论者较此更有理性的。他真也可以算得"吾道不孤"：有那位名医阿古利巴，还有同时代的科学界闻人，都是他的同志。刻卜勒（Kepler，1571—1630）固然没有否认伽利略的发现，可是他的确诧怪，为什么会有六个以上的行星；他在天体中看出神圣的三位一体；他死的时候还当着华伦斯坦因公爵（Duke of Wallenstein）的占星官。然而科学理论中最重大的一条，牛顿的万有引力论，却以刻卜勒的定理为根据。

在那个时候，占星术还没有被逐出学术园地之外，是大学课程中的重要部分。梅兰克吞（Melanchthon）在威丁堡大学讲授此学；波伦亚（Bologna）大学和巴都亚大学里都有占星术的讲座。丹麦的大天文学家布拉厄（Tycho Brahe，1546—1601）的精确而广博的观察实为刻卜勒创设他的理论的根据，然而布拉厄是占星术的忠实信徒。他叹息当时占星术士但观一人出世时的星辰位置就**鲁莽**从事，冒不知以为知。这种行为真堪痛恨。但是**真正**的占星术还是有的，要有精深刻苦的研究才成。布拉厄作文以辩其有，并应用其原理以预言他的恩主丹麦国王的诸子的生平。

真的，占星术的证据有时是令人满意的。米兰多拉伯爵（Count Pico della Mirandola）是个怀疑论者；然而有三个各别的预言都说他活32岁，他当真死于32岁。一个物理学者遇有三个不同途径的实验产生同一结果时，是不是也应该满意了呢？还有奥皇腓特烈三世的例子。他诞生的时候，正是火星皱眉头的时候。他又知道匈牙利国王的命生得很好。因此他竭力避免和匈牙利打仗，而以外交政策达到他的目的。梅兰克吞夸奖道，这是应用占星术的一个佳例。还有，麦哲伦起航的时候，邀请他的朋友法来洛（Ruy Faleiro）同行。法来洛没肯去：他看星象知道这次航程中管天文的人是要遇难的。后来他的替身果然在一个岛上被杀。

布拉厄自己也著有令人难信的神验，他预言丹麦国王的两个儿子的命运。基利斯当四世生时，他断为"好武功，多外宠，爱正义，热心宗教，亦因此热心而大涉危难（三十年战争），富谐趣，解艺术，嗜音乐，好繁华，采矿大盈，婚姻多故"。据丹麦史家特洛尔斯隆德说，综观基利斯当一生，没有比这个更恰当的评赞。可是布拉厄的预言王子汉斯的命运，更为神妙。他说这位王子十八九岁上要遇极大的危险，只有上帝出来援手才可以逃脱。特洛尔斯隆德书上记道："汉斯公爵18岁时远离本国去参加西班牙人俄斯坦德（Ostende）之役，知道布拉厄的预言的人莫不为之危惧。召回之后，又由海道赴俄，因为基利斯当四世已经代他订婚俄皇之女。两弟兄垂泪而别……他到了莫斯科，俄皇款飨甚隆，繁文缛节费了许多时日。公爵病倒了，俄皇还不断地差人来商量婚仪。到了1602年10月28日，他就去世了，远离家人戚友，新娘尚未谋一面。土星毕竟胜利了。噩耗传到丹麦时，谁也不敢怀疑了，布拉厄看星看对了。"

但是野蛮人的信仰有时也有此种证明。拐去的魂灵送回原处，病人真会霍然而愈。新墨西哥的组尼印第安人在 1928 年 8 月举行一个祈雨的仪式，在场目睹的克勒门兹（Forrest Clements）博士告诉我，每舞毕，大雨倾盆。我自己也曾看见亚利桑那州的一个法师以口嘘气逐云，云竟散去，雨患遂免。这种亲眼目睹的凭证还能怀疑吗？

和野蛮人一样，科学家既没道理地轻于置信，同时又没道理地轻于怀疑。他们极肯相信占星术，但是不肯承认能量不灭说。理由很明显。占星术有历年长远的权威，它是古老相传的圣学之一部。此外，它又利用着人类关心未来祸福的心理。它有这两重壁垒，所以就攻之不拔了。可怜的迈尔和赫尔姆霍斯哪有这种奥援。庸懦的思想家只会顺着最少抵抗的一条路走去。他们应用那颇有道理的原则—— 一个新的思想总是错的分数多，对的分数少。不幸，他们把这条原则应用到一个例外的例子上来了。

科学之所以迷误，或由传统，它使他们先入为主；或由畏葸，即令无传统之说也不敢睁开眼睛来看真理；或由幻想与感情用事，乃至徒劳无功。这些陷阱比外来的压力重要得多。有许多历史学家把基督教会当作科学史上的赎罪的羔羊。可是基督教并没有造出巴比伦的占星术或毕达哥拉斯的数目神秘论。它既没有叫布拉厄看星象作预言,也没有用天时的影响来解释产褥热。科学停滞的时节,多半是因为科学家不称职——因为他们是盲目崇拜过去的人,因为他们像坡里尼西亚祭司们一样的捣鬼。一句话,因为他们没有能超出野蛮人的水平。

科学家无需怕教会,倒是对于他们自己的门户思想应该戒警恐惧。由于命运的必然,既有师不得不有弟子。大科学家之所以为大,乃因敢于向传统挑战。他的门徒把他的一切学问学了去,单单把他的精神遗漏了;把他的错误思想和他的真知灼见一例吞下去。组织团体,互相标榜,排斥外人,等到新的大师出来,把他们的教条一股脑儿扫进垃圾箱。

可这是过去的事情了。在我们这个唯理主义的时代,独立思想已经变成大家的口头禅。传统的意见到处受人讥嘲。我们已经变清明了,再不会像布拉厄似的把学问和无稽之谈混而为一了。这种乐观主义又可怜又可笑。有多少现代的科学家是刻卜勒和布拉厄的等伦?为什么假定他们不会做出前世纪的蠢事?

但请一看优生学，就足够打碎这种妄自尊大的心理。那些江湖派优生学者姑且放过一边，让我们来访问哥尔顿爵士（Sir Francis Galton），优生运动的创始者，是一个天才也是一个英国绅士，真够得上放在那些伟大的天文学者一处评论。

我们要感谢哥尔顿，他贡献给我们那个卓越的思想——人们的天赋不同。他们生来就不同，有人长于记忆，有人善为幽妙之思，还有人以想象之力见长。叫两个人处于同一地位，他们的成就绝不会完全相同。倘若天赋不足，任怎么训练也不能弥补。

这是大胆的一击，因为它直接蔑视一种已经公认的理论。在哥尔顿之先，通行的意见都以为"锲而不舍"可以成就一切，教育可以完成任何人类的才能。哥尔顿的话把心理学理论和教育方法全都推翻了。倘若那个孩子在数学方面或绘画方面注定了赶不上他的同学，那又何必浪费光阴去教诲他这门功课呢？

哥尔顿更进一步主张，天赋的厚薄不是随便分配的。有才能的人出于有才能的种，笨爸爸养傻小子。遗传大有关系，比环境重要得多。养马的人选择好种交配，已经得了惊人的结果。为什么**人类繁殖不应用选择法**呢？进化太慢了，叫人心焦；不能设法加快吗？

让我们来限制不适者的生产，促进适者的结合。不久之后，一般的人都可以和牛顿、贝多芬、米开朗基罗并驾齐驱；杰出的将成为我们现在难于想象的超人。

这些目的诚然是很高。在这个信仰日衰的时代，它们的创始者自然把它们当作一种新的宗教来宣传。可是哥尔顿去世才有几年，他的教义已经给人糟蹋了。至少在美国，优生学已经成了排外主义（Know-Nothingism）的饰词。在哥尔顿，自古及今所产生的伟大天才仍嫌不够；他的美国门徒却以有数几个平庸的新英兰家族为已足。哥尔顿说，增加优种比抑制劣种"重要得多"。我们的排外主义者却整天拿着我们公立学校里的"堕落种子"和我们移民里的"低劣"血统闹个不休。往好里说，这些宣传家太没有幽默；顶坏的时候，他们简直是肆无忌惮的说谎的人。人种混合的最彻底的研究要数斐西耶教授关于西南非洲的利河伯"杂种"的研究（见第四章）。他们高大像诺迭克种，头发蜷结像霍屯督人，淡皮肤像欧洲人，黑眼睛像非洲人，余亦准此。可见两种杂交，并没有偏向此方或彼方的**人种**的趋势。可是这个结论不合排外主义者的口味。这些宣传员认为，惟一重要的事情，是登高大呼人种混合是一桩罪恶。因此我们最有名的优生学者之一就大胆宣言：白人与印第安人交，生子为印第安人；白人与黑人交，生子为黑人；白人与印度人交，生子为印度人；欧洲人与犹太人交，生子为犹太人。"人种杂交所生子女属于较低劣的一种。"

这句话诚然不是出于一个专门的科学研究者之口，可是说这句话的人却是一个有好些大名鼎鼎的生物学者给他保证和辩护的人。在他们看起来，他的目的足以宽恕他的手段。只要是为限制移民的政策张目的，就是打两句谎话也是可以原谅的。我们相信，哥尔顿自己绝不肯纵容这种策略。但是他把人类的天性看错了：他不知道科学家感情用事的时候会变成恶讼师的。他真是老实得可怜，他说我们可以信托一个社会按照他们的"公民价值"（civic worth）去选择它合式的公民。倘若连真理的卫士还靠不住，那广泛的社会还可以信托吗？苏格拉底是哥尔顿认为古今最伟大的哲学家，公元前5世纪的雅典是哥尔顿称为古今最有光辉的社会，把这位古今最伟大的哲学家判处死刑的不就是这个古今最光辉的社会吗？

再说，所谓"公民价值"的意义又如何呢？柏拉图主张把诗人驱逐出境，哥尔顿自己也说艺术家之流是"嗜欲荒淫，生活极不规则"。更进一步，我们就要禁止他们结婚。然则科学家的"公民价值"又怎么样呢？哥尔顿说他们是"不惮考问，不怕真理"，如果此言不谬，那他们也就没有公民价值。在许多国家里头，这是顶不合适的性格：它们所需要的是随波逐流，盲目服从。我们美国的优生学者里头有人明白说出：喜欢批评固有的境遇，就是邪恶之征。

所以华莱斯（Alfred Russel Wallace）见优生学而却步，评为"倨傲的科学的祭司阶级之谋出其位"，委实不是由于无端的伤感，而是出于健全的直觉。哥尔顿信托政府官吏乃至科学家去实施优生事业，实在透着有点孩子气的乐观，这种乐观之不近事实和前世纪中人类可以无限制地迁善的信仰全然相等。我们可以信托人们随着他们的假定利趣去行动；我们可以信托他们去穷凶极恶地把自己的理想强制别人信奉；但是我们不能信托他们能为人类全体的最终利益去管束人类。

哥尔顿是乐观的，凡新宗教的创建者都非乐观不可。他喜欢用机智应付别人的反对。倘若要改良人类，要把体质的、智力的和道德的优点联合起来是否可能呢？哥尔顿颇有把握地说，**一切优良性质都有连带关系**。不错，著名的英国法官的子女都很稀少，这未免在繁殖优种方面有些不利。可是哥尔顿不肯承认。法官当然要娶嗣产女（heiress）；而嗣产女照定义就是一个独养儿。所以，负不育之责者不是那些法官，而是那些出于劣种的嗣产女。还有，倘若优生学要有效，体质和智力**应该**连带发达才好。哥尔顿一点也不沮丧。倘若伊丽莎白女王挑选她的主教的时候，如果依传闻之言，注意他们小腿的瘦壮，那是很对的。"后来变成英国的法官、主教、政治家和进步领袖的那些青年，在他们那个时代的确可以组成无敌的运动队。"可是我们应该记住，英国的学者和官吏多半来自常常玩棒球骑劣马的上流阶级。试看一看法国或意大利的学术会议，里面可有多少运动家？

遗传催眠了哥尔顿，正如星兆催眠了刻卜勒一样。它把他的判别力麻醉了。伯里克利时代是一个有惊人功业的时代，所以不得不拿人种说来解释。由于一半不知不觉的选择，雅典"造成了一个人类的良种"。所以在公元前530年与前430年之间它产生了十四个名人——以人口比例言之为任何时代任何其他民族所不及；而且这十四位里头有两位至今尚无等伦。"我们找不着什么人可以和苏格拉底和菲狄亚斯（Phidias）相比，因为全欧洲的千百万人，育种育了两千年，没有能造出可以和他们匹敌的种。"可是雅典人太不自爱,随随便便的和劣等的外族通婚;所以他们的子孙的品质就低落了,他们的光辉灿烂的文明也就衰歇了。

　　当作科学的论证看,这是彻头彻尾的捣鬼。什么雅典先曾一半不知不觉地选种,有谁**知道**?什么前430年以后因为和外人通婚而使人种变坏,又有谁**知道**?可是这些有趣的鬼话还不及拿大人物来称斤论两的幼稚可笑。世间没有比排列天才的高下更难的事情。他们不但在量的方面有差异,质的方面亦复有别,无论评判哪一门人物,评判者本人的好恶都不免要影响他的结果。哥尔顿轻轻巧巧引述人物的估价,天知道从哪里拣来的,他却当作有绝对的正确性。谁说米开朗基罗不及菲狄亚斯?附带还可以问一句,现在没有一件作品是确实知道出于菲狄亚斯之手的,这是不是一个事实?再请问,依什么标准非把苏格拉底排在康德、牛顿、莱布尼兹之上不可?最后,哥尔顿凭什么标准把他的雅典政治家和将军放在"名人"里头呢?关于忒密斯托克利(Themistocles)、米太雅第(miltiades)、亚利斯泰提(Aristides)、赛梦(Cimon)和伯里克利等人,可有谁知道些什么,足以担保我们把他们放在毕德(Pitt)、狄士累利(Disraeli)、罗斯福、福煦和腓特烈大王之上或并列呢？绝对没有什么保证。统治一个小小的城邦以及指挥那个小邦的军队，和统治现代的庞大国家是迥不相同的两件事，其间难觅共同标准，哥尔顿应该见得到啊。

我们觉得这个道理很明显，哥尔顿为什么见不到呢？他见到的——当那神圣的狂热不在他身上的时候。欧洲的文艺复兴时代也是一个光辉灿烂的时代，和伯里克利时代正不相上下，哥尔顿也注意到的。可是不知道为什么它没有引诱他荒乎其唐的胡说。他很清明地加以解释——用环境来解释。他问道，为什么这个时代和前一个时代面目全异？是因为世世相传的才能突然起了变化了吗？哥尔顿毫不含糊地回答道：不是。"这些突如其来的智慧大进步的时代不会由于人种的天赋有什么变动，因为时间来不及，乃由于这种天赋才能用之较得其道。"这里不来什么不知不觉的选择这套废话了，也不强不可较者以相较了，也不依样葫芦地引述辗转得来的评价了。摘下他的眼罩，哥尔顿的目力原不比别人差些。但是建立信仰的人是不容易叫他的目力常常清明的。想要**控制**人类的命运的人是和想在星空窥测人类的命运的人同样容易错误的。

哥尔顿这个例子应该可以给后人一个教训，可是不成,因为人类永远不肯从历史上求教训的。我们的科学家将继续搜集新事实,并加以新解释。知识之库将日益深广,我们的"征服自然"——那就是说,我们越过越聪明地服从自然——也将日益进步。但是个别的科学家仍将继续逞其游谈,意志薄弱的同僚和门徒仍将奉以为金科玉律,为自己的宗派的光荣起见仍将排斥异己,掩饰显明事实,甚至纵容有意为之的虚谎。科学诚然已有进步;科学家却仍然没有超脱初民心理。

欧战给科学家的智力来了一个试验。以全体而论,他们惨败了。同是那一辈人,在国际会议里刚才絮絮不休地谈着科学之大同主义,一声宣战就变成狭隘的爱国主义者。化学大家奥斯特瓦德(Ostwald)为一种世界的语言和民族间的谅解努力已有多年。现在他忽然宣告德国是优越的组织国家,其他各国都还在个人主义的基础上浪费光阴,所以德国非出来用它的效率强制各国前进不可。著名的德国科学家把英国学术团体所授予的名誉学位与职位一概摒弃了。英国人和法国人也立即回敬,他们说辞的要义是:德国科学本来没有多大价值,它的盛名纯是虚声。在欧战之先,法国的物理学史家居恩(Duhem)对有几位**英国物理学**

家的评语实在不敬得很。他说他们的缺乏严密逻辑是英国的国民性，和法国与德国的思想家正可对照。可是到了1915年，他的条顿民族心理评价突然改变了。德国人毫无灵感，只会做琐琐屑屑的功夫，和中世纪的僧侣相似。在英国，拉姆则爵士（Sir William Ramsay）和郎刻斯忒爵士（Sir Ray Lankester）的议论也出以相似的口吻。1916年有一位加拿大的科学家在《自然界》上大发牢骚，说德国的科学家相约缄默，故意埋没英语民族的科学家的成绩，他要叫德国人自白所受于牛顿、法拉第（Faraday）和马克斯维尔（Clerk Maxwell）的恩惠。这位自作聪明的朋友显然没有寓目赫尔姆霍斯和波尔兹曼（Boltzmann）称颂牛顿等人的文章；他不知道美国在精确科学的深奥面第一出色的人物季布兹（Willard Gibbs）之幸而不致没世无闻者乃由奥斯特瓦德之力；他也不知道马赫（Ernst Mach）的科学史论文中几乎无处不对伟大的英国科学家的成就表示热烈的赞赏。可是到了1916年，大多数科学家已经忘其所以，也不管自己写的是什么，只要能表白他们是和大众的成见一致的。这种情感在停战以后仍然盛行，到现今还没有完全消灭。至少有好几年，协约国方面科学家不肯和德国科学家交际。他们组织并举行**国际**会议,可是不要德国人和奥国人出席!

这已经够受的了。可是拿来和 18 世纪及 19 世纪初年的往事一比较,更叫人难为情。大约在 1748 年,西班牙和英国正在交战,乌略阿(Ullea)恰巧测量了一处子午线弧度回来。他在中途被捕,送到英国,英国的学者们立即出来营救。他被释放了,而且**被选入皇家学会**。英西战争只是小小失和吗?好,拿破仑战争总不能算是小小不睦了吧。以时代而论,那个战争的规模是可以和 1914 年开始的不幸事件相比的。然而在普鲁士兵败国破之时,洪堡还是泰然地和他的朋友吉吕萨克(Gay-Lussac)探险维苏威火山,仍然继续做法兰西学院的八个外国会员之一。得了他的国王的许可,他把巴黎当他的本营,把他的重要论文用法文发表。1841 年法国和德国又有开战的消息。洪堡写信给他的老朋友阿拉各(Arago),问他是否这种政治上的冲突将影响他们的私人友谊。那位天文学家接了这封信很不高兴。他在 1841 年 3 月 12 日写了一封回信,"我不能相信,我不肯相信,你**当真**问我是否欢迎你到巴黎来。你会怀疑我的不变的敬爱之心吗?你要知道我是要把这方面的任何狐疑当作最残酷的侮辱的(La plus cruelle injure)。"试拿这个和巴黎医学院的哥舍教授（Prof. Gaucher）的态度比较，他毫不觉得羞耻地在1916年自白，打1870年起就没邀请一位德国人到他家里去过。

又如德斐（Humphry Davy），他在1806年写了一篇论《电之几种化学的发生法》。法国的科学家送他一个电气实验最佳成绩的奖章。虽则当时英国和拿破仑正在拼个你死我活，他却把这个奖章接受下来了。他说："有人说我不应该接受这个奖章，报纸上也有无聊的文字表示同样的意思，但是，两国的政府虽然失和，两国的科学家并没有对垒。倘若科学家也成了仇敌，那真是最可叹的内战了。我们宁愿靠科学家的中介来减轻一些两国相争的残暴。"1813年的秋天，由法拉第陪伴着，德斐渡海入法，虽则两军炮火正浓，法国的科学家却群来欢迎这位尊客。也许是由于他的私人的癖性吧，他没有能始终和他们处得很好，但是他们仍然把他当尊贵的同志款待，而且他们真爱法拉第。

1813年的科学家和1918年的科学家之间，气度之相去何其远也！百年以前，研究学问的人还没有中国家主义的毒。他们里头也许有德斐这种装模作样的人，也许有洪堡这种趋附王侯的人，但在智慧上他们是自由人，为全人类的利益而努力。

自公元前两万年以迄今日的科学史可以总括如下。在知识之累积这方面，已经有了很大的进步。在科学研究者的心理方面，从冰鹿时代以来没有根本的变化。在科学道德上，最近百年表示着一个退化的时代。

第二十三章 进　　步

把文明的历史远远地回顾一番，觉得有点儿懊丧吗？可是除懊丧以外你能指望什么呢？人生本是凄惨的。野蛮人相信险恶的力量八方来袭，这实在比乐观主义的哲学家更近于实际经验。文化是实际之一部，所以在文化的历史的每一页上人生的鬼脸都在瞪视我们。有一位德国的科学家说得好，人类跟着他的**生存**的条件一同发展，没有等得他的**善生**的条件成熟（Man developed with the conditions for his being, but before the conditions of his wellbeing）。关键就在这里。人类社会能够以最低限度的合理的适应而生存。佛伊哥人可以象征人类的命运（见第三章）。他在那里挨冻，却不至于真的冻死；他在极端苦恼之中继续生存，继续繁殖。同样，18世纪巴黎的极不卫生的医院也还留下充分的法国人在革命时代和拿破仑时代趁热闹。

同样，20世纪的大战直接间接也没有能杀掉交战员的一半。战后遗黎也许颇受了些物质的精神的苦楚，可是他们终于渡过这一关，又像从前一样繁殖了。

初步研究进化论的老实人常常给一种奇异的现象迷惑住。为何到了现在还有微菌之类的简单生物存在呢？万万年来它们不是和人类同样有飞黄腾达的机会吗？为什么到了今天它们还没有变成人体，或至少变成哺乳类呢？这位老实的学者迷惑住了，因为他假定进化是自发的。进化不是自发的，只有逢某种特殊的——而且大体说来是不容易有的——原因登场，才会有新变化——而且新变化发生以后那个生物也许更适宜生存，也许因此毁灭。这条原则也适用于文化。没有相当的原因，变化不会发生，这个变化也许是变好——任取这个涵义广泛的字的任何意义——也许是变坏。往往一种变化的本身很可取——例如豢牧冰鹿之俗或都市生活——但是它搅乱了旧时所已养成的良好平衡。弃旧迎新的一切可怕的麻烦都来了。西方文明应付城市生活问题已有七世纪之久，成绩可不能说是很高明。男男女女成群结队往城市里来的时候，农民社会所已养成的平衡被打破了。结果是拥挤，污秽，疾病，盗匪，不安全。当然这些东西没有能阻止都市生活的继续，可是就社会的和谐这方面说，城市社会比乡村社会低落得多了。

在克洛印第安人里头，动手打本族的人是奇耻大辱，多年之后他的乡邻还要拿手指着他窃窃私议。丹麦宣教师埃格德熟悉了格林兰的风俗以后，深以他们无法律无官吏而能太平为怪。"争斗与口角，憎恶与虐害，在他们里面几乎绝迹。他们看见我们的水手打架，他们说这些人好像忘记自己是人了。他们又说那些军官鞭打水手是不拿他们当人，简直是拿他们当狗。"财产的安全正如手和脚一般。1907年我住在阿尔伯塔州（Alberta）南部的阿息尼波因人（Assiniboine）里头，离开最近的白人颇远。我在白天里要到处跑，访问我的分住各处的报告人：可是我没有丢一个钱，在平原印第安的村落里头，这种保险是不成问题的，而现代文明却办不到。

统治一百万人比统治一百人难，统治一千个和你平等的人比统治利害冲突的几个阶级难，这是确实的。重要之点是：野蛮人把他的简单问题解决了，我们没有能解决我们的较为复杂的问题。也不是说野蛮人因为是野蛮人就一定靠得住。他在非洲创立了君主政治，在坡里尼西亚创立了贵族阶级以后，人类的尊严就成了沙地主义的牺牲品,和在任何官僚政治之下的现代国家一样。自古以来人类生长的环境使他适应小群生活。他还没有经过一种生物学的变化,能使他适应庞大无伦的城市和国家。所以虽有科学、民主政治、宗教等等的联合努力,"大社会"的罪恶仍然治不了,只是略略减轻而已。

人类所要应付的生物学的问题和黑猩猩正复相同。两者都要竭力对付毁灭的力量,对付不了就要灭亡。人类胜过黑猩猩之处在能以一代的经验传之次代。这才渐渐积聚起许多谋生之法,不独谋生,且谋所以善生。不幸,他在这宝贵的遗产里掺杂了许多渣滓,两相胶结,难解难分。后世子孙学会截石为刀,**也**学会用刀截指以服丧致祭。火器射禽兽**也**射人类。君主立法以治国,**也**制刑以残民。生物学者研究遗传,**也**妄想修补人类。

结果是两相抵消。好像人生的苦恼还嫌不够似的,人类无端又自己加上一副重担。人类的奋斗不仅是适应自然,还要对付"骚扰我们的心和脑的魑魅魍魉"。得失可相偿乎?我们的黑猩猩诚然没有得到祖宗的什么遗产,如工具、衣履、宫室之类;但是它也不至于被控以邪术伤害同类而惨受刑戮,也不至于要牺牲性命去当猿王问讯祖先的使者。倘若它没有够得上"万物之灵",它却幸而免于"天下至愚"。

希望破坏之后自然要有幻灭之痛,可是这一阵过了以后,我们就可以获得一种更清明的见解。当然,那种浅薄的乐观主义我们是非舍弃不可的了。人类不是自然的主人,而且永远不会成为自然的主人。生和死的奥妙绝不是这位小哥儿所能参透,宇宙万有的重量也不是眇眇之躬所能肩荷。无论天文学怎么进步,它不会帮我们把月亮变成饽饽。我们轻轻巧巧地夸口征服自然,其实自然已经定下界限叫我们不能越雷池一步。然而我们既明白我们在宇宙中的真正地位以后,我们的失望就可以减轻。**人类跟着他的生存条件一同发展,没有等到他的善生条件成熟**。从生物学的角度看来,现在的人类还是二万年前的人类。他的脑筋并不比全新世的冰鹿人强些。他的科学是适应自然的过程中所得到的副产物。他的社会组织是对于(比现在)简单的环境的反应。从生物学的角度说,我们没有理由指望他行事必定聪明,除非在不聪明就不得活命的场合:他的生殖细胞里既没有新发生的新因子,我们也没有理由指望他合理地组织一种**复杂**社会。

我们还是野蛮人。列位不必介意。只要我们记得野蛮人的功绩，我们就会不以为忤。人类毕竟是人类，卑陋的原人已经知道取火，知道截石为器，知道赶野兽下悬崖，他们和猿类相去又岂可以道里计！说我们是野蛮人就是说我们是人类啊。

和那个最古的人类比较起来，或者和那较后的冰鹿人比较起来，我们已经前进多了。至少在物质和文化方面以及单纯知识方面可说不断有进步。可是我们必得用千年或万年来计算，不能用百年做单位。帝国时代的罗马在它的卫生和工程两方面远在中世纪欧洲之上。在某几方面公元前五百年的希腊人比公元后五百年的欧洲人进步得多。所以，一千年以后的人也许在许多方面赶不上现代的人，这是很可能的。可是要说会跑回到一万二千年前的游猎时代去，那就不至于了。单个民族诚然有放弃农耕重行去靠打猎过活的，但人类全体在生产手段上开倒车却几万年来没遇见过一回。反之，他们一直在那里前进，虽然很慢——从掘根采果进为锄耕，从锄耕进为犁耕。他们的工具也是一样：个别的民族也许有学会了锻冶又忘记了的，但从公元前4000年一直到今天，锻冶之术没有在世界上失传过。在真实的知识方面，也没有过永久的亡失。退步的涡流并没有能妨碍大江的东去。黑暗时代并不如所说的黑暗,刻卜勒、伽利略、牛顿出世以后科学也就跨过前人的故步。

道德方面的观察就不能给我们同样的鼓舞。石器时代的野人和爱斯基摩人及克洛人一样,是和我们同样博爱的——在一定的群界之内。我们的确听见过人类之福音,但它的实现还受着"天选民族"及特殊阶级等原则的抑制。退步是常有的,而且是隔了不久便非有不可似的。据说国家主义是大同主义的必经步骤,就算这个话是对的,请问在哪一个大国家里头国家主义已经成功?我们不还有那牢不可破的南方吗?加拿大不是还坚持要在华盛顿另派代表保护它的权益,以示和整个英帝国有别吗?甚至在那小小的挪威国里不还有个吵闹不休的少数民族要求承认一种和挪威国语不同的方言吗?中世纪欧洲在原则上是大同的,一世纪以前的学术界也是大同的。从那个时候起,开了倒车了,尤以知识阶级为甚。拿1806年接受法国奖章的德斐和1914年一脚踢开英国名誉学位的德国科学家比较比较看!拿那个普鲁士廷臣洪堡的精神和现在住在一个西方大共和国里头的著名生物学家们的无耻的排外主义比较比较看!

也许我们期望太殷了。古代的冰鹿人一定也不是一个大同主义的信徒，倘若一个对一个我们的科学家不比他强，那也是意中事。也许到了公元后 5000 年的时候他们又像洪堡和德斐一样大同起来了。也许到了公元后 20000 年的时候自然已经拿人类的生殖细胞改造过一番，幼稚的部落主义和较为粗野的几种沙地主义将屈伏在自我批评和更洪大的宽容心的脚下。这不见得怎么可靠，可是 18000 年之中是很可以有些变化的。

我们里头不见得有人会活那么长寿。我们不得不求安慰于他方。好吧，能听见过人类大同的福音总还算不错，能时而听到有孤独的热心人在荒野之中重申这个信仰总还慰情聊胜于无。这一点是我们比黑猩猩和野蛮人进步的地方。再还有，能和自大主义、沙地主义，和排外宣传，杀个一刀两枪也要算是不错的。胜也好，败也好，弥尔顿的话是对的：

   亦知终不胜，
   战死有余荣。

重印后记

这本书的原著出版在 1929 年，译本出版在 1935 年，已经半个世纪过去了。译本是生活书店出版的，现在三联书店的同志说这本书还值得重印，我就拿出来通读一遍，在词语上稍微做了些修改。有几处译文可疑，因为没有找到原著对读，只好不去改动。

我年轻的时候喜欢看看人类学的书，并且动手翻译，一共译了三本。第一本是 R. R. Marett 的《人类学》，是《家庭大学丛书》的一种，是一本以简明为宗旨的入门书。第二本是 R. H. Lowie 的《初民社会》，算是一本专门著作。第三本就是这本《文明与野蛮》，也是 Lowie 写的，是一本外行内行都能欣赏的"科普"读物。前两本书都是商务印书馆出版的，这一本也首先送给商务去看，可是退回来了。可能是因为商务在"一·二八"战事中遭受重大损失，暂时把力量放在重版书上，不亟亟于出新书。也可能是因为这本书的写法有点"亦庄亦谐",不像一本教科书或者准教科书。正在这个时候,有一个正在筹建的小出版社托人找书稿,辗转找到我,就把这部稿子拿去了。不到半年,听说已经排校完毕,可是又等了一年,不见出版。一打听,说是因为资金周转不灵,不知道什么时候才能付印。问他把原稿要回来,不给,要付给排版费才给。当初是订了出版合同的,可是没有订明交稿后多长时间内出版,于是法律就允许他千年不印,万年不还。原介绍人直对我抱歉,可是他没办法。后来闹到上海租界里的洋法庭,还是不得解决。最后是由生活书店代付部分排版费才把原稿赎回来,由生活书店另行排印。这就是这本书1932年就译完可是直到1935年才出版的原因。后来抗日战争时期我在四川,有一位穷朋友要开书店,要找些能够暂欠稿费的书稿,我为他翻译了《伊坦·弗洛美》。他的书店没开成,可是他不是把稿子送还了事,而是把它辗转送到上海文化生活出版社,我是到书已经印出来才知道的。两件事情的开头相同而结尾不同,人之贤不肖是可以相去很远的。

这本书原来的书名是《我们文明吗?》,我把它改了。为什么?"我们文明吗?"是作者站在白种人的立场作自我批评,可是我怕如果译本沿用这个书名,很容易引起某些读者的阿Q式反应:"原来你们也不过如此,还是我们炎黄子孙比你高明!"因此我把书名改了。时间过去五十年,是不是还会有这种妄自尊大的读者?我想是不会有了,尤其是经过十年动乱之后,谁都不能不认识到我们的文明古国有时候是很不文明的。

那么会有些什么样的反应呢?有些读者看了这本书会觉得仿佛参加一次海客谈瀛的报告会,很有趣,可也就是有趣而已。这样的读者我想总是会有的,到哪一年都会有的。但是多数读者会有点感慨,认识到所谓文明人有时候很野蛮,而所谓野蛮人有时候倒很文明;认识到文明不是哪一个或者哪几个民族的功劳,而是许多民族互相学习,共同创造的;认识到文化的"宝贵遗产里掺杂了许多渣滓",要时时提高警惕。我在《译者序》里也曾引用书中文字说明了这几点意思。

现在看来,《译者序》对最后这一点强调得还不够。真像是文明的每一个新的进步一定要带来一个新的问题似的。比如城市的兴起是人类生活中一大进步,可是同时也产生了维持治安的困难。"在1750年,伦敦市大为盗匪所困……历史学家归咎于街道黑暗和缺少警士等情况。现在我们的街道可算是大放光明了,稍微重要些的城市无不拥有大量的警察;然而纽约和芝加哥的盗案还是层出不穷，匪徒以机关枪自卫，才不怕你的警察。"（本书170页）科学技术的进步也不是不带一点后患的福音。生产技术的进步提高了工农业的产量，也引起了空气和水域的污染。教育和出版事业的发展提高了人民的文化，也增加了纸张的消耗，加速减少森林的覆盖。医药卫生的进步延长了人们的寿命，也导致了"人口的爆炸"。甚至像电子计算机这样重要的发明，还没有来得及充分发挥有益的作用，已经被人利用来盗窃银行存款。当然，最严重的还是战争问题，核武器问题。各国的政治家没有一个不知道核战争可以毁灭世界，可是都认为人家有了我就不能没有。可悲就在于没有人要发动核战争，可是没有人能保证不会发生核战争。人类的历史似乎可以总结为不断犯错误，不断改正错误，又不断犯新的错误的历史。老是在吃后悔药，老是在想着"三年早知道"。

在人与人之间也有类似的情形。蓄意伤害别人的人毕竟是少数，多数是伤害了别人而不知道。甚至是怀着一片好心做坏事，像"打在儿身，痛在娘心"之类。极端的例子是为了某一种"真理"而虐害无辜，像本书第二十章里关于1737年瑞士的一个法庭迫害被诬陷为女巫的妇女的记事。前后半年里边，她经受种种酷刑——拿有钉的铁领套住她的脖子吊起来；拿热水烫；放在拉肢机上拉；用绳子把她吊起来，在底下挂上二百斤重的石头；用嫩树枝抽打——终于死在狗洞似的囚室里。（本书253—255页）

这样的悲剧在欧洲继续到18世纪，在我们这里则继续到十年以前。文化大革命中的种种惨剧大概还要过些时才能看到详尽而翔实的记述，不过有一点是可以肯定的，那就是，一部分人是别有用心，一部分人是不敢不跟着闹，可也有一部分人真是坚决保卫他所认识的"真理"的，令人叹息的正是这个。自然，中国的情形跟欧洲不完全相同，中国不曾有过那至高无上的教会，可是曾经有过至高无上的礼教，至今余威未息，还有因为妻子接连生了两个女儿而逼她自尽的事情（1983年1月13日《光明日报》）。此外，无论是外国还是中国，都曾经有过包括从皇帝到流氓头子的大大小小的君权，也还没有完全绝迹。我希望有有心人把中国历史上由这些威权造成的种种惨无人道的事情汇集成书，使广大读者触目惊心，相约不允许这种事情再出现。

吕叔湘
1983年1月20日